权威·前沿·原创

皮书系列为
"十二五""十三五""十四五"时期国家重点出版物出版专项规划项目

B

BLUE BOOK

智库成果出版与传播平台

乡村振兴蓝皮书

BLUE BOOK OF RURAL REVITALIZATION

烟台乡村振兴发展报告
（2023~2024）

YANTAI RURAL REVITALIZATION DEVELOPMENT

REPORT (2023-2024)

主　编／于法稳　高言进
副主编／李玉新　郝信波　王　贵

社会科学文献出版社
SOCIAL SCIENCES ACADEMIC PRESS (CHINA)

图书在版编目（CIP）数据

烟台乡村振兴发展报告. 2023~2024 / 于法稳，高
言进主编；李玉新，郝信波，王贵副主编. --北京：
社会科学文献出版社，2024.12. --（乡村振兴蓝皮书）.
ISBN 978-7-5228-4644-6

Ⅰ. F327.523
中国国家版本馆 CIP 数据核字第 20249WM039 号

乡村振兴蓝皮书

烟台乡村振兴发展报告（2023~2024）

主　　编／于法稳　高言进
副 主 编／李玉新　郝信波　王　贵

出 版 人／冀祥德
组稿编辑／周　丽
责任编辑／张丽丽
文稿编辑／王　娇
责任印制／王京美

出　　版／社会科学文献出版社·生态文明分社　（010）59367143
　　　　　地址：北京市北三环中路甲 29 号院华龙大厦　邮编：100029
　　　　　网址：www.ssap.com.cn
发　　行／社会科学文献出版社　（010）59367028
印　　装／三河市东方印刷有限公司

规　　格／开　本：787mm×1092mm　1/16
　　　　　印　张：17.25　字　数：255 千字
版　　次／2024 年 12 月第 1 版　2024 年 12 月第 1 次印刷
书　　号／ISBN 978-7-5228-4644-6
定　　价／158.00 元

主要编撰者简介

    于法稳　管理学博士，中国社会科学院长城学者、二级研究员；中国社会科学院农村发展研究所生态经济研究室主任，中国社会科学院生态环境经济研究中心主任；中国社会科学院大学应用经济学院教授、博士生导师；中国生态经济学学会第九届、第十届副理事长兼秘书长；《中国生态农业学报》《生态经济》副主编。主要研究方向为生态经济学理论与方法、资源管理、农村生态治理、农业农村绿色发展。

    高言进　现任山东省烟台市委副秘书长、市农业农村局局长。从事烟台农业农村基层工作近 20 年。主要研究方向为马克思主义理论、农业经济与管理、乡村治理等。

    李玉新　管理学博士，山东工商学院副教授、硕士生导师，烟台市委统战部"服务新旧动能"文旅专家组成员，烟台市文旅智库专家，山东工商学院全域旅游研究所所长，中国社会科学院农村发展研究所访问学者。主要研究方向为乡村旅游、环境经济。

    郝信波　烟台市·中国社会科学院农村发展研究中心发展合作科科长、副研究员。主要研究方向为农业产业发展、乡村治理、农村改革等。

    王　贵　烟台市农业技术推广中心农技站副站长。主要研究方向为农业现代化建设和乡村特色产业发展。

摘　要

　　研究乡村振兴所获成效、做法及经验、现存问题，并提供相应的实现路径与对策十分必要。本书运用多种方法，对烟台市乡村振兴展开了系统性研究。首先从整体层面分析烟台市实施乡村振兴战略的成效，总结并提炼其主要做法及经验，借助乡村"五大振兴"指标对近年来发展状况进行测评，并对未来发展加以展望。在此基础上，从产业发展、乡村建设、农民生活三个维度，全方位展现烟台市在乡村发展方面的新探索，剖析烟台市实施乡村振兴战略过程中存在的问题，并结合实际情况提出相应的解决路径与对策。

　　研究结果显示，烟台市打造乡村振兴齐鲁样板取得的总体成效体现在农业产业生产能力持续提升，农民收入水平、生活环境质量、组织认同感不断提高，城乡融合稳步推进，产业结构合理调整等方面。指标分析表明，"五大振兴"目标已基本达成，各目标统筹兼顾，并且各个方面均存在一定的优势指标。烟台市乡村产业已在品牌建设、全产业链发展等方面取得显著突破，形成了多种发展模式，正在逐步推进现代化大农业建设，完善农村流通体系，提升乡村旅游发展质量；在统筹县域城镇化与乡村全面振兴，以及数字乡村与新型农村能源体系等乡村建设领域也取得了部分成果；同时优化了农村公共服务配置，推动了农村精神文明建设和农民工就业，提高了农村消费水平和优化了农村消费结构。

　　总体上，在战略总规划、基础设施建设现代化等方面尚存在不足，在老龄化、空心化以及产业规模化、智能化等方面面临诸多挑战，因此，应首先着眼于确保粮食和重要农产品稳产保供、强化农业科技装备支撑、培育农业优势特色产业、加强农业品牌建设、建设宜居宜业和美乡村、推进文明乡风建设、推进乡村治理体系和治理能力现代化、强化乡村振兴要素保障、建设乡村高水平创新人才队伍等方面，全方位继续推进乡村振兴工作，并依据发展预测情况进行"十五五"规划。

在乡村振兴的各个方面，依旧不同程度地存在资金短缺、人力资源匮乏、政策法规缺失、产业融合欠佳、生态环境保护不力等问题。在产业发展层面，实现产业发展水平的全面提升需要注重保护绿水青山、推进土地流转、培育新兴业态、推动社会力量参与、加强农业品牌培育、丰富人力资本；推进"战略新品""烟台新六产""生产托管"战略落地以发展现代化大农业；借助规划布局、产业及财政支持政策出台、人才培训和法规建设来优化农村流通体系；重视乡村旅游高质量发展，持续创新、形成集聚效应、推进绿色化与数字化转型、提升经营管理水平和整体带动能力。在乡村建设层面，统筹县域城镇化与乡村全面振兴应突出农民主体地位、推进三产深度融合发展、均衡配置城乡公共资源、稳步推进县域宅基地改革；数字乡村建设应凸显普惠性、补齐短板、梯次推进，完善标准和配套、实现多元主体协同、推进人才队伍建设等；新型农村能源体系建设需以坚持能源安全和绿色低碳为战略重点，进行统筹规划、强化资源要素支撑、建立健全体制机制。在农民生活层面，优化农村公共服务配置应以补齐农村公共服务设施短板和提升农村公共服务质量为重心；需要移风易俗、推进就业创业、开展文化娱乐活动、加强组织服务和执法行动以进一步推动农村精神文明建设；通过完善劳动力市场体系、升级县域产业体系、健全教育和技能培训体系、指导企业依法合规用工促进农民工就业；还应推进农村地区供给侧结构性改革、整顿市场乱象、发展数字金融、推进农业高效化、构建高效物流、完善社会保障体系以进一步释放农村消费潜力。

关键词： 乡村振兴　产业发展　公共服务　乡村建设

目 录 ▷

I 总报告

II 指数篇

III 产业发展篇

皮书数据库阅读**使用指南**

总 报 告

B.1
烟台推进乡村全面振兴的成效及未来展望

于法稳 孙韩小雪 郝信波 李东隅*

摘 要： 自乡村振兴战略实施以来，烟台市农业产业生产能力持续提升，农民收入水平、生活环境质量、组织认同感不断提高，城乡融合稳步推进，产业结构合理调整，乡村振兴阶段性成效显著，为建设农业强省、实现农业农村现代化奠定了坚实的基础。但在高质量谱写乡村振兴齐鲁样板烟台篇章中仍存在一系列挑战，需进一步从确保粮食和重要农产品稳产保供、强化农业科技装备支撑、培育农业优势特色产业、加强农业品牌建设、建设宜居宜业和美乡村、推进文明乡风建设、推进乡村治理体系和治理能力现代化、强化乡村振兴要素保障、

---

* 于法稳，管理学博士，中国社会科学院农村发展研究所二级研究员，博士生导师，主要研究方向为生态经济学理论与方法、资源管理、农村生态治理、农业农村绿色发展；孙韩小雪，中国社会科学院大学应用经济学院博士研究生，主要研究方向为农业农村绿色发展；郝信波，烟台市·中国社会科学院农村发展研究中心发展合作科科长、副研究员，主要研究方向为农业产业发展、乡村治理、农村改革等；李东隅，烟台市·中国社会科学院农村发展研究中心发展合作科副科长，主要研究方向为乡村振兴示范、乡村振兴规划等。

建设乡村高水平创新人才队伍等方面全方位继续推进乡村振兴工作，实现农业农村现代化高质量发展。

关键词： 乡村全面振兴　齐鲁样板　烟台篇章

2017 年党的十九大第一次提出实施乡村振兴战略。2018 年习近平总书记指出，山东应充分发挥农业大省优势，打造乡村振兴的齐鲁样板①。习近平总书记的重要指示为山东实施乡村振兴战略指明了前进方向、提供了根本遵循。近年来，烟台市委、市政府坚持实事求是，紧密结合烟台乡村振兴的实际情况，着力探索具有烟台特色的乡村振兴之路，统筹推进乡村"五大振兴"，推动乡村发展、乡村建设、乡村治理实现新跃升、迈上新台阶，为打造乡村振兴齐鲁样板贡献了烟台方案、烟台力量。本报告重点对烟台推进乡村全面振兴取得的成效进行系统梳理，总结提炼烟台推进乡村全面振兴的做法及经验，并对未来高质量谱写乡村振兴齐鲁样板烟台篇章进行展望。

一　烟台推进乡村全面振兴取得的成效

烟台山海区位优势突出，农业资源特色鲜明，乡村风貌淳美质朴，市委、市政府在高质量谱写乡村振兴齐鲁样板烟台篇章过程中，立足烟台实际，凸显"鲜美烟台"品质，彰显胶东乡村魅力，走出了一条"党建引领、耕山牧海、城乡融合、文化铸魂、法德共进"的特色乡村振兴之路。2018~2022 年，烟台市农林牧渔业总产值从 957.3 亿元增加至 1251.5 亿元，年均增长 6.93%；农村居民人均可支配收入从 19425 元增加至 26286 元，年均增长 7.86%，城镇、农村居民人均可支配收入比由 2.31∶1 缩小至 2.12∶1。

---

① 《立足农业优势，推行乡村振兴战略走在前列》，大众网，2018 年 11 月 4 日，https：//www.dzwww.com/2018/zzj/llwz/201811/t20181104_ 18026567.htm。

（一）党建引领蹚出乡村振兴新路径

近年来，烟台市创建的党支部领办合作社取得了快速发展，并为全国推行党支部领办合作社提供了有益启示。通过充分发挥党支部政治引领作用，组织集体和群众通过股份合作的形式，抱团发展、规模经营，激发了群众内生发展动力，推动传统农业转型升级，构建集体和群众利益共同体，拓宽强村富民渠道，激活了乡村振兴的各项资源和主体，走出一条以组织力提升促进乡村全面振兴的烟台路径。2018 年，中共中央、国务院在《乡村振兴战略规划（2018—2022 年）》中强调，发挥村党组织对集体经济组织的领导核心作用。早在 2017 年，烟台市就开展了党支部领办合作社的实践探索，在推动乡村振兴进程中，村党支部领办合作社工作由烟台市委组织部牵头，到 2023 年 12 月，烟台市党支部领办的合作社数量已从最初的 11 个试点发展到 3421 个，占总村数的 54%，带动新增集体收入3.91 亿元，群众增收 5.32 亿元，成效明显（见表 1）。相关做法获评"中国'三农'十大创新榜样""山东组织工作创新奖"，2019 年省委组织部在全省部署推广，烟台市党支部领办合作社实践为农村集体经济的发展提供了参考。合作社通过发挥集体的统筹功能化解小农户生产困境，以"让利"方式带动小农户长远发展。在乡村振兴过程中激活了村庄治理，动员了农村党员，撬动了村庄宗族力量，减少了村庄发展阻力，党建引领村集体活动重建村庄公共性。党支部领办合作社带动集体经济的发展可作为乡村振兴中的一种创新路径。2018~2023 年烟台农村党建示范区数量持续增长（见图 1）。

表 1　党支部领办合作社推动乡村振兴效果

具体事务	问题	经济效果	乡村振兴效果
党组织引领	小农户生产困境与农业生产结构调整困境	推动特色农产品产业集聚；党员代表农户与中间商博弈，提升议价能力；农产品竞争力提升	"组织振兴+产业振兴"

续表

具体事务	问题	经济效果	乡村振兴效果
党组织统筹	农业生产结构调整与生产组织化困境,农业产业品种落后	推动种植品种升级,完成品种优化;推动小农户走向合作化生产;农户素质提升	"产业振兴+人才振兴"

资料来源:烟台市统计局。

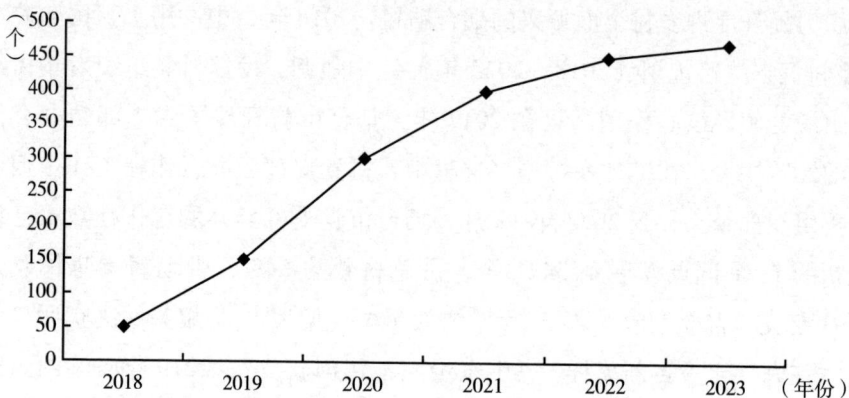

图1 2018~2023年烟台农村党建示范区数量

资料来源:烟台市统计局。

(二)耕山牧海创出产业发展新优势

烟台市强力推进农业供给侧结构性改革,推动集群化、品牌化、链条化发展。种业振兴步伐稳步迈进,苹果、大樱桃苗木销售量分别占全国的60%、30%,自主选育的玉米、小麦等作物品种多次刷新全国高产纪录。烟台苹果、莱阳梨成为代表性农产品,苹果产业高质量发展遥遥领先。2022年苹果产量632万吨;年出口60万吨,占全国的1/2;烟台苹果品牌价值(88亿元)稳居中国果品公用品牌价值榜首。白羽肉鸡产业也发展迅猛,烟台成为全国重要的肉种鸡繁育基地,存养曾祖代肉种鸡、祖代肉种鸡、父母代肉种鸡数量分别占全国的100%、25%和20%,"益生909小型白羽肉鸡"打破国外品种垄断，全国 5 家白羽肉鸡上市企业，烟台独占 4 家。葡萄与葡萄酒产业发展迅速，培育葡萄酒生产企业 204 家、知名酒庄 63 个，"烟台葡萄酒"连续多年位居中国地理标志产品葡萄酒类榜首，并进入了"中欧 100+100"地理标志产品互认名单，也已成为烟台一张亮丽的城市名片。海洋牧场打造成海洋渔业齐鲁样板，建成省级及以上海洋牧场示范区 46 处，数量居全国前列，全市海洋牧场总面积突破 140 万亩，创建"海工+牧场""陆海接力""大渔带小渔"三大模式，形成烟台特色海洋牧场发展新模式。农字号企业雁阵式起飞，培育国家级农业产业化龙头企业 19 家、省级 91 家，以及农字号上市企业 15 家。当前，烟台市拥有中国名牌农产品 16 个、中国驰名商标 37 个、国家地理标志证明商标 51 个、国家地理标志保护产品 9 个，数量均居全省前列。烟台市地理标志农产品品牌建设情况见表 2。

表 2　烟台市地理标志农产品品牌建设情况

产品名称	证书持有者	登记年份
福山大樱桃	福山区果树站	2008
莱阳五龙鹅	莱阳市照旺庄畜牧兽医工作站	2010
莱阳莱胡参	莱阳市农业技术推广中心	2010
莱阳芋头	莱阳市农业技术推广中心	2010
莱州烟台黑猪	莱州市龙翔养猪专业合作社	2012
烟台海肠	烟台市水产研究所	2013
桑岛刺参	龙口市桑岛海产品养殖协会	2013
蓬莱海参	蓬莱市渔业协会	2013
蓬莱地生子	蓬莱市渔业协会	2013
莱阳五龙河鲤	莱阳市渔业技术推广站	2014
莱阳五龙河河蚬	莱阳市渔业技术推广站	2014
莱阳缢蛏	莱阳市渔业技术推广站	2014
崆峒岛刺参	烟台市芝罘区渔业技术推广站	2015
蓬莱加吉鱼	蓬莱市渔业协会	2015
蓬莱赤甲红	蓬莱市渔业协会	2015
烟台大花生	烟台市农业技术推广中心	2018
烟台苹果	烟台市苹果协会	2018
烟台茶	烟台市茶叶学会	2021

资料来源：http://www.anluyun.com/Home/Search。

（三）城乡融合铺展胶东乡村新气象

农村人居环境显著改善，深入实施农村人居环境整治提升五年行动，将村庄尽可能多地纳入检查评估，推动农村环境一体整治、全域提升。农业农村部、国家乡村振兴局肯定推广其相关做法，龙口市获评全国村庄清洁行动先进县。创建省级乡村振兴齐鲁样板示范区 3 个，数量居全省首位；创建省级美丽乡村示范村 206 个。农村基础设施持续完善，农村公路通车里程达到17255 公里，6566 个行政村全部实现了硬化路面通达；农村改厕基本实现愿改尽改，设立农村改厕服务站 482 个；完成污水治理行政村 1824 个，治理率达到 32.14%；累计实施农村清洁取暖改造 44 万户；农村生活垃圾处理构建起垃圾"日产日清"城乡环卫一体化标准化管理模式；2897 个村庄完成供水工程建设，惠及 140 多万名农村居民；有线数字电视"村村通"基本实现全覆盖，农村宽带网络覆盖率达 99% 以上，所有建制村实现快件直投进村。农村基本公共服务公平可及，幼有所教、老有所养、病有所医、弱有所扶等公共服务城乡均等化程度明显提升。

（四）文化铸魂塑造乡村文明新风尚

社会主义核心价值观深入人心。2023 年，烟台市深入拓展新时代文明实践中心建设，建成县级实践中心 15 个，镇（街）实践所 160 个（见图 2），实现市域全覆盖，村（居）实践站 6226 个（见图 3），市域覆盖率超过85%。建立志愿服务队 6300 余支，县级以上文明实践队伍达到 1805 支，文明实践志愿者超过 70 万人，开展文明实践活动 10 余万场次，文明新风滋养乡情。文化惠民深入开展，建有 159 个镇（街）综合文化站、6356 个村（居）综合性文化服务中心，建成农家书屋 5242 家，市县乡村四级公共文化服务设施网络基本实现全覆盖，行政村"一村一年一场戏"实现全覆盖。乡村文化队伍重点基层文艺骨干超过 1 万人，秧歌队、舞蹈队等业余文艺团队总数超过 3900 支，每年文化下乡演出超过 6000 场次，形式多样的基层文化活动浸润乡土。烟台剪纸入选联合国教科文组织人类非物质

文化遗产代表作名录。农村移风易俗取得扎实进展，全市行政村全部成立
了红白理事会，每年对农村红白理事会骨干成员轮训一遍，文明节俭、移
风易俗等蔚然成风。

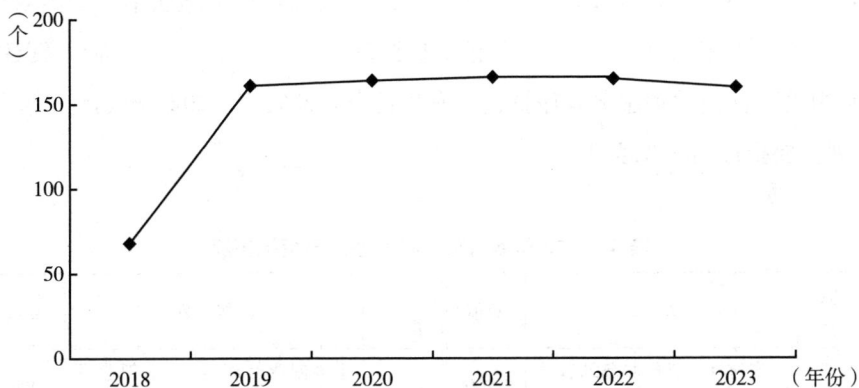

图2　2018~2023年新时代文明镇（街）实践所数量

资料来源：烟台市统计局。

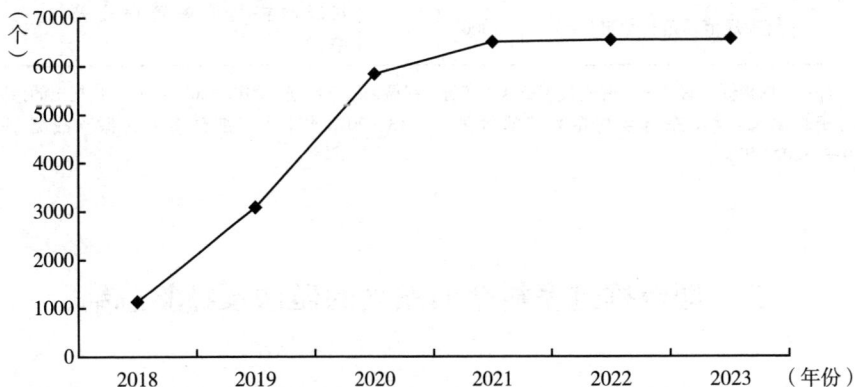

图3　2018~2023年新时代文明村（居）实践站数量

资料来源：烟台市统计局。

（五）法德共进推动治理效能新提升

农村基层党组织进一步抓实建强，其领导下法治、德治相结合的乡村治

理体系不断健全，乡村善治水平显著提高。村党支部书记专业化管理机制全面建立，所有行政村全面落实"四议三审两公开"，村级"小微权力"清单、村级财务公开等制度全面推行，村级议事协商工作广泛有序开展，村"牌子多"问题得到有效整治。"法德共进"实现乡村治理法治、德治双轮驱动，农村网格化服务管理、常态化扫黑除恶、"三无"村（居）创建、"和为贵"社会治理服务有序推进，农村社会和谐安宁。2023年烟台市乡村治理主要指标情况见表3。

表3　2023年烟台市乡村治理主要指标情况

一级指标	二级指标	数值	一级指标	二级指标	数值
组织引领	＊农村社区党群服务站普及率(%)	100	治理效果	干事创业红旗村、干事创业进步村数量(个)	980
	农村社区服务站普及率(%)	100		＊"雪亮工程"入户数量(万户)	30
	农村党建示范区数量(个)	300		＊村级综治中心建设达标率(%)	95
	管理规范示范村数量(个)	1000		村级网格化服务管理覆盖率(%)	100

注：二级指标前有"＊"号的代表是《山东省乡村振兴战略规划（2018—2022年）》中提出的指标。

资料来源：《山东省乡村振兴战略规划（2018—2022年）》《烟台市乡村振兴战略规划（2018—2022年）》。

二　烟台推进乡村全面振兴的做法及经验总结

五年来，烟台市牢牢扛起打造乡村振兴齐鲁样板责任担当，切实加强组织领导，健全推进机制，壮大自有优势，积极创新实践，不断丰富拓展打造乡村振兴齐鲁样板的烟台方案、烟台路径。

（一）坚持高点站位，推进乡村振兴体制机制创新

烟台市委、市政府高度重视"三农"工作，将乡村振兴作为全市"1+

233"工作体系的 2 条工作线之一，放在经济社会发展大局中统筹谋划推进，健全完善乡村振兴工作体系、政策体系、责任体系，凝聚起全市共同参与的强大合力。

1. 创新工作推进机制

加强党委、农委统筹领导，全市四级书记抓乡村振兴，党政主要负责同志为第一责任人，各县（市、区）委书记为乡村振兴"一线总指挥"。成立由市委主要领导任主任，市政府主要领导、市委市政府分管领导任副主任的工作机构，统筹研究和组织实施"三农"工作战略、规划和政策，协调解决"三农"工作重大问题。市委、市政府主要领导同志带头联系乡村振兴任务重的乡、村，每年召开市委常委会会议、市政府常务会议、市委农业农村委员会会议、市委农村工作会议、乡村振兴工作会议，安排部署具体工作。调整充实市委农办力量，不断增强工作推进的系统性协同性整体性。实施专班化推进，市级设立乡村振兴重点项目指挥部，设立 7 个工作专班，市级领导任指挥长、有关部门领导任成员，重点项目、重点工作建立台账，挂图作战，市直部门和县（市、区）部门分工负责落实乡村振兴具体任务，形成农委牵头、专班推进、分级负责的组织领导机制。

2. 健全规划政策体系

坚持以创新思维强化顶层设计，出台《烟台市乡村振兴战略规划（2018—2022 年）》和 5 个工作方案，明确突出烟台特色、形成烟台亮点，高质量谱写乡村振兴齐鲁样板烟台篇章的目标定位，构建城乡统筹、多规合一的规划体系，加快农村三产融合进程，分类施策推进村庄发展，促进农民生活富裕，形成点上示范、面上推广、连片发展、整体提升的乡村振兴发展新格局。围绕乡村产业发展、乡村建设、民生保障、文化发展、社会治理、要素支撑等，出台《关于全面推进乡村振兴三年行动方案》《农业产业发展激励政策十三条》等政策文件，每年出台以乡村振兴为主题的市委一号文件，推出了一系列务实管用的重大举措，建立起服务保障乡村振兴的"1+1+5+N"政策制度框架。

3.建立督导考核体系

一是建立督导考核机制，使之在推进乡村全面振兴中发挥重要作用。烟台市通过建立专题报告制度，要求各县（市、区）党委、政府每年向市委、市政府报告乡村振兴战略推进情况。二是建立绩效考核制度。围绕乡村振兴工作推进情况，对全市县（市、区）及乡镇党政领导班子、干部开展绩效考核，并将考核结果作为党政领导班子、干部综合考核的重要内容。每年制定乡村振兴工作绩效考核标准，落实乡村振兴责任和目标任务。对市委农业农村委员会成员单位乡村振兴工作成效开展督查，检验重点工作任务的完成情况，提高各部门单位的重视程度和积极性。强化督查结果运用，乡村振兴绩效考核结果由市委农业农村委员会予以通报，对履职不力的各级党委、政府及市委农业农村委员会成员单位主要负责同志和分管负责同志进行约谈，对履职不力、造成不良影响的严肃追责问责，确保乡村振兴各项任务落地落实。

（二）坚持党支部领办合作社，拓宽强村富民渠道

充分发挥党支部的政治引领功能，积极探索实施村党支部领办合作社，组织群众抱团发展，创新开拓发展集体经济、促进农民增收、建设美丽乡村的新路径。

1.以"党建引领"为主导，牢牢把握农村工作主动权

坚持市委统筹，定好规划路线。制定30余条扶持政策、22条指导意见，在品牌建设、社会化服务、人才支撑等方面给予全方位扶持。发挥市农科院校及驻烟高校力量，筛选100名农业专家、经济顾问和法律顾问，组建百名专家顾问团精准对接服务，强化智力支撑。深入开展党支部领办合作社评星定级活动，确定四星级合作社553个，复核认定五星级合作社100个，对五星级党支部领办合作社，列支乡村振兴专项激励资金，发挥示范引领作用。强化政治标准，配强领导班子。紧紧抓住村党支部书记这个关键，明确"好人加能人才是当家人"的选人导向，真正把那些讲政治、敢担当、能带富、会服务的优秀人才选进村级班子。把村党支部书记培训纳入整个干部培

训规划，建立青岛农业大学合作社学院烟台分院、烟台市乡村振兴学院，每年对全市村党支部书记进行全覆盖轮训，提升村党支部书记领办合作社水平。发挥支部力量，筑牢保障机制。党支部成员代表村集体注册成立合作社，组织村集体和群众以资金、土地、劳动力等入股，把分散的群众组织起来，发展适度规模经营，提供集约化服务。市县乡三级把村党支部领办合作社情况纳入重点工作考核，采取定期调度、现场观摩、外出学习等方式，引导更多村庄走好这条路。

2. 以"组织起来"为基础，充分激发群众内生发展动力

鼓励群众参与。按照"入社自愿、退社自由"原则，组织群众外出观摩、集中学习、入户动员，帮助群众细算入社前后收入对比账、长远账，认识到党支部领办的独特优势，坚决不搞硬性摊派任务、不设定100%入社的数量指标，以实实在在的发展红利吸引群众加入合作社。目前已吸收48万名群众加入合作社。接受群众监督。把尊重群众意愿、保护群众利益贯穿合作社建章立制、理事选举、管理运营全过程，最大限度保证群众话语权，让群众清楚知道合作社是如何干的、干成了什么。长岛海洋生态文明综合试验区北长山乡北城村党支部每年年初和年底，向全村党员、村民代表报告合作社预决算，乡财政经管站定期对合作社资金往来明细进行审计检查，对日常资金往来凭证监督把关，赢得了群众信任和支持。维护群众利益。党支部把牢分红主动权，把维护群众利益放在首位，在提取5%~10%的公积金用于合作社自身发展壮大后，将合作社剩余收益全部按股返还村集体和群众。为防止"大户垄断"，明确提出单个社员出资比例不得超过20%，确保改革红利最大限度惠及于民。

3. 以"现代农业"为抓手，推动传统农业转型升级

在经营体系上，变传统的一家一户分散经营为适度规模经营，由合作社或农业龙头企业统一进行规模化、集约化、标准化管理，引导小农户步入现代农业发展轨道。全市共流转土地32万亩，通过连片平整，新增集体用地3万多亩。在生产体系上，以合作社为平台，将质量兴农、绿色发展贯穿产前、产中、产后各个环节，采用良田、良种、良法、良品"四良"模式，

运用水肥一体、机械作业、物联应用、智能管理等先进技术，统一种植管理和品牌销售。在产业体系上，以合作社为纽带，一头连起广大农民，一头连起农业龙头企业、科研院所，以科技成果转化基地为依托，发展农产品深加工、教学研究基地等项目，促进一二三产业深度融合发展，实现产学研互进互促，使传统农业焕发出新的生机与活力。

4. 以"强村富民"为目标，构建集体和群众利益共同体

对集体来说，通过盘活现有集体资源，使资源变资产、资金变股金，形成长期收益、持续发展的稳步增收模式；通过成方连片平整，将多出的土地变作村集体产权，比如，1000 亩土地经过成方连片平整后，一般可多出15% 的集体用地，即可折算成集体股份入股合作社，按股分红。栖霞市蛇窝泊镇东院头村党支部领办合作社后，吸收 140 户果农以土地入股，建设了260 亩有机苹果示范园和 50 亩苗木基地，截至 2021 年底，每亩地累计为社员分红 5050 元，村集体增收 92 万元，社员通过长期务工年均收入 4 万元。对群众来说，既有土地流转保底收入、合作社收益分红，又可以到合作社务工获酬，或是摆脱土地束缚进行再就业、再创业，不仅有了稳定可观的收入保障，而且实现了多渠道、多门路增收致富。同时，党支部充分吸收残疾人口、老龄人口入社，做到集体福利最大限度惠及于民。

5. 以"规范运营"为准绳，全力推进合作社良性发展

坚持质量优先、循序渐进、规范发展，确保成熟一个推进一个、推进一个成功一个。全链条建章立制。出台《关于推进村党支部领办合作社高质量发展的实施意见》，明确领办标准，建立章程文件统一把关、重大项目统一评估、大额支出统一审核等"六统一"机制，用制度管人、管钱、管事，在合作社注册、经营、分红等各环节建立起科学规范、闭环监管的内部治理体系。全方位严格把关。坚持按章程组建、按制度运作、按标准考核，对成立的合作社逐个审核把关，对合作社新上项目逐个科学论证，对重大事项严格由党员和村民代表会议表决通过。乡镇党委负责村集体资产监督管理，对合作社签订的经济合同以及 1 万元以上的重大支出等进行严格审核，确保党支部领办合作社安全、规范、高效运转。全过程示范推进。坚持试点先行、示范带动、全域推进，2017 年筛选 11 个试点村率先探索经验，稳扎稳打开好局；2018 年筛选确定 100 个市级示范村，开展百村示范行动，打造样板、重点扶持，树立不同模式、不同产业的合作社标杆；2019 年实施千村覆盖工程，从严规范管理；2020 年全域推进、全面提升；2021 年以来一手抓高质量发展、一手抓风险防控，扎实推动党支部领办合作社规范有效运转。

（三）坚持集群化、雁阵式发展，构建乡村产业体系

乡村产业振兴是推动乡村全面振兴的基础，也是实现富民的根本。烟台市聚焦优势特色产业，聚集群、强龙头、延链条、创品牌，采取功能区发展方式，逐步形成了优质粮油生产功能区、果蔬特色产业引领区、现代畜牧示范区、海洋渔业经济发展示范区，现代农业产业体系不断完善，现代农业发展的新优势也不断凸显。

1. 培育多元产业集群

严格落实粮食安全党政同责。加强粮食生产功能区监管，落实农业支持保护补贴、粮食生产激励等配套支持政策，积极推进粮食绿色高质高效生产和撂荒地整治，强化"一喷三防"等田间管理措施，全市粮食生产面积、产量常年稳定。2022 年粮食生产面积、产量分别为 455.0 万亩、184.7 万吨；大豆种植、大豆玉米带状复合种植面积分别达 13.2 万亩、2.1 万亩，超额完成省定目标。央视《新闻联播》多次报道烟台市粮食生产经验做法。大力发展现代种业。放大小麦、玉米、苹果、大樱桃、畜禽、水产等种子种苗产业优势，组建全链条育种联合攻关团队，加大具有自主知识产权的新品种、新品系研发力度，打造中国北方种业硅谷。全市通过国审和省审玉米、小麦等主要农作物品种 137 个，2 次刷新了世界夏玉米高产纪录、4 次打破了全国冬小麦单产纪录；烟台市苹果品种登记数量达到 68 个，占全国总数的 38%，烟富、烟嘎系列品种成为我国推广面积最大的苹果品种；全市存养曾祖代肉种鸡 1 万套、祖代肉种鸡 40 万套，分别占全国的 100% 和 25%，益生股份发展成为亚洲最大的祖代、父母代肉种鸡养殖企业；拥有 31 处省级及以上水产原、良种场，其中国家级 6 处，数量居全国地级市首位。强力

推动苹果等果业高质量发展。出台《关于加快推进苹果产业高质量发展的实施意见（2020—2022年）》，支持蓬莱区、栖霞市、招远市建设国家千亿级优势特色产业集群，推动"东方海岸果谷"等大项目落地落实，采用伐老建新、高接换头、改良土壤和间伐等措施，累计改造老劣苹果园132万亩，打造500亩以上现代化大果园14个，建成全国单体面积最大的旗舰果园1个，烟台苹果产业呈现出生产能力提升、树龄结构合理化水平提升、亩均收益提升、品牌影响力提升等新特点。烟台苹果产业集群入选农业农村部、财政部批准建设的50个优势特色产业集群名单。颁布实施《烟台葡萄酒产区保护条例》，成为我国第一个开展产区立法的地级市。为推动葡萄与葡萄酒产业高质量发展，专门出台了实施意见，将葡萄与葡萄酒产业链作为全市重点发展的16条产业链之一，倾力"培育一个优势特色产业、壮大一批龙头企业、打造一个世界知名产区、创造一个国际性节会品牌、建成一座葡萄酒名城"，集中力量推进建设蓬莱"一带三谷"、开发区国际葡萄酒城、莱山瀑拉谷3个子产区，指导龙口、栖霞等关联地区结合自身优势打造特色，全市"1+2+X"葡萄与葡萄酒产业空间布局初步形成，培育葡萄酒生产企业204家、知名酒庄63个，烟台市成为国内葡萄与葡萄酒产业集聚程度最高的区域之一。此外，持续做强以莱阳梨为代表的梨产业，提高大樱桃"北方春果第一枝"果品品质，打造海阳甜柿等区域公用品牌，着力培树"品道烟台仙果香"的"鲜美烟台"形象。深入推进"海上粮仓"建设。科学有序推进实施深远海养殖"百箱计划"，相继出台了《烟台市海洋牧场发展规划（2019—2025年）》《烟台市海洋牧场"百箱计划"项目三年行动方案》等政策文件，示范推广"海工+牧场""陆海接力""大渔带小渔"三大模式，全市已建成省级及以上海洋牧场示范区46处，其中，国家级海洋牧场示范区18处，全市海洋牧场总面积突破140万亩，国家级海洋牧场示范区数量和海洋牧场总面积均居全国前列。持续壮大全国重点渔区和优势水产品主产区，统筹推进现代渔业园区和渔港经济区建设，加快发展远洋渔业。2022年，全市水产品产量185万吨，海洋捕捞渔船3912艘，远洋渔业作业渔船23艘，渔民人均纯收入3.7万元。大力发展生态高效循环畜牧业。

加强非洲猪瘟等重大动物疫病防控，稳定生猪核心产能，调整优化畜牧业结构，支持肉鸡、肉牛、肉羊等生产，推广标准化畜禽养殖方式，积极构建农牧结合、生态循环、运转高效的新型种养模式，打造生态高效循环畜牧业。2022年，能繁母猪存栏29.12万头，保有规模猪场1610个，畜禽规模化养殖比重达到85.4%，全市肉蛋奶总产量150万吨。白羽肉鸡产业迅猛发展。2021年，烟台出栏商品肉鸡3.41亿只，鸡肉产量65.99万吨，占烟台肉类总产量的58.74%，连续6年超过猪肉产量。截至2021年底，烟台已建成肉种鸡场78个，白羽肉鸡入选山东省第四批"十强"产业"雁阵形"集群，烟台成为全国重要的畜禽良种繁育基地和高端畜产品生产加工基地。培强做大花生与食用油产业，以鲁花、龙大等粮油加工龙头企业为引领，培育壮大"烟台大花生"区域公用品牌，建设花生特色品种繁育基地、高油酸新品种种植区、出口型花生主产区、高水平加工基地及现代化示范基地，花生与食用油产业入选国家级优势特色产业集群创建名单。鲁花成为中国食用油领军品牌、中国花生油第一品牌。培育壮大"龙口粉丝"特色产业，加大粉丝产品及其副产品深加工技术研发力度，建设全国粉丝加工引领区、集聚区，积极发展即食粉丝、保健粉丝和高端蛋白深加工，粉丝产量占全国的80%以上。突出发展乡村特色蔬菜产业，保持全市蔬菜种植面积稳定，扎实实施"菜篮子"工程建设，2022年全市蔬菜产量达252万吨。全市培育形成烟台苹果、白羽肉鸡2个千亿级和生猪、海参、葡萄与葡萄酒、花生与食用油、龙口粉丝等5个百亿级优势特色产业集群，以产业集群带动烟台优势特色农业产业重塑优势、普惠民生。

2. 创新产业发展模式

创新农业产业发展模式，大力实施农业产业化龙头企业"雁阵建设工程"。加强市级以上农业产业化龙头企业梯次培育，加大龙头企业贷款贴息等政策支持力度，壮大国家、省、市级龙头企业"雁阵群"，提升带动农产品加工业发展能力。市级龙头企业数量从2020年的139家增加到2023年的285家，有139家农业企业年销售收入超过亿元，其中1家大型农业龙头企业超过百亿元，农字号上市企业15家；拥有张裕、鲁花、龙大、安德利等一批果蔬食品龙头企业，其中鲁花是中国最大的花生油生产企业，龙大是全国重要的速冻食品生产出口基地，安德利浓缩果汁年加工量位居世界前列，果胶加工量为国内第一。通过农业企业雁阵式发展，全市形成七大农产品加工产业集群。根据新时代烟台市农业发展的实际，着力培育农民专业合作社、家庭农场等新型经营主体，在注重新型经营主体培育的同时，培育社会化服务组织和农业产业化联合体，发展多种形式的适度规模经营。发挥党支部领办合作社示范作用，带动农民专业合作社规范运营、提质增效。推动种养殖专业大户向家庭农场转型，支持大学毕业生、返乡农民工、退伍军人登记创办家庭农场。推进龙头企业、农民专业合作社和家庭农场等新型经营主体的分工协作，以规模经营为依托，以利益联结为纽带，培育农业产业化联合体。

3. 实施产业融合发展

以园区化引领现代农业的发展。围绕烟台市优势特色产业的区域分布情况，着力培育发展一批现代农业产业园、农业产业强镇和乡土产业名品村；实施产业融合，推进农业关联产业的集聚发展、生产加工流通一体化发展和一二三产业融合发展。全市累计创建国家级现代农业产业园 2 个、省级 9 个，数量均居全省前列；创建国家级农业产业强镇 1 个，省级现代农业强县 1 个、高质量发展先行县 3 个，龙口入选首批国家级乡村振兴示范县创建名单。栖霞市苹果产业一二三产业融合发展，全市果品商品化处理流水线年处理能力 100 多万吨，果品深加工企业 21 家，年加工能力 40 万吨以上，年加工产值 26 亿元。推进"苹果+旅游"融合发展，丰富苹果主题旅游业态和旅游产品，培育农业旅游示范点，创建精品采摘园、开心农场、星级农家乐 60 余处。围绕预制菜的高质量发展，烟台市实施了产业集群培育、企业倍增、技改提升、项目招引、品牌培育等"五项计划"，全域培创"烟台预制菜"品牌，全力打造预制菜产业名城。截至 2023 年，全市已形成涵盖果蔬、水产品、分割肉、冷却肉、低温肉、速冻食品、调理食品等 20 多个大类 400 多个品种的预制菜产业体系，预制菜相关企业 1200 余家，其中规上企业 37 家，拥有春雪、龙大、鲁花、欣和、喜旺、蓝白等一大批全国预制菜相关知名品牌，稳居全省预制菜产业第一梯队，跻身全国前列。莱阳市以预制菜产业为突破口、以食品工业园和国际绿色食品城为载体，巩固莱阳梨、大花生、果蔬、白羽肉鸡、生猪5条重点产业链优势，培育特色海产品、高端乳制品、功能性食品、面食制品等多条新兴产业链，建设规模大、门类全、品质优的绿色食品产业高地，全市基本形成了果蔬、食用油、调味品、肉制品等多业态复合发展的产业链条，农产品年加工能力193万吨，擦亮了"中国梨乡""中国预制菜之乡"等城市名片，打造了中国领先、世界一流的绿色食品城。以乡村旅游拓展乡村新业态。积极打造发展葡萄酒文化旅游、温泉游、滑雪游、康养游等旅游业态，形成全域、全季、全时的乡村旅游产品体系。培育了38个省级旅游强乡镇、5个中国美丽休闲乡村、9个山东省美丽休闲乡村、87个省级旅游特色村、62个国家级和省级农业旅游示范点。长岛渔家乐、葡萄酒庄游成为全国知名乡村旅游品牌，培育了蓬莱丘山谷乡村旅游片区、招远大户陈家村、莱阳濯村、莱州小草沟村、栖霞国路夼村等一批知名乡村旅游点，培育了莱阳濯村樱花节、长岛海鲜节、莱州月季节等一批知名乡村旅游文化节庆品牌。

4. 加强农业品牌建设

围绕市域内农业品牌建设，烟台市建立并逐步完善了市县两级政府联动，政府和协会、企业互动的有效机制，优化区域品牌，打造企业品牌，发展品牌经济，重点打造推介"烟台苹果""莱阳梨""烟台海参""烟台绿茶"等区域农产品公用品牌。烟台苹果被烟台籍航天员王亚平带上太空，率先进入《中欧地理标志协定》。"烟台葡萄酒"成功获批国家地理标志保护产品和国家地理标志证明商标，品牌价值高达858.74亿元，蝉联中国地理标志产品葡萄酒类榜首。创新农产品产销对接模式。成功举办中国·山东国际苹果节、第十三届烟台国际葡萄酒博览会暨张裕130周年庆典等系列节会，开展"烟台溯源好海参"质量品牌体系建设；实施"走出去"战略，大力开拓国内国际市场，打造更多具有国际、国内竞争力的区域公用品牌、企业品牌和产品品牌。烟台鲜苹果出口东南亚、俄罗斯、南亚、中东等国家和地区，出口量占全国鲜苹果出口总量的1/2。着力推进农村电商。积极对接天猫、抖音、拼多多等平台，组织本地电商企业积极参与网上年货节、双品网购节等大型电商促消费活动，栖霞、莱阳、海阳成功入选"全国农产品数字化百强县"，烟台农产品网络零售额居全省第一位。龙大的"椒盐牛柳"、春雪的"爆汁鸡米花"、恒润的"冻干秋葵"等成为近年来市场上的网红爆款，春雪与京东联手打造的鸡肉品牌"上鲜"连续5年位居生鲜鸡肉类销量第一。

（四）坚持绿色发展，建设宜居宜业和美乡村

烟台市坚持以绿色发展为导向，在进一步推动农村人居环境整治提升的同时，注重农业农村基础设施建设，提升农业农村绿色发展能力，更好地推动宜居宜业和美乡村建设。

1. 持之以恒抓好农村人居环境整治提升

持续实施农村人居环境整治提升五年行动，实行市县两级督导和第三方检查相结合、月调度月通报、"蓝黄红"亮牌管理等方式，推动农村环境一体整治、全域提升。抓标准全域推进促整治、抓重点集中攻坚促提升、抓样板典型示范促突破、抓机制真督实考促落实的"四抓四促"农村人居环境整治提升做法获农业农村部、国家乡村振兴局肯定推广，龙口市获评全国村庄清洁行动先进县。分类有序推进农村厕所革命，持续推进农村改厕升级和后续管护长效机制建设。扎实推进农村生活污水治理提升，农村生活污水累计治理率达到22%，加快推进农村黑臭水体治理，在全省率先实现全域动态清零。巩固拓展城乡环卫一体化全覆盖成果，开展农村生活垃圾分类试点，推进城乡环卫一体化提标提质，持续提升生活垃圾收运处置水平。

2. 分层分类开展示范创建

坚持集中连线、成方连片，突出特色、示范引领，高质量推进美丽乡村样板示范项目建设，推动美丽乡村示范村三级（省市县）联创，打造"点上出彩、面上出新，带上成景、全域铺开"的烟台美丽乡村新画卷。扎实

开展乡村振兴示范片、示范镇创建，以点带面、连片打造，不断创新乡村振兴路径。累计创建省级美丽乡村示范村 206 个、市级美丽乡村示范片 27 个，全市一类样板示范村覆盖率达到 42%。获批省级乡村振兴齐鲁样板示范区 3 个，数量居全省首位，打造 2 批市级乡村振兴示范镇 21 个。积极推进"美丽庭院"建设，全市"美丽庭院"精品户数量达到 15.6 万户，占常住户数量的 25%。

3. 全面加强农村基础设施建设

深入推进"四好农村路"提质增效行动，推进农村客运公交化，全市农村公路通车里程达到 17255 公里，中等路及以上比例达 80%，油路通畅率和通客车率均达到 100%；积极推进农村通户道路硬化，基本实现"户户通"；实施路长制以及"县级指导、乡级负责、市场养护、环卫保洁"的乡村道路管护新机制，推动农村公路养护专业化，90% 以上的县（市、区）均实现养护队伍专业化。大力实施饮水安全巩固提升工程，按照"建大、并中、减小"的原则，以县（市、区）为主体，因地制宜、分类施策，持续推进农村规模化供水工程建设。规模化供水工程覆盖 4214 个村，覆盖人口比例达到 72%，农村供水保障能力进一步提升。加强农房建设质量监管，建立健全农村危房动态监测机制，常态化开展农村房屋安全隐患排查整治，保障群众住房安全，累计实施农村危房改造 3960 户。实施乡村清洁能源建设行动，进一步提升农村电网供电能力，农村电网供电可靠率达到 99.9% 以上；因地制宜、多措并举，积极推进农村地区清洁取暖改造，2018 年以来累计实施改造 44 万户。强化网络基础设施建设，推进农村家庭宽带普及，加大 5G 网络建设力度，提高农村地区网络覆盖水平，农村宽带网络覆盖率达 99% 以上，5G 移动通信基站改造率达 20%。全面实施农产品仓储保鲜冷链物流设施建设工程，积极推进仓储保鲜冷链物流设施、产地低温直销配送中心、骨干冷链基地建设。依托农村各类便民服务网点，积极推进电子商务、快递进农村，健全完善农村寄递物流体系，快递服务覆盖 80% 以上的行政村。

4.扎实推进农业绿色发展

落实最严格的耕地保护制度，建立实施耕地保护田长制，实施耕地质量保护与提升行动，保证全市耕地数量不减少、质量有提升。大力发展畜禽标准化适度规模养殖，推进畜禽粪污资源化利用，畜禽粪污综合利用率达到96%。全面推广测土配方施肥技术，深入实施化肥农药使用量零增长行动，大力推广果菜茶有机肥替代化肥。加强农业面源污染防治，实施"三膜一袋"清理整治行动，加强地膜、棚膜、反光膜、果袋污染防治，推进废旧地膜及农业投入品包装废弃物回收处理。实施全域绿化美化行动，完成造林35万亩。加快推进农业机械化和农机装备产业转型升级，推动"全程全面、高质高效"农业机械化发展，农作物耕种收综合机械化率稳定在92%以上。

（五）坚持弘扬文明新风，纵深推进农村精神文明建设

坚持物质文明和精神文明一起抓，以文明实践、文明创建、移风易俗、文明培育、文化惠民为重点，加强农村思想道德建设，实施乡村文明行动，开展乡村文化建设，培育乡村文明新风，文明"软实力"逐渐转化成乡村振兴的"硬支撑"。

1.积极培育和践行社会主义核心价值观

依托市域内镇（街）综合文化站、农村文化大院、农家书屋，采取政策解读、故事领会、图文解析等多种形式，深入开展习近平新时代中国特色社会主义思想和党的二十大、二十届三中全会精神，以及习近平总书记视察山东、视察烟台时的重要讲话精神的学习、宣传和教育，开展爱国主义教育和形势政策宣传教育，使社会主义核心价值观要求真正成为群众心中追求和自觉行动。

2.全面拓展新时代文明实践

近年来，烟台市新时代文明实践不断深入，取得了明显成效。重点围绕新时代文明实践中心建设，不断夯实文明实践的基础，为开展文明实践活动提供了平台。截至2023年，烟台市共建设了新时代文明实践中心15个、实践所160个、实践站6226个。同时，围绕"五有""五为""五聚"等实

践活动，出台了系列制度性文件，不断夯实文明实践志愿服务基础，出现了"习语润心""德润莱州""平声致远"等一批在全国、全省具有较大影响的文明实践品牌。此外，志愿服务工作蓬勃发展，成立 6300 多支志愿服务队，志愿者数量不断增长。

3.深入推进农村移风易俗

农村加强红白理事会建设，推选德高望重、热心服务、崇尚节俭的人士组成红白理事会，并注重对红白理事会骨干成员的轮训，加强他们的能力建设。在婚丧嫁娶方面，大力倡导树新风，激励采取新事新办的方式，注重消除盲目攀比、大操大办、"天价"彩礼等不良现象；同时，大力倡导厚养薄葬、丧事简办等文明新风尚，加强公益性墓地建设，推行公益性海葬活动，加大乱埋乱葬整治力度，推行节地生态安葬，推进全市殡葬改革发展，新建或改扩建公益性墓地 332 处。

4.深入推进文化惠民

均衡配置公共文化资源，推动城镇公共文化服务向农村延伸，建设 14 家文化馆、159 个镇（街）综合文化站、6356 个村（居）综合性文化服务中心，以及 14 家公共图书馆、31 家城市书房、37 家博物馆（纪念馆），市县乡村四级公共文化服务设施网络基本实现全覆盖。建成农家书屋 5242 家，全市乡村出版物"通借通还"率达到 60%。实施"一村一年一场戏"、农村数字电影放映工程，2022 年开展"一村一年一场戏"文化活动 6253 场次。弘扬农村传统文化，依托烟台剪纸、胶东花饽饽、棒槌花边技艺等非物质文化遗产项目，培育了一批特色文化品牌，打造了一批特色村，推出了一批具有地方特色的精品民俗活动。加强对农村历史街区、传统民居院落的挖掘保护，建设民俗生态博物馆、历史文化展室、民俗旅游特色村，建成县级非遗工坊 100 个，使乡村成为有历史记忆、地域特色的文化之乡、精神家园。

（六）坚持三治融合，着力推进乡村治理更加有效

近年来，烟台市注重乡村治理体系建设，不断强化党组织的领导，坚持自治、法治、德治相结合的方式，逐步形成了具有区域特点的乡村治理

体系。

1. 强化基层党组织统领

扎实做好村"两委"换届工作，选优配强村"两委"成员特别是村党支部书记，积极推行村党支部书记通过法定程序担任村民委员会主任，村党支部书记、村民委员会主任由一人担任的比例达99.4%，村"两委"成员平均年龄下降5.7岁，高中和大专以上学历人数分别提高26.5%和15.3%，村级班子整体功能大幅优化。创新建设农村党建融合发展区，促进村庄抱团发展、一起提升，建成党建融合发展区311个。全面加强农村带头人队伍建设，推行村党支部书记专业化管理，建立起专岗选任、专薪激励、专职管理、专项扶持等"选育管用"全链条机制；加强农村基层干部培训，开展村党组织领导管理绩效评比活动，2022年培训村"两委"成员和驻村干部3万余名，评选100个乡村振兴示范村和100个乡村振兴进步村。健全村干部监督管理机制，全面推行"四议三审两公开"、村级"小微权力"清单、村级财务公开等制度，建成开通全市"村事通"智慧监管平台，在全省率先实现一个系统统管市县乡村四级农经业务。深入推进软弱涣散基层党组织专项整治集中攻坚行动，选派1073名驻村第一书记和工作队下沉包帮，实现脱贫村、乡村振兴任务重的村、党组织软弱涣散村等全覆盖。

2. 构建村民自治新格局

完善民主决策制度，开展民主议事协商，6000多个行政村全面落实"四议三审两公开"制度，实行村级重大事项决策镇（街）预审机制，维护保障村集体和村民利益。制定县级镇（街）、村（居）议事协商目录，定期开展镇（街）、村（居）议事协商工作，做好相关会议记录，推动村级议事协商工作广泛有序开展。强化民主监督机制，出台村务公开工作实施方案和制定村务公开目录，深入开展乡村治理行业领域村务公开重点问题专项整治，村民自治制度化规范化程序化水平全面提升。深化村级组织牌子整治工作，累计清理各种牌子14.6万余块，平均每个村清理各种牌子24块。落实村级组织职责任务清单，建立长效督查检查机制，厘清村委会职责工作事项29类、协助工作事项22类。

3. 创建法德共进善治新模式

近年来，烟台市创建了"法德共进"体系，有力地推进了乡村治理水平的提升。全市乡村共建立了法德共促会 5868 个，充分发挥老干部、老专家、老教师、老战士、老模范和法律人士、妇女代表作用，及时发现纠正和评议村民不合法、不文明行为，主动帮助化解邻里矛盾纠纷，年均帮助村委会协调解决各类问题 2300 多个。科学划格，优化网格化服务管理，形成"人在网中走、事在格中办"的网格化治理格局，全市建立村（居）网格 7203 个，每个网格至少配备 1 名村"两委"成员或村警务助理担任兼职网格员，主动了解社情民意，发现各类问题矛盾，通过信息终端及时上报至镇（街）网格化服务管理中心进行闭环办理。创新开展"无非正常上访、无治安刑事案件、无公共安全事故"的"三无"村（居）创建活动，大力化解矛盾纠纷，筑牢安全屏障，防范杜绝安全生产事故，全市"三无"村（居）创建率月均 98% 以上，各类风险隐患最大限度化解在村（居）。积极打造"和为贵"社会治理服务中心，构建接谈分流、矛盾调处、指挥调度、行政办公"四大板块"新格局，对群众来访，实行一条龙服务和一揽子解决。2022 年，市级"和为贵"平台共调处矛盾纠纷 2032 起，化解 1754 起，一次性化解率达到 86.3%。健全镇（街）、村（居）两级综治中心，调整充实村（居）人民调解委员会，完善社会治安防控体系，常态化推进扫黑除恶斗争，加大对"村霸"、宗族黑恶势力以及欺压百姓、横行乡里等问题的打击力度，严防黑恶势力侵蚀基层政权，农村治安防范水平全面提升。

（七）坚持精准施策，持续巩固拓展脱贫攻坚成果

坚决扛牢政治责任，做好巩固拓展脱贫攻坚成果同乡村振兴有效衔接，防返贫监测帮扶机制日益健全，防返贫基础更加稳固、成效更可持续。

1. 高质量打赢脱贫攻坚战

脱贫攻坚期间，全市聚焦高质量打赢脱贫攻坚战，精准施策、尽锐出战，2018 年基本完成脱贫攻坚任务，2019 年持续巩固提升，2020 年全面完成脱贫攻坚任务，累计减贫 14.4 万人，脱贫人口人均纯收入 10181 元，

年均增长 25%，全部实现稳定脱贫；277 个省扶贫工作重点村全部脱贫出列，村均集体经济收入每年达 8.3 万元。强化资金支持，累计投入各级财政专项扶贫资金 6.4 亿元，年均增长 10% 以上。市级爱心捐款的 50% 用于扶贫脱贫，累计投入 2250 万元。广泛开展金融扶贫，累计发放富民生产贷 3.19 亿元。强化产业扶贫，统筹投入各类资金 4.79 亿元，建设扶贫项目 1700 余个，其中产业扶贫项目 658 个，产生收益 6446 万元，带动贫困人口 14 万余人次。支持扶贫工作重点区域全面发展，统筹确定省扶贫工作重点村 277 个、市扶贫工作重点村 259 个，确定海阳、莱阳、栖霞和 30 个镇作为市扶贫工作重点县镇，先后选派 3 轮驻村第一书记，协调投入资金 2.9 亿元，培育特色产业和致富项目 570 多个，促进集体增收 1335 万元。全力落实"两不愁三保障"和饮水安全。教育扶贫方面，累计为贫困学生资助减免费用 2.4 万余人次、4000 余万元，教育资助减免政策全面落实。健康医疗方面，全面落实贫困人口"六重保障"和"一站式结算"，贫困群众合规医疗费用自付比例不超过 5%；家庭医生实现应签尽签、履约随访服务全覆盖，严重精神障碍贫困患者得到免费救治。住房饮水方面，逐户鉴定检测改造，全部安全达标。残疾人服务保障方面，全市持证贫困残疾人 2.3 万余人，为全市 9 万余名符合条件的残疾人发放残疾人两项补贴 2.17 亿元，提供针对性康复服务 3.2 万人次，为 1.2 万户重度残疾人家庭实施无障碍改造。公益专岗扶贫方面，因人因需开发设置 4 类扶贫公益专岗，1.1 万名贫困群众通过自身劳动实现稳定增收。孝善养老扶贫方面，3.2 万名贫困老人享受资金奖补。全面改善贫困村面貌，实施水源地保护工程，建设物理隔离设施 1.7 万米，扶贫工作重点村全部建成综合性文化服务中心，实现科技指导人员全覆盖。加强扶贫工作重点村电网建设改造和信息化建设，累计完成电网投资 1.25 亿元，市域内行政村实现 100M 宽带、4G 信号全覆盖，277 个省扶贫工作重点村全部达到"五通十有"标准。广泛动员社会力量参与脱贫攻坚。创新实施"双帮扶责任人"制度，4.4 万名帮扶责任人构建起"二帮一""多帮一"结对帮扶网，帮助贫困群众解决生产生活实际困难。扎实推进"百企帮百村"，

10 家国有企业、230 家非公企业结对帮扶扶贫工作重点村，投入资金 1600 余万元。扎实开展烟台·德州扶贫协作，援助德州财政专项扶贫资金 1.02 亿元。10 个县（市、区）、124 个部门单位和 27 家企业扎实开展结对扶贫协作，投入各类资金 42 亿元，实施扶贫协作项目 62 个。

2. 健全防返贫监测帮扶机制

烟台市委、市政府严格按照国家规定的 5 年过渡期，严格落实摘帽不摘责任、摘帽不摘政策、摘帽不摘帮扶、摘帽不摘监管"四个不摘"要求，持续推进巩固拓展脱贫攻坚成果同乡村振兴有效衔接。2021 年、2022 年分别统筹财政衔接推进乡村振兴补助资金 2.16 亿元、2.33 亿元，合计实施财政衔接资金项目 455 个。全面实施城乡公益性岗位提质扩容，全市开发公共管理、公共服务等 5 类城乡公益性岗位 3.85 万个，其中脱贫享受政策人口上岗 3084 人；通过购买服务、提供务工信息等方式，13054 名脱贫享受政策人口得到就业帮扶。建立健全"1+4"防返贫动态监测督控工作体系，建好村级相对困难农户 1 本台账，畅通农户自主申请、基层干部排查、部门筛查预警、信访问题处置 4 个渠道，加强防返贫动态监测督控，对符合监测帮扶条件的困难人口做到早发现、早纳入、早帮扶。全市 6000 多个村建立了村级相对困难农户台账，1.88 万户 3.46 万人纳入台账实时监测，共识别纳入监测帮扶人口 537 户 1016 人。

3. 加快推进重点帮扶区域发展

积极创建省级衔接乡村振兴集中推进区。莱阳市姜疃镇获得省乡村振兴局、省财政厅批复，明确为省级衔接乡村振兴集中推进区。2022 年，整合市级以上财政衔接资金 4000 万元下达至莱阳市，支持推进区内产业发展、环境整治、人才培养、就业带动、乡村治理、脱贫攻坚成果巩固拓展，加快乡村振兴步伐，开工建设鲁花花生加工副产物综合利用等 6 个推进区项目。实施"20100"重点镇村帮扶行动。根据脱贫人口数量，以及经济发展、基础设施、公共服务水平，全市筛选确定 20 个镇 100 个村作为重点帮扶镇村，在经济发展、基础设施、公共服务等方面给予政策资金支持。100 个重点村逐村建立帮扶发展台账，明确年度帮扶任务，组织实施了经济发展、基础设施、公共服务项目。2021~2022 年，投入财政衔接资金 1.37 亿元，组织实施帮扶项目 155 个。

（八）坚持城乡融合，全面激发乡村振兴要素活力

坚持系统集成，全面深化农村改革，优化资源配置，畅通城乡要素双向流动通道，推动城乡要素良性循环、高效配置，为乡村振兴注入强大活力，激发乡村振兴巨大潜能。

1. 全面深化农村改革

巩固完善农村基本经营制度，落实好农村土地承包关系稳定并长久不变政策、第二轮土地承包到期后再延长 30 年的政策，让农民吃上长效"定心丸"。健全完善土地承包经营纠纷调解仲裁体系、土地承包经营权流转服务管理体系，积极推动土地承包经营权依法规范有序流转，稳步发展多种形式的适度规模经营。稳妥推进农村土地改革，严格落实"一户一宅"等宅基地管理规定，积极探索宅基地所有权、资格权、使用权"三权"分置，切实保障农村集体经济组织成员家庭作为宅基地资格权人依法享有的权益。积极探索实施农村集体经营性建设用地入市制度，规范开展城乡建设用地增减挂钩，挂钩节余指标收益全部返还项目区农村。集体林权、农业水价等改革工作不断深化。深入推进农村集体产权制度改革，全面查清核实资源性资产、经营性资产、非经营性资产，查清债权债务，盘清集体资产 731.3 亿元；科学确认农村集体经济组织成员身份，6000 多个村确认农村集体经济组织成员 455.1 万人；有序推进农村集体资产量化设置，村集体经营性资产全部折股量化，有效保障每位农村集体经济组织成员的收益分配权；建立集体经济组织，推行村党支部书记、班子成员按照法定程序兼任集体经济组织负责人，6000 多个村申领了（股份）经济合作社登记证书；建立健全集体资产运营管理制度、集体资产评估制度，158 个乡镇设立农村财务服务中心，建立三资管理平台，推动农村集体资产财务管理制度化、规范化、信息化；完善农村产权交易服务，探索农村产权价值实现途径，牟平、栖霞、招远、莱州等建立了农村产权交易中心，海阳市积极开展农村集体资产股权与农村土

地承包经营权捆绑抵押贷款试点，11 个乡镇和 112 个集体经济组织获得贷款 1237 万元，让农民"股权变现"。

2. 强化乡村振兴人才支撑

积极引进外部高端人才，摸排涉农类企业人才需求情况，编制发布人才需求目录。高标准建设省、市专家服务基地 81 家，200 多名专家参与"高端专家齐鲁行"活动，常年奔走一线开展科技培训。搭建"烟台市青年人才专项招引平台"等线上引才平台，引导青年人才投身乡村振兴。鼓励人才返乡创业，出台《烟台市创业带动就业扶持资金管理办法》等政策，为返乡创业人员提供补贴资金、贷款扶持，每年开展"返乡下乡创业之星"典型人物评选，发放创业担保贷款 48.8 亿元、补贴 2.8 亿元。开展农村劳动力技能培训，深入推进基层职称制度改革，开展新型职业农民职称评定，持续提升乡村振兴人才队伍专业化、知识化水平。开展首席技师评选、"乡村之星"评选，培养选拔优秀乡土技能人才和农村致富带头人，示范带动广大农村群众增收致富。开展乡村振兴领域专技人员继续教育线上线下培训 4 万余人次、农村转移劳动力职业技能培训 13.45 万人次。扎实开展高素质农民培育，944 名农民获得新型职业农民职称。积极引导退役军人投身乡村振兴，4227 名退役军人在村（居）任职，其中 1144 名担任村（居）党支部书记、主任。

3. 加快推进基本公共服务向农村覆盖

全面提升农村教育水平。实施强镇筑基教育工程，以镇驻地幼儿园、小学、初中为重点，提高学校管理标准化、科学化、精细化水平，改善乡镇寄宿制学校办学条件。实施优质教育资源"班班通"工程，全市所有中小学全部配备"班班通"教学设备，实现数字教育资源全覆盖。提升农村义务教育学校专任教师学历层次，提升农村学校新招聘教师学历水平，加大县域内城区与乡村教师双向交流、定期轮岗力度，农村义务教育学校本科及以上专任教师占农村义务教育学校专任教师总数的比例逐年上升，居全省前列。着力推进普惠性学前教育，2022 年全市乡村在园幼儿总数 43538 人，其中普惠性幼儿园在园幼儿 43045 人，农村学前教育普惠率 98.87%，远超省定标准。关注特殊群体教育，2022年为各级各类学生发放奖助学金、助学贷款近3亿元，受益学生近10万人，外来务工子女、留守儿童、残疾儿童、困难家庭儿童等特殊群体儿童在入学上"应入尽入"。全面改善乡村医疗卫生服务。深入实施基层医疗卫生服务能力三年提升行动，全面加强村卫生室硬件设施建设，建成以中心村卫生室为主体、一般村卫生室和村卫生室服务点为补充，公益特色鲜明的村级医疗卫生服务体系，基本形成农村地区15分钟健康服务圈。加快县域医疗服务次中心建设，推动乡镇卫生院、村卫生室提档升级，35%的乡镇卫生院达到优质服务基层的推荐标准。提升村卫生室服务能力，全市乡村医生具备专科及以上学历或执业助理医师及以上资格的比例达到53%。推进社会保障制度城乡统筹。完善城乡居民基本养老保险制度，稳步提高居民基本养老保险待遇水平，2022年全市居民基本养老保险基础养老金最低标准每人每月提高到160元。统筹城乡社会救助体系，完善农村最低生活保障制度，积极推进农村特困人员供养机构社会化改革，提高医疗救助和临时救助水平。2022年，全市共有农村低保对象60994人、特困人员23530人，农村最低生活保障标准调整至每人每月745元，农村特困供养基本生活标准提高至每人每月1075元，失能半失能特困人员集中供养率达到75%，12个县（市、区）采取政府购买第三方服务方式为分散特困人员提供照料护理服务；实施临时救助5682余人次，发放临时救助资金563.37万元，农村群众突发性、紧迫性、临时性基本生活困难得到及时解决。全面落实残疾人救助政策，做好就业服务、康复服务、家庭无障碍改造，改善提升残疾人生产生活质量。困难残疾人生活补贴覆盖率提高，困难重度残疾人家庭无障碍改造应改尽改。健全县乡村衔接的三级养老服务网络，实施农村敬（养）老院改造提升工程，加大对村级敬（养）老院运营奖补扶持力度，推广社区日间照料中心及农村幸福院经验模式和社会力量参与兴办社区助老大食堂等社会化服务模式，构建起多层次农村养老保障体系，全市建立各级敬（养）老院72个、日间照料中心423个、农村幸福院1042个。

4. 健全多元化投入机制

健全完善"三农"财政投入稳定增长机制,稳步提高土地出让收入用于农业农村比例。2022 年,全市农林水支出预算 674364 万元,较上年增长35.04%,土地出让收入用于农业农村比例达到 10.97% 以上。认真落实农业补贴政策,出台农业产业发展激励政策十三条,农业补贴政策精准性、稳定性日益提高。强化乡村振兴金融服务,引导金融机构聚焦乡村振兴重点领域持续增加信贷投放,保持涉农贷款余额正增长,2022 年涉农贷款余额2511.6 亿元,同比增长 15.4%。在全面认真落实小麦、玉米等农业保险政策的同时,结合烟台的特色,注重推广苹果、葡萄、莱阳梨、大樱桃、生猪"保险+期货"等特色农产品保险和渔业特色政策保险,2022 年全市农业保险保费规模为 3.63 亿元,保险深度为 0.5%。积极引导社会资本广泛参与,通过政府和社会资本合作(PPP)、政府购买服务、担保贴息、以奖代补、民办公助、风险补偿等措施,鼓励社会资本踊跃投向乡村振兴。

三 高质量谱写乡村振兴齐鲁样板烟台
篇章的未来展望

烟台将全面学习贯彻党的二十大精神,深入贯彻落实习近平总书记重要指示要求,以建设农业强市、打造和美乡村、实现共同富裕为目标,坚持农业产业链化发展、数字化发展、品牌化发展,促进一二三产业协同融合;坚持绿色低碳、宜居宜业、文明和谐,推进胶东特色和美乡村建设;坚持城乡一体、服务均等,努力缩小城乡差距,促进农民农村共同富裕。

(一)确保粮食和重要农产品稳产保供

全面落实粮食安全党政同责,坚持稳面积和提单产齐发力,落实千亿斤粮食产能提升行动,确保粮食生产面积、产量分别稳定在 450 万亩以上、185 万吨左右。大力发展规模化、数字化、品牌化现代农业,壮大优势特色产业集群,启动新一轮苹果产业高质量发展三年行动,高水平建设"海上粮仓"，大力发展设施农业，加强蔬菜和食用菌生产基地建设，布局一批蔬菜集约化育苗中心，蔬菜产量稳定在220万吨左右。加快蛋禽、肉牛、肉羊规模化养殖和标准化生产，提高畜禽规模化养殖比重。

（二）强化农业科技装备支撑

聚焦国家重大战略和烟台农业发展需求领域，开展关键技术攻关和成果转化应用示范，高水平建设各类涉农科技创新园区和科技创新平台。实施农机装备补短板行动，推动农机装备智能化现代化发展，引进推广高端、智能、急需农机装备，重点加大大豆玉米带状复合种植、蔬菜果品种植等专用机械和水肥一体化、饲喂自动化等设施装备技术研发应用支持力度。实施种业振兴行动，加快推进烟台中国北方种谷建设。加大种质资源收集保护与创新利用力度，健全商业化育种体系，积极培育突破性优良品种。

（三）培育农业优势特色产业

持续壮大粮食、果蔬、白羽肉鸡、花生与食用油等优势特色产业，打造白羽肉鸡、花生与食用油、海参等优势特色产业集群。大力发展预制菜产业，全力打造莱阳预制菜产业名城。高质量实施农产品加工业提升行动，通过采取激励规上农产品加工企业向产地下沉、向园区集中等措施，在推动农产品加工设施改造提升的同时，强化区域性预冷烘干、储藏保鲜、鲜切包装等初加工设施的建设，为争创省级优势特色农业全产业链提质增效试点创造条件。培育壮大农业产业化龙头企业"雁阵群"。建好用好农业招商专班，不断加大农业招商引资力度，进一步促进产业布局调整、结构优化。立足优势特色产业，着力为创建国家乡村振兴示范县、国家农业现代化示范区、省级现代农业强县等创造条件、奠定基础。

（四）加强农业品牌建设

建设农业品牌标准体系，重点打造烟台苹果、大樱桃、海参等代表性区域品牌，擦亮预制菜名片，推进莱阳梨品牌优势重塑，不断提升"烟台农品"全品类区域品牌影响力。积极培育地理标志产品保护示范区。大力发展会展经济，高标准举办中国·山东国际苹果节、烟台国际食品（预制菜）产业博览会、世界海参产业（烟台）博览会等重要节会。持续加强农业开放合作，积极对接京津冀协同发展、粤港澳大湾区建设、长三角一体化发展等国家重大战略，深度融入重点区域"菜篮子"建设。拓展海外销售市场，创建农业国际贸易高质量发展基地。

（五）建设宜居宜业和美乡村

坚持先规划后建设，以县域为单位分类推进村庄规划编制，根据各地自然禀赋、人文特点、发展需求等划定规划范围，可单独编制，也可以乡镇或若干村庄、片区为单元编制，不需要编制的可在县乡级国土空间规划中明确"通则式"规划管理规定。强化乡村空间设计和风貌管控，充分尊重居民生活形态和传统习惯。增强村庄规划实效性、可操作性和执行约束力。实施农村基础设施建设工程，改善农村道路、供水、清洁取暖、网络覆盖条件。实施农村人居环境整治工程，组织村庄清洁行动春、夏、秋冬"三大战役"和断壁残垣、电线杂乱、"三膜一袋"专项整治行动，深入推进农村生活污水治理和黑臭水体治理。实施农村公共服务覆盖工程，打造数字乡村，提升农村教育、养老、医疗服务水平。实施乡村振兴示范创建工程，积极争创省级乡村振兴齐鲁样板示范区、美丽乡村示范村，打造市级美丽乡村示范片、样板村，培创市级乡村振兴示范镇。

（六）推进文明乡风建设

持续开展社会主义核心价值观宣讲、"听党话、感党恩、跟党走"宣传教育活动。深化乡村文明行动，提升农村精神文明建设水平，推动美德信用进乡村。扩大移风易俗工作覆盖面，倡导婚事新办、节地生态安葬，加大对大操大办、"天价"彩礼、乱埋乱葬等问题的治理力度。广泛开展"美丽庭院""最美家庭"创树等活动，重点推进省级乡村振兴齐鲁样板示范区及和美乡村建设区域"美丽庭院"提质拓面。做好农村非遗和农业文化遗产传承保护，创新发展乡村优秀传统文化。精心举办农民丰收节、乡村文化旅游节、赶黄河大集、"村BA"、村超、村晚等群众性文体活动，高水平举办农村社区运动会、农民运动会。

（七）推进乡村治理体系和治理能力现代化

加强村级党组织建设，深化村级党组织分类推进整体提升。抓实党建融合发展区，稳妥推进行政村优化调整。深化党支部领办合作社提质增效行动，积极发展壮大村集体经济。理性对待和借鉴"枫桥经验"，不断健全具有烟台特色的一站式矛盾纠纷多元化解工作体系。深化网格化管理和服务，强化网格员队伍建设。严厉打击农村地区涉黑涉恶违法犯罪，依法从严打击农村赌博违法犯罪，开展电信网络诈骗防范宣传。广泛开展反邪教宣传工作，严厉打击非法宗教活动。深入开展新时代文明实践活动，广泛开展文化惠民活动和乡村振兴体育活动。加强乡村人才队伍建设，持续开展"乡村之星"选拔和基层高级专业技术人才、新型职业农民职称评定，深入开展专业技术人才、技术骨干、高素质农民培训。

（八）强化乡村振兴要素保障

健全多元化投入机制，发挥财政资金杠杆作用，强化与金融协同联动，鼓励社会资本投资，不断引导更多金融资源流向乡村振兴重点领域和薄弱环节。把农业农村作为一般公共预算优先保障领域，将符合条件的乡村振兴项目纳入政府债券支持范围，稳步提高土地出让收入用于农业农村比例。强化政策支持，鼓励金融机构创新金融产品和服务模式，综合运用信贷、证券、期货、保险等支持乡村振兴。发挥政策性农业信贷担保体系作用，探索建立投贷联动合作机制。发展农村数字普惠金融，推进涉农信用信息归集和在金融领域的共享应用，加快建设农村信用体系。合理安排新增建设用地计划指标，统筹存量和增量土地，优先保障乡村基础设施、公共服务空间和产业用地需求。基于市域范围内农村零散限制土地分布情况，稳妥有序地实施以乡镇为基本单元的全域土地综合整治，对上述土地进行有效的整合，以更好地盘活和有效使用这些土地。

（九）建设乡村高水平创新人才队伍

持续推进乡村振兴招才引智工作，引进培育一批农业院士、学科带头人等高水平创新人才，鼓励驻烟高校加强新农科建设，培养农林水利类紧缺专业人才。实施乡村振兴人才"兴农"计划，组织引导各类专业技术人才下乡服务。健全完善基层人才评价机制，优化乡镇专业技术人才职称评聘政策。深化教师"县管校聘"管理体制改革，大力推进中小学教师轮岗工作。推广医疗卫生人员"县管乡用、乡聘村用"模式。大力开展高素质农民培育，为乡村振兴培养更多新型职业农民。

参考文献

林万龙：《有效推进乡村全面振兴的几个问题》，《农业经济问题》2024 年第 7 期。

姚秋涵、于乐荣：《乡村产业振兴中的联农带农实践：类型、逻辑与成效》，《西南民族大学学报》（人文社会科学版）2024 年第 6 期。

宋媛：《云南全面推进乡村振兴的成效、问题及对策》，《新西部》2024 年第 3 期。

陈娜：《国新办就 2024 年中央一号文件相关情况举行新闻发布会　用有含金量的政策措施　推进乡村全面振兴不断取得新成效》，《农村工作通讯》2024 年第 5 期。

魏后凯、芦千文：《深化农村改革的成效、经验和重点方向》，《中国发展观察》2023 年第 Z2 期。

李裕瑞等：《论农村人居环境整治与乡村振兴》，《自然资源学报》2022 年第 1 期。

马晓旭、华宇佳：《乡村生态振兴成效评价指标体系构建研究——基于江苏省、浙江省、安徽省的对比》，《中国农业资源与区划》2021 年第 1 期。

于法稳等：《烟台实施乡村振兴战略的成效及未来展望》，于法稳、尹鹏主编《烟台乡村振兴发展报告（2022）》，社会科学文献出版社，2022。

指 数 篇

B.2
烟台乡村振兴发展指数测评
（2021~2022年）

崔 凯*

摘 要： 针对烟台乡村振兴战略规划的进程开展测评，通过重点评估24项可获得性指标的完成情况，本报告认为自乡村振兴战略实施以来烟台已经取得重要进展，2022年乡村振兴总体上实现了既定目标，部分指标已达到目标值，并且能统筹兼顾乡村振兴各子系统。从乡村振兴五个子系统来看，"产业兴旺"、"乡风文明"和"生活富裕"三个子系统的实现程度普遍较高，"治理有效"子系统的实现程度保持稳定，"生态宜居"子系统的部分指标实现程度有待提升，需加快完善指标体系并调整指标设计思路。各子系统内部均有若干优势指标，其中11项指标能够较好地反映乡村振兴的进展情况。聚焦"十四五"时期农业高质高效、乡村宜居宜业和农民富裕富足的发展目标，选择13项关键指标对2025年的完成情况进行预测，对"十四

---

* 崔凯，管理学博士，中国社会科学院农村发展研究所副研究员，主要研究方向为农业现代化、农村信息化、数字乡村。

五"末期的乡村振兴发展趋势进行展望，为"十五五"时期烟台乡村振兴指标体系构建和目标设计提供参考。

关键词： 乡村振兴　指数测评　"十五五"时期　烟台

乡村振兴战略是新时代"三农"工作总抓手，自党的十九大提出乡村振兴战略以来，山东省深入贯彻落实习近平总书记重要指示批示精神，提出高起点打造乡村振兴齐鲁样板的总方针。烟台市深入贯彻落实习近平总书记关于"三农"工作的重要论述和对山东工作的重要指示要求，全力做好培育乡村富民产业、提升乡村建设水平等重点工作，将打造乡村振兴齐鲁样板中的烟台篇章作为重大政治任务，全力推动乡村振兴战略的顺利实施。立足当前农业农村发展取得的主要成效，按照《烟台市乡村振兴战略规划（2018—2022）年》中"产业兴旺、生态宜居、乡风文明、治理有效、生活富裕"五方面要求，在《烟台乡村振兴发展指数测评（2018~2021）》的基础上，从指标完成情况、发展目标和展望等方面入手，对烟台乡村振兴战略规划的进展情况进行全面测评。

一　烟台乡村振兴战略规划的主要指标完成情况

烟台将推进乡村振兴作为市委、市政府"头等大事"，编制《烟台市乡村振兴战略规划（2018—2022）年》（以下简称《规划》）和乡村产业振兴、人才振兴、生态振兴、文化振兴、组织振兴等5个专项工作方案，同时指导市、县两级编制实施乡村振兴战略规划。烟台在省内率先建成市级层面实施乡村振兴战略的"1+1+5"政策体系，并实现县域乡村振兴战略规划全覆盖。烟台将"千万工程"经验融入推进乡村振兴工作实践，坚决守牢粮食安全和不发生规模性返贫底线，随着一批乡村振兴重大工程、重大计划、重大行动的扎实推进，乡村振兴齐鲁样板的烟台篇章正在书写。

本节基于《烟台乡村振兴发展报告（2022）》的研究成果，对标《规划》提出的 49 项主要指标，考虑数据可获得性等因素，将其中的 24 项指标作为测评乡村振兴发展情况的主要依据，对 2021 年和 2022 年的实现情况进行测算。测算参考中国社会科学院农村发展研究所课题组的研究方法，对 2021~2022 年的实现情况进行测算，得出 2021 年有 16 项指标达到 2022 年目标值，2022 年有 18 项指标已经实现 2022 年目标，21 项指标实现程度在 95% 以上，23 项指标实现程度在 90% 以上，据此可以认为《规划》提出的目标任务基本实现。以下按照实现程度将 24 项指标分为三类，逐一进行分析。

（一）基本实现类指标

基本实现类指标包括粮食综合生产能力等 18 项指标，这些指标在 2021 年良好的基础上，已基本实现 2022 年目标（见表 1）。这 18 项指标分布于产业兴旺、生态宜居、乡风文明、治理有效、生活富裕 5 个方面，这说明烟台在实施乡村振兴战略中充分做到统筹兼顾，在坚守底线任务的同时，兼顾乡村发展、乡村建设和乡村治理，全面推动产业、组织、人才、生态、文化"五位一体"的乡村振兴。

表 1　基本实现类指标

指标	实际值		目标值	实现程度（%）	
	2021 年	2022 年	2022 年	2021 年	2022 年
粮食综合生产能力(万吨)	183.30	184.56	170.00	107.82	108.56
果品产量(万吨)	744.80	773.30	600.00	124.13	128.88
高标准农田建成面积(万亩)	423.03	437.68	—	100.00	—
农产品年出口额(亿元)	230.20	224.03	216.10	106.52	103.67
农产品网络销售额(亿元)	41.80	101.70	43.50	96.09	233.79
农作物秸秆综合利用率(%)	96.00	96.00	95.00	101.05	101.05
农产品质量安全例行监测总体合格率(%)	98.50	99.00	>98.00	100.00	100.00
村庄规划编制率(%)	100.00	100.00	100.00	100.00	100.00

续表

指标	实际值		目标值	实现程度（%）	
	2021年	2022年	2022年	2021年	2022年
实现农村道路"户户通"村庄占比（%）	100.00	100.00	90.00	111.11	111.11
农村互联网普及率（%）	100.00	100.00	100.00	100.00	100.00
农村无害化（卫生）厕所普及率（%）	94.40	94.00	90.00	104.89	104.44
县级以上文明村/文明乡镇占比*（%）	89.00	96.00	80.00	111.25	120.00
节地生态安葬率（%）	75.00	78.80	70.00	107.14	112.57
农村社区服务站普及率（%）	100.00	100.00	100.00	100.00	100.00
村级网格化服务管理覆盖率（%）	100.00	100.00	100.00	100.00	100.00
农村居民人均可支配收入（元）	24574.00	26286.00	25500.00	96.37	103.08
城乡居民收入比	2.16	2.12	2.28	105.56	107.55
农村居民恩格尔系数	32.94	32.89	35.20	106.86	107.02

* 文明村为各级命名表彰的村，文明达标村为自查自评自行认定，省级进行测评考核，符合标准则为文明达标村。测评中对于县级以上文明村/文明乡镇占比这一指标采用文明达标村。

注：目标值参考《规划》，相关指标的实际值由烟台市统计局、烟台市农业农村局、烟台市发展和改革委员会等部门提供。对于正向指标，实现程度=100×（实际值/目标值），逆向指标如城乡居民收入比、农村居民恩格尔系数等，其实现程度为该式取倒数。其中，2021年高标准农田建成面积较《规划》中2020年目标值多出100万亩，结合《烟台市高标准农田建设规划（2021—2030年）》，具备达成乡村振兴任务要求的条件，可认为实现程度达到100%。

其中，保障粮食安全是全面推进乡村振兴的底线，近年来烟台粮食综合生产能力始终高于2022年目标值，整体实现程度较高。而果品产量、高标准农田建成面积、农产品年出口额、农产品网络销售额、节地生态安葬率等指标也保持了较高的实现程度，基本实现预期目标。

从实际工作进展情况来看，烟台坚决扛牢粮食安全重大政治责任，2021~2023年粮食面积、产量稳定在450万亩、180万吨以上。通过加大农机购置补贴力度，加强山地丘陵小型专用机械、水肥一体化、饲喂自动化等设施装备技术研发推广，农作物耕种收综合机械化率稳定在92%以上。加快农业现代化转型，全市现有国家级现代农业产业园2个、省级9个，数量位居全省前列。创建国家级产业强镇7个、省级55个，省级现代农业强县3个、高质量发展先行县6个。梯次培育农业产业化龙头企业，国家级、省级、市级龙头企业分别达到 19 家、91 家、318 家。重点建设"烟台农品"全品类区域品牌，带动"烟台苹果""莱阳梨""烟台绿茶"等农产品区域公用品牌抱团发展、优势集聚。烟台苹果品牌价值 158.37 亿元，连续 15 年稳居中国果品区域公用品牌价值榜首，烟台大樱桃也稳居国内樱桃产业第一品牌，品牌价值达 56.93 亿元。省级知名农产品区域公用品牌达到 6 个，知名农产品企业产品品牌达到 63个，总量位居全省第一。

烟台坚持先规划后建设，立足资源禀赋、发展需求，抓村连片开展示范创建，梯次打造省级乡村振兴齐鲁样板示范区 7 个、衔接推进区 4 个、和美乡村示范村 290 个，市级美丽乡村示范片 27 个、衔接推进区 13 个，示范带动成效显著。深入实施农村人居环境整治提升五年行动，市、县、镇、村统一标准，联动整治。扎实开展村庄清洁行动"四季战役"，组织各区对农村河渠沟塘进行专项清理整治。2023 年全市农村公路通车总里程达 1.7 万公里，自来水普及率达 97.5%，2504 个村完成生活污水治理。2023 年全市累计完成户厕改造 57.7 万户，农村卫生厕所普及率达 94%，在全省率先实现镇街公共充电设施全覆盖。农村宽带网络覆盖率在 99%以上，所有建制村实现快件直投进村。

（二）平稳过渡类指标

平稳过渡类指标包括渔业经济总产值等 5 项指标（见表 2），这些指标近年来保持稳定的增长趋势，虽然尚未达到 2022 年的目标值，但从现有的发展趋势来看，这些指标实际值与目标值差距并不大，如主要农作物耕种收综合机械化率、森林覆盖率、有体育健身场所的村庄占比等指标 2022 年的实现程度均在 95%以上，其余两项指标实现程度也在 90%及以上。考虑到实际条件和指标设计等原因，这些指标在保持现有发展趋势的基础上，提升空间有限，可按既有发展速度平稳推进，同时结合乡村振兴建设情况，适当替换更加合理的指标，完善指标体系和目标值。

表 2　平稳过渡类指标

指标	实际值		目标值	实现程度（%）	
	2021 年	2022 年	2022 年	2021 年	2022 年
渔业经济总产值（亿元）	1112.50	1219.00	1300.00	85.58	93.77
主要农作物耕种收综合机械化率（%）	91.77	92.12	94.00	97.63	98.00
省级以上农产品企业产品品牌数量（个）	56.00	63.00	70.00	80.00	90.00
森林覆盖率（%）	36.28	36.30	38.00	95.47	95.53
有体育健身场所的村庄占比（%）	93.59	96.50	98.00	95.50	98.47

注：目标值参考《规划》，相关指标实际值由烟台市统计局、烟台市农业农村局、烟台市发展和改革委员会等部门提供。对于正向指标，实现程度＝100×（实际值/目标值），逆向指标的实现程度为该式取倒数。

（三）实现难度较大类指标

实现难度较大类指标为农村生活污水治理率，从全国层面来看，污水处理是当前农村人居环境整治最为薄弱的环节。截止到 2020 年底，全国 95%以上的村庄开展了清洁行动，农村生活污水治理率达到 25.5%。2022 年，全国农村生活污水治理率在 31%左右。污水处理是各地乡村振兴中普遍存在的难点。随着道路、水、电、垃圾处理、污水处理等基础设施建设投入力度不断加大，预计农村生活环境将得到持续改善，宜居性不断提升。

按 2022 年目标值计算，2022 年生活污水处理的行政村比例这一指标的实现程度为 70.62%，尚未达到既定目标。值得注意的是，生活污水处理的行政村比例这一指标考核依据需要相关部门进一步明确，根据《烟台市"十四五"土壤、地下水和农村生态环境保护规划》，2020 年烟台农村生活污水有效收集处理及管控的行政村比例为 46.90%，高于 36.76%的目标值，由此看来，烟台农村生活污水处理情况好于全国平均水平。但如果采用"生活污水处理的行政村比例"这一指标，烟台市 2021 年和 2022 年农村生活污水治理率分别仅为 15.07%和 38.84%。按 2022 年目标值计算，2022 年农村生活污水治理率这一指标的实现程度为 70.62%，尚未达到既定目标，需要结合实际情况大力推进污水治理。

（四）总结

总体上，烟台实施乡村振兴战略已经取得重要进展，粮食综合生产能力保持稳定，建档立卡贫困人口、扶贫工作重点村全部实现稳定脱贫，乡村振兴的底线得到充分保障，同时农业现代化水平稳步提升，乡村宜居宜业环境初步形成，乡风文明建设扎实推进，乡村治理效能不断提升，农民富裕富足目标可期，烟台正成为引领乡村振兴齐鲁样板的先行区。

结合指标测评结果，从 24 项指标完成程度的算术平均值来看，2022 年烟台乡村振兴总体上实现了既定目标，特别是部分指标已经达到中国基本实现农业农村现代化的目标值，如主要农作物耕种收综合机械化率[①]等。烟台在完成乡村振兴战略规划各项指标任务中，形成以下特色。

一是做好有关政策的衔接。烟台充分考虑本市农业农村发展实际，在乡村振兴规划的指标设计方面，既与上位规划保持一致，又做到指标的创新和新旧衔接。通过系统谋划，防止短期化、急功近利倾向，同时分阶段扎实推进。二是目标完成质量高，除极个别指标外，绝大多数指标都接近 2022 年的目标值，说明烟台全面推进乡村振兴的基础坚实、前景向好。三是均衡发展、统筹兼顾。从 2021 年和 2022 年的实现程度来看，绝大多数指标实现程度在 90% 以上，乡村振兴涉及的不同领域中都有具有突出优势的指标。说明烟台在推进乡村振兴战略的过程中，能够充分统筹产业振兴、人才振兴、文化振兴、生态振兴与组织振兴，做到整体推进、步调一致。

二 烟台乡村振兴各子系统的实现程度评估

乡村振兴涉及"三农"各个领域，内容广泛，需要对既有指标进行整

[①] 根据魏后凯和崔凯的研究，到 2035 年中国基本实现农业农村现代化时，主要农作物耕种收综合机械化率在 85% 以上。

合，针对乡村振兴不同子系统开展实现程度的评估和对比。在此基础上，关注每个子系统中有突出作用的重点指标，并对其进行深入分析。

（一）各子系统的实现程度

按照乡村振兴"产业兴旺、生态宜居、乡风文明、治理有效、生活富裕"的总要求，将指标划分为 5 个子系统来考察其实现程度①，从而得到不同子系统的横向对比结果，以及各子系统 2021 年和 2022 年的实现程度（见表 3）。

表 3　2021~2022 年乡村振兴各子系统实现程度评估

单位：个，%

乡村振兴子系统	指标数量	具体指标	实现程度	
			2021 年	2022 年
产业兴旺	10	粮食综合生产能力、果品产量、渔业经济总产值、高标准农田建成面积、主要农作物耕种收综合机械化率、农产品年出口额、农产品网络销售额、农作物秸秆综合利用率、省级以上农产品企业产品品牌数量、农产品质量安全例行监测总体合格率	99.88	115.77
生态宜居	6	森林覆盖率、村庄规划编制率、实现农村道路"户户通"村庄占比、农村互联网普及率、农村无害化（卫生）厕所普及率、农村生活污水治理率*	87.96	95.10
乡风文明	3	县级以上文明村/文明乡镇占比、有体育健身场所的村庄占比、节地生态安葬率	104.63	110.35
治理有效	2	农村社区服务站普及率、村级网格化服务管理覆盖率	100.00	100.00
生活富裕	3	农村居民人均可支配收入、城乡居民收入比、农村居民恩格尔系数	102.93	105.88

*采用生活污水得到处理和资源化利用的行政村数占行政村总数的比例。

从乡村振兴的 5 个子系统来看，2021 年有"乡风文明""治理有效""生活富裕"3 个子系统的实现程度在 100%及以上，2022 年有"产业兴旺""乡

---

①　子系统实现程度为该子系统所有指标实现程度的算术平均值。

风文明""治理有效""生活富裕"4个子系统的实现程度在100%及以上。如果按照《烟台市"十四五"土壤、地下水和农村生态环境保护规划》，将"农村生活污水治理率"指标替换为"农村生活污水有效收集处理及管控的行政村比例"指标，则"生态宜居"子系统的2022年实现程度也达到100%。因此，总体上烟台乡村振兴战略正按照预设目标稳步推进。

从2022年不同子系统内部指标的完成情况来看，"产业兴旺"、"乡风文明"和"生活富裕"子系统下各指标完成度普遍较高，其中，"产业兴旺"子系统的指标有较好的表现，这是粮食连年丰收、农业现代化建设步伐明显加快的重要体现。"生活富裕"子系统的实现程度表明，烟台城乡收入差距正在不断缩小，农村居民正步入共同富裕道路。在"乡风文明"子系统中，较高的县级以上文明村/文明乡镇占比表明烟台营造了良好的乡风，既体现了农村现代化水平的提升，也为基层治理的开展奠定了基础。

根据不同子系统间的实现程度，目标年份（2021年和2022年）"产业兴旺""乡风文明""生活富裕"子系统的实现程度显著提高，"治理有效"子系统的实现程度保持稳定，说明烟台在乡村振兴战略实施的过程中，兼顾了产业发展、公共服务、人民生活、村庄治理等"三农"发展的各个领域。

从薄弱环节来看，"生态宜居"子系统的部分指标实现程度较低，仍需加快提升才有可能实现2022年目标值。除农村生活污水治理率这项指标外，"生态宜居"子系统其他指标2022年的实现程度均在95%以上，说明烟台在道路、网络、厕所普及等农村基础设施和环境保护等方面均取得了较好的成绩，各类指标在乡村振兴目标实现进程中充分体现和证实了农业现代化与农村现代化耦合发展的阶段性演进特征。

（二）各子系统的重点指标

子系统中的重点指标主要是发展水平较高的优势指标，其实际值高于全国和全省的平均水平，同时实现程度较高，能够较好地反映乡村振兴的进展情况。本报告选择粮食综合生产能力等11项指标进行分析，考察这些重点指标的变化情况。

第一，在"产业兴旺"子系统中，选择高标准农田建成面积、主要农作物耕种收综合机械化率两项重点指标。这两项指标能够体现现代农业生产条件。从耕地质量来看，2019年烟台高标准农田建成面积达374.38万亩，已远高于2020年目标值（312.90万亩），2022年高标准农田建成面积更是较2019年增加了63.30万亩，达437.68万亩。2023年烟台已实施高标准农田建设项目580个，建成高标准农田452.18万亩，高效节水灌溉农田面积达28.30万亩。从机械化水平来看，烟台的主要农作物耕种收综合机械化率自2022年以来保持在92%以上。2023年全国主要农作物耕种收综合机械化率为73%，山东为90%。基于上述两项重点指标，烟台农业现代化具备良好的实现基础。

第二，在"生态宜居"子系统中，选择村庄规划编制率、农村互联网普及率、农村无害化（卫生）厕所普及率3项重点指标。从乡村规划编制情况来看，2022年烟台共编制总体规划87个，村庄规划编制率达100%。全国乡村振兴战略规划中设定2022年村庄规划管理覆盖率为90%，烟台村庄规划编制的落实情况全国领先。从基础设施建设情况来看，2022年烟台农村互联网普及率达100%，农村无害化（卫生）厕所普及率达94%，相比2022年全国农村互联网普及率61.9%，农村无害化（卫生）厕所普及率超过73%，烟台农村网络接入条件已基本完善，农村厕所革命取得显著成效。今后烟台乡村振兴的重点任务将是进一步巩固现有基础，重视改厕后的标准升级和后续管护，努力提高农村生活污水处理水平。

第三，在"乡风文明"子系统中，选择有体育健身场所的村庄占比、节地生态安葬率两项重点指标。烟台充分发挥乡村文化设施的作用，丰富乡村文化内涵，2022年有体育健身场所的村庄占比稳步提升至96.5%，预计"十四五"末期体育健身场所可覆盖全部村庄，乡村成为提升农民身心素质的载体。在推动精神文明建设、倡导移风易俗方面，烟台积极引导推动绿色生态安葬方式，2022年节地生态安葬率达78.8%，农村文化服务不断完善。

第四，在"治理有效"子系统中，选择农村社区服务站普及率、村级网格化服务管理覆盖率两项重点指标。烟台创建农村党建示范区，统筹整合区域内人才、产业、项目、设施等资源，发挥集群效应，形成连片发展格局。同时，积极推进镇、村两级综治中心实体化建设，组建综治中心队伍、网格员队伍等，农村社区服务站普及率和村级网格化服务管理覆盖率两项指标连续多年达到100%，治理的有效性初步显现。

第五，在"生活富裕"子系统中，选择农村居民人均可支配收入、城乡居民收入比两项重点指标，这两项指标体现出农民的富裕程度与收入分配情况。2022年烟台农村居民人均可支配收入为26286元，高于山东农村居民可支配收入4176元，高于全国农村居民可支配收入6153元，实现烟台乡村振兴战略规划中设定的2022年25500元的预期目标。随着农民收入水平不断提高，近年来城乡收入差距持续缩小，2022年烟台城乡居民收入比为2.12，分别低于全国2.45和山东2.22的城乡居民收入比（见图1），农村居民为实现共同富裕迈出坚实步伐。

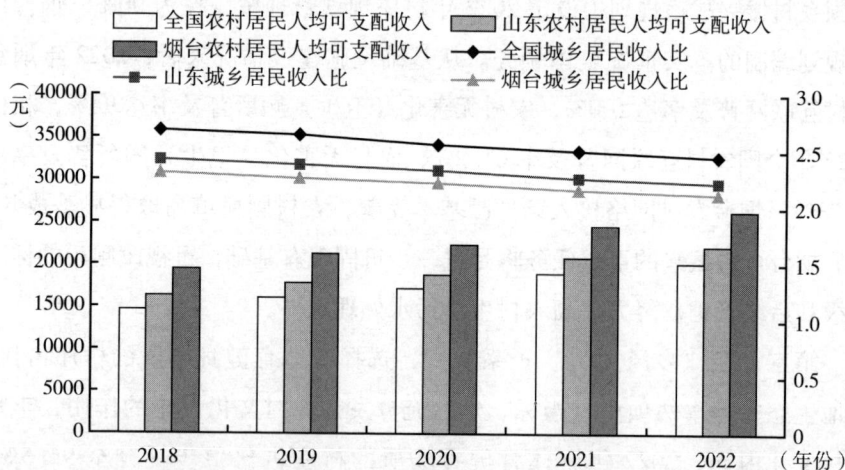

图1　2018~2022年全国、山东及烟台农村居民人均可支配收入与城乡居民收入比

（三）存在的主要问题

从各项指标来看，烟台农业农村领域面临的主要问题包括以下几个方面。一是城乡收入差距较大。自乡村振兴战略实施以来，农村居民收入虽然有了较大幅度的提高，城乡居民可支配收入比由2017年的2.32缩小至2023年的2.08，但城乡居民收入绝对差距却在持续扩大，从2017年的23786元增长至2023年的30777元，共同富裕的基础还不稳固。二是产业融合程度不高。目前，烟台农产品加工仍处于初级产品加工阶段，产业链条短，精深加工能力不足，规模以上农产品加工企业营业收入与农林牧渔总产值之比低于全省平均水平0.77个百分点。三是乡村建设存在短板。农村基础设施配套不完善，水电路气暖等建设水平与群众对美好生活的新期待还有一定的差距。特别是与浙江等省份相比，村庄还缺少整体规划设计，景观、设施、房屋等缺乏特色和美感。

此外，从乡村振兴战略的实施情况来看，有两类情况需要引起重视。

一是增长较缓慢的指标。需要重新设计"十五五"期间乡村振兴的指标，充分反映农业农村的实际情况。如县级以上文明村/文明乡镇占比这一指标改为文明达标村覆盖率，农村生活污水治理率指标改为农村生活污水有效收集处理及管控的行政村比例等。

二是短期出现波动的指标。从2021年以来的情况来看，部分指标发展或增长趋势出现变化，如农产品年出口额等。从中长期来看，预计这类指标将保持稳步增长的趋势，需要立足长远，从时间序列上考察更有意义。

三 烟台乡村振兴战略规划的主要指标发展预测

"十四五"时期，烟台将聚焦农业高质高效、乡村宜居宜业、农民富裕富足这"三条主线"，与乡村振兴"三条主线"进行衔接，结合上文对重点指标的分析，并参考国内权威研究成果[①]，选取粮食综合生产能力等13项关键指标预测其2025年目标值，通过重点指标充分体现乡村振兴的变化趋势。

---

① 指标选取方法参考魏后凯、杜志雄主编《中国农村发展报告——面向2035年的农业农村现代化》等。

（一）关键指标预测结果

农业高质高效方面，近年来烟台粮食综合生产能力较为稳定，在提前实现生产目标的同时，完全满足粮食供给保障的目标任务，考虑到目标值的持续性和粮食生产的波动性，2025 年全市粮食综合生产能力预计达 180 万吨以上。

高标准农田建成面积决定了粮食产出水平，国家对高标准农田建设非常重视，《山东省高标准农田建设规划（2021—2030 年）》要求到 2022 年建成 6500 万亩以上高标准农田，到 2025 年建成 7791 万亩，改造提升 870 万亩，稳定保障 1100 亿斤粮食产能。各地高标准农田建设的空间较大。自 2018 年以来，烟台高标准农田建成面积每年增加 15 万亩以上，按此预计 2025 年高标准农田建成面积在 480 万亩以上。

烟台主要农作物耕种收综合机械化率、农作物秸秆综合利用率指标已达到较高水平，均高于全国平均水平 10 个百分点左右，预计 2025 年这两项指标将分别达到 93% 和 98%。2022 年烟台农产品网络销售额达 101.7 亿元，预计 2025 年将保持在 100 亿元以上。

在乡村宜居宜业方面，烟台大力推进农村厕改，2022 年农村无害化（卫生）厕所普及率已达 94%，按照山东省"十四五"实现农村卫生厕所基本普及的目标，预计 2025 年农村无害化（卫生）厕所普及率达 100%。有体育健身场所的村庄占比指标反映了村民文化生活条件，预计 2025 年有体育健身场所的村庄占比达 100%。森林覆盖率指标自 2018 年以来稳定在 36% 左右，预计 2025 年达到 38%。

农村生活污水治理率、县级以上文明村/文明乡镇占比等两项指标由于建设起步较晚，成为乡村振兴的短板，值得注意的是两项指标近年来增速较快，得到重点关注和支持。结合烟台相关规划和研究测算，预计 2025 年农村生活污水治理率达 55%，县级以上文明村/文明乡镇占比达 100%。

在农民富裕富足方面，2020 年烟台农村居民人均可支配收入为 22305

元，2022年烟台农村居民人均可支配收入为26286元，比上年增长7%，综合"十三五"期间和近年来农村居民人均可支配收入增长情况，考虑到经济增速的变化，保守估计2025年农村居民人均可支配收入将超过3万元。

城乡居民收入比、农村居民恩格尔系数两项负向指标每年略有下降，并且能够实现既定目标，2022年烟台城乡居民收入比低于山东平均水平，按照此发展趋势，预计2025年城乡居民收入比为2.05，农村居民恩格尔系数为32.00（见表4）。

表4　乡村振兴主要指标目标预测

类别	主要指标(单位)	2022年基期值	2025年预测值	属性
农业高质高效	粮食综合生产能力(万吨)	184.56	>180.00	预期
	高标准农田建成面积(万亩)	437.68	480.00	约束
	主要农作物耕种收综合机械化率(%)	92.12	93.00	预期
	农产品网络销售额(亿元)	101.70	>100.00	预期
	农作物秸秆综合利用率(%)	96.00	98.00	约束
乡村宜居宜业	森林覆盖率(%)	36.30	38.00	约束
	农村无害化(卫生)厕所普及率(%)	94.00	100.00	约束
	农村生活污水治理率(%)	38.84	55.00	约束
	有体育健身场所的村庄占比(%)	96.50	100.00	约束
	县级以上文明村/文明乡镇占比(%)	96.00	100.00	预期
农民富裕富足	农村居民人均可支配收入(万元)	2.63	3.00	预期
	农村居民恩格尔系数	32.89	32.00	预期
	城乡居民收入比	2.12	2.05	预期

（二）"十四五"末期展望

瞄准"农业高质高效、乡村宜居宜业、农民富裕富足"的目标[①]，参考

---

① 魏后凯、崔凯、王瑜：《共同富裕视域下乡村振兴的目标演进与推进战略》，《中国经济学人》（英文版）2022年第4期。

《烟台乡村振兴发展报告（2022）》中的研究成果①，预计到2025年，烟台全面推进乡村振兴取得重要突破，乡村振兴的烟台特色、烟台样板、烟台亮点已经形成，全市50%的村庄基本实现农业农村现代化。粮食安全和主要农产品供给更加有保障，构建起绿色、高效与可持续的现代乡村产业体系，农业质量效益和竞争力得到大幅提高。农民收入水平和生活质量达到新高度，城乡、区域间居民生活水平差距显著缩小。乡村建设取得显著成效，农村基础设施、人居环境、风俗风貌得到全面改善，形成绿色生产生活方式。城乡融合发展的体制机制基本健全，农村教育、医疗和养老等基本公共服务质量显著提升，自治、法治、德治相结合的现代乡村治理体系基本建成。

在农业高质高效方面，2025年烟台粮食安全保障水平进一步提升，粮食综合生产能力稳定在180万吨左右，经济社会高质量发展对重要农产品的需求得到充分满足，粮食、蔬菜、水果、肉、蛋、奶等主要农产品供给实现总量平衡、结构平衡和质量提升。农业劳动生产率大幅提升，农业化肥、农药等化学投入品使用总量和强度均呈现显著下降的趋势，农业投入效率和废弃物利用水平明显提升，农产品质量安全得到全面保障，农业绿色化发展特征初步显现。农业科技贡献水平不断提升，农业产业结构持续优化，农业社会化服务加快普及。数字化、智慧化对农业产业链的推动作用不断增强，农产品加工、乡村旅游、农村电商等乡村产业融合形态大量涌现，成为提升农业价值和促进农民就业的重要支撑。

在农民富裕富足方面，农民持续稳定增收的长效机制初步构建，"十四五"时期烟台农村居民收入年均增速常年高于城镇居民，并且高于全省平均水平。2025年农村居民人均可支配收入预计将达到3万元，城乡发展差距与城乡居民生活水平差距显著缩小，城乡居民收入比预计将下降到2.05左右，共同富裕迈出坚实步伐。农业外出劳动力整体就业质量进一步提高，农民工资性收入、财产性收入占比稳步提升。农民文化素质进一步提高，精

---

① 崔凯：《烟台乡村振兴发展指数测评（2018~2021年）》，于法稳、尹鹏主编《烟台乡村振兴发展报告（2022）》，社会科学文献出版社，2022。

神文化生活更加丰富，绿色生产生活理念深入人心。农村民生持续改善。教育、养老、医疗等基本公共服务的城乡均等化水平得到全面提升，城乡统一的公共服务体系和社会保障制度加快构建，城乡融合发展体制机制更加健全。

在乡村宜居宜业方面，到 2025 年，农村人居环境得到全面改善，农村自来水实现全面普及，农村无害化（卫生）厕所实现全面普及，农村道路基本实现户户通，村庄体育健身场所实现全覆盖，农村生活污水治理率显著提升，乡镇、村级绿化覆盖率明显提高，绝大多数乡村建成宜居型示范农房，生态宜居的美丽乡村基本建成。农村人居环境长效管护机制进一步完善，村级综治中心建设全部达标，乡村社会风险防控和灾害应急保障体系全面建立。县级以上文明村、干事创业进步村、村级综合文化中心等数量显著增加，乡村优秀传统文化得到有效传承和发展，农民精神文化生活需求不断得到满足。基层党组织领导的自治、法治、德治相结合的乡村治理体系更加完善，村级党支部的引领和示范作用进一步增强，基层党组织的领导力、组织力和凝聚力提升至新高度。

（三）工作思路与措施

坚持以习近平新时代中国特色社会主义思想为指导，扎实推进农业农村各项任务，奋力谱写乡村振兴齐鲁样板新篇章。一是坚决守牢粮食安全和不发生规模性返贫底线。坚持稳面积和提单产齐发力，确保全年粮食生产面积和产量稳定。持续巩固拓展脱贫攻坚成果，落实好各项帮扶政策。二是推动农业高质高效发展。加快建设烟台苹果、胶东肉鸡、山东大花生国家级优势特色产业集群。壮大农业产业化龙头企业"雁阵群"，稳步增加省市级龙头企业数量。加强农业品牌建设，不断提升"烟台农品"全品类区域品牌影响力。三是聚力提升乡村建设水平。深入学习"千万工程"经验，扎实推动农村地区人居环境、基础设施提档升级，开展乡村振兴示范片区三级联创，完善国企助力片区建设工作机制，打造更多具有胶东特色的乡村振兴齐鲁样板。

对乡村振兴战略规划涉及的各项指标进行深入分析、评价和预测，不仅能够反映乡村振兴战略规划落实情况，也能够掌握当前乡村振兴工作的优势和短板，明确全面推进乡村振兴的重点任务和目标。

1.将乡村振兴战略规划指标测评与绩效考核制度相衔接

完善县（市、区）各级党政领导班子和干部围绕乡村振兴工作的实绩考核制度，并建立相应的激励机制。对考核排名靠前的县（市、区）给予适当奖励，对考核排名靠后、履职不力的县（市、区）进行约谈。健全乡村振兴工作推进报告制度，定期由市县级政府或相关主管部门向同级人大报告乡村振兴工作推进情况，对报告情况进行公开，以更好地督促各级政府落实乡村振兴工作。

2.将乡村振兴战略规划指标测评与资金使用管理相衔接

统筹整合财政涉农资金，优化乡村振兴投资考核评估机制，创新绩效评估管理办法，建立统一、规范的评估流程，将乡村振兴重点领域和项目纳入绩效评估范围，强化评价结果应用，实现绩效评价结果与预算安排和政策调整挂钩。注重资金使用的绩效评价管理，将绩效考核的思路、理念和方法融入预算编制、执行和监督全过程，建立权责清晰、协调配合、责任共担的预算管理机制。

3.将乡村振兴战略规划指标测评与负面清单制度相衔接

将负面清单管理机制引入乡村振兴领域，围绕乡村振兴底线、主线和重点任务等，从中长期乡村振兴战略实施角度入手制定详细的负面清单。建立信息公开机制、质询评议机制、追责问责机制等，确保负面清单事项得到有效贯彻执行。

参考文献

中国社会科学院农村发展研究所课题组：《农村全面建成小康社会及后小康时期乡村振兴研究》，《经济研究参考》2020年第9期。

崔凯：《烟台乡村振兴发展指数测评（2018~2021年）》，于法稳、尹鹏主编《烟台乡村振兴发展报告（2022）》，社会科学文献出版社，2022。

魏后凯、崔凯：《面向2035年的中国农业现代化战略》，《中国经济学人》（英文版）2021年第1期。

魏后凯、崔凯、王瑜：《共同富裕视域下乡村振兴的目标演进与推进战略》，《中国经济学人》（英文版）2022年第4期。

魏后凯、杜志雄主编《中国农村发展报告——面向2035年的农业农村现代化》，中国社会科学出版社，2021。

产业发展篇

B.3

烟台市乡村产业发展水平
全面提升的路径

王贵 李冬梅 李海涛 李晓*

摘 要： 提升乡村产业发展水平，是全面推进乡村振兴、实现农业农村现代化的必由之路。烟台市高度重视乡村产业发展，统筹式推进、链条式打造，持续巩固特色产业优势，推动乡村产业结构日趋合理化；使特色产业集群不断发展壮大，优质品牌建设渐露锋芒，全产业链培育实现突破；形成优势产业拉动、龙头企业带动、村集体主导推动、能人示范带动、陆海统筹联动五种发展模式。这得益于烟台市在高质量推动乡村产业发展过程中始终坚持加强组织领导、强化科技赋能、打造高端品牌、全链深度融

---

* 王贵，烟台市农业技术推广中心农技站副站长，主要研究方向为农业现代化建设和乡村特色产业发展；李冬梅，烟台市农村经济经营管理站科员，主要研究方向为农村集体资产管理、新型经营主体培育、乡村产业发展等；李海涛，烟台市农村经济经营管理站科员，主要研究方向为农村集体经济发展、农业新型经营主体培育等；李晓，工程师，烟台市福山区福新街道规划建设管理服务中心科员，主要研究方向为乡村产业发展、农业资源区划管理、生态环境影响评价等。

合、产城协调发展、关键要素下乡，为新时代乡村产业高质量发展提供了借鉴。同时，受地域特点、文化特色和固有思维、理念等因素影响，烟台市乡村产业仍存在发展不平衡、不充分的问题。烟台市乡村产业要向纵深发展、更高层次提升、更宽领域推进，需进一步调整方式，锚定"八化"发展思路，进一步在保护绿水青山、推进土地流转、培育新兴业态、推动社会力量参与、加强农业品牌培育、丰富人力资本等方面下功夫，全面提升乡村产业发展水平。

关键词： 科技赋能　高端品牌　全链融合　产城协调　要素下乡

推进乡村产业高质量发展，是加快转变农业发展方式、优化乡村产业体系、实现农民增收致富的重要举措，是全面推进乡村振兴、实现农业农村现代化的重要引擎，也是加快建设农业强国的重要内容。2023年中央一号文件提出"推动乡村产业高质量发展"。烟台是传统农业大市、特色产业强市，凭借其雄厚的资源禀赋基础，持续扩大产业优势，在粮食和重要农产品供给保障、产业集群打造、全产业链条建设、农业科技创新、区域品牌塑造、新型经营主体示范引领、制度机制保障等方面做了大量探索，扎实推动乡村产业提档升级，为新时代乡村产业高质量发展提供了借鉴。

一　乡村产业发展成效

烟台市委、市政府高度重视乡村产业发展，先后制定出台《烟台市人民政府办公室关于推进农业"新六产"发展的实施意见》《烟台市农业产业发展激励政策十三条》等一系列政策文件，不断加大乡村产业扶持力度，逐步构建起布局合理、特色鲜明、联农紧密的乡村产业体系，使烟台成为全国知名的水果之乡、水产之乡、良种之乡、食品名城，成为全国农产品国际贸易竞争力最强的地级市之一。

（一）乡村产业结构日趋合理优化

深入推进农业供给侧结构性改革，不断调整优化全市种养业结构，全市粮经饲三元产业结构为 42∶57∶1，农林牧渔业结构为 48∶2∶20∶30。2019 年全市农林牧渔业总产值突破 1000 亿元，2023 年达到 1312.9 亿元，同比增长 5.3%，稳居全省第 1 位。果菜茶、肉蛋奶、水产品等产量均居全省前列，农产品、水产品出口额分别占全国的 1/20、1/15。

（二）特色产业集群不断发展壮大

烟台市全链条打造苹果、大花生、白羽肉鸡、生猪、葡萄与葡萄酒、海参、粉丝、大樱桃等优势特色产业，烟台苹果、大花生、白羽肉鸡入选国家级优势特色产业集群。现代化海洋牧场、葡萄与葡萄酒、预制菜 3 个产业入选山东省"十强"产业"雁阵形"集群。

1. 苹果产业情况

全市苹果种植面积达 248 万亩，产量达 560 万吨，其产量占全省的3/5、全国的 1/6，苹果出口量约 60 万吨，占全国的 1/2。2023 年烟台苹果品牌价值达 152.94 亿元。全市获农业农村部登记苹果品种达 80 个，数量占全国的1/3，年产能达 5500 万株，占全国的2/3。建设市县镇村四级标准化示范果园 300 余家，面积达 8.7 万亩。认定数字果园 94 家，其中面积在 500 亩以上的规模化数字果园有 9 家。培育以苹果经营为主的上市公司和国家级龙头企业 5 家，销售收入过亿元的果品龙头企业 22 家。全市建有果品贮藏库1455 座，库容达 392 万吨。全市苹果年加工能力逾 400 万吨，果胶生产和香精提取技术全球领先，先后开发出果胶、香精、籽油、酵素等深加工产品100 多种。

2. 粮油产业情况

"烟台大花生"是农产品地理标志保护产品。烟台大花生种植面积达142 万亩，居全省第 2 位，年总产量达 41.5 万吨，占全省的 13%。烟台市拥有鲁花、龙大等众多花生及食用油知名品牌，全市花生加工出口企业多达

120余家，形成以鲁花、龙大2家农业产业化国家重点龙头企业为引领，齐花、吉龙、枫林、大成、惠沃、欧果等为骨干的花生加工产业集群，年花生油加工能力达200万吨以上。烟台依托国家花生工程技术研究中心，成功揭牌"山东省农业科学院（齐山）花生科技成果示范基地"，制修订"花生油""高油酸花生"等国家级行业标准20多项，形成引领行业发展的"核心技术包"。

3. 肉鸡产业情况

肉鸡产业是烟台畜牧业第一产业，全市年出栏肉鸡多达3.7亿只，形成"全国肉鸡看山东，山东肉鸡看烟台"的发展格局。全市建成肉种鸡场78个，共存养曾祖代肉种鸡1万套，占全国的100%；存养祖代肉种鸡42万套，占全国的25%；存养父母代肉种鸡1059万套，占全国的20%；肉鸡繁育良种覆盖率达100%。全市基本形成"祖代—父母代—商品代"的肉鸡良种繁育体系，已发展为全国重要的肉种鸡繁育基地。牟平、莱阳、蓬莱、海阳、招远、莱州等地已建成连片开发的优质商品肉鸡生产基地。全市肉鸡场有1837个，创建国家级肉鸡标准化示范场21个、省级肉鸡标准化示范场54个，培育国家级农业产业化重点龙头企业5家、省级农业产业化重点龙头企业7家；培育白羽肉鸡上市企业4家，白羽肉鸡上市企业数量占全国的4/5。全市商品肉鸡料肉比达到1.5∶1，接近1.4∶1的世界最高水平。民和股份自主研发的"肉用种鸡全程笼养新技术"获国家星火计划奖，首创的商品肉鸡八层立体养殖模式在全国示范推广。建成肉鸡屠宰加工企业15家，仙坛股份建成每小时屠宰2.7万只的自动化肉鸡屠宰加工线。

4. 预制菜产业情况

预制菜产业是烟台的优势特色产业，从20世纪80年代开始，烟台依托资源优势与轻工业基础，大力发展预制菜产业，形成了以蔬菜、畜禽、水产、面点为主体的产业体系，打造了龙大美食、喜旺、仙坛、春雪、双塔、京鲁渔业、蓝白等重点企业。烟台拥有"中国绿色食品城""中国食品名城""中餐标准化之都""中国预制菜第一市"等多张城市名片。全市预制菜产业上下游配套企业达1200家，产值达1300亿元，关联规模以上企业达

405 家，总营业收入达 1027.5 亿元，年加工能力达 114.4 万吨。2023 年预制菜产品营业收入预计突破 250 亿元，主要集中在莱阳、牟平、招远、芝罘、莱州和龙口等地。莱阳作为"中国预制菜第一市"，拥有龙大美食、春雪食品等 96 家企业；牟平以肉类加工产业为主，拥有仙坛股份、荣华食品等 10 家企业；招远以粉丝产业为主，拥有双塔集团、三嘉粉丝等 11 家企业；芝罘以肉类加工等产业为主，拥有喜旺集团、蓝白食品、海和食品 3 家企业；除此之外，莱州有 20 家、龙口有 19 家、海阳有 9 家预制菜相关企业。全市现有预制菜冷链相关企业 600 家，冷库容量达 570 万吨，冷链车辆达 2600 辆，数量在全省、全国均处于领先地位。

（三）提品质塑品牌拓市场互促共进

整建制创建国家级农产品质量安全市，紧盯优质农产品推进绿色食品认证，紧盯追溯管理推进承诺达标合格证制度，紧盯基层监管健全完善网格化管理制度，主要农产品质量检测合格率稳定在 98% 以上，先后荣获中国绿色食品城、国家食品安全示范城市、中国食品名城等荣誉称号。推进标准化生产，制修订苹果、花生、玉米等产业地方标准 10 项，2023 年成功创建全省唯一一家全国绿色食品原料（苹果）标准化生产基地。实施农业品牌战略，培植中国名牌农产品 16 个、中国驰名商标 37 个。烟台苹果、烟台大樱桃两大品牌入选全国农业品牌精品培育计划，品牌价值均居同品类首位。2023 年，以烟台苹果为首的特色农产品网络零售额突破 70 亿元。

（四）全产业链培育实现突破

烟台是农业产业化的发源地之一，一大批农业产业化龙头企业在烟台崛起。2023 年，烟台新培育认定市级龙头企业 32 家，累计认定市级以上农业产业化龙头企业 428 家，其中国家级 17 家（见表 1）、省级 93 家、市级 318 家；全市拥有"农"字号上市企业 15 家，数量位居全省前列。全市规模以上农产品加工企业达 537 家，产值达 1301.84 亿元。通过"公司+基地""公司+基地+农户"等方式，带动苹果、大花生、白羽肉鸡等优势特色产业基地规模不断扩大，农民收入持续增加。全市农业龙头企业直接吸纳农村劳动力就业超 13 万人，为农民创收超 240 亿元。

表 1 　2023 年末烟台国家级农业产业化龙头企业情况

序号	地区	企业	认定时间
1	莱阳	龙大食品集团有限公司	2000 年 10 月
2	莱阳	山东春雪食品有限公司	2008 年 8 月
3	莱阳	山东鲁花集团有限公司	2002 年 12 月
4	莱阳	天府科技集团有限公司	2008 年 8 月
5	牟平	山东仙坛股份有限公司	2012 年 2 月
6	牟平	烟台北方安德利果汁股份有限公司	2010 年 5 月
7	蓬莱	蓬莱京鲁渔业有限公司	2004 年 9 月
8	蓬莱	山东民和牧业股份有限公司	2004 年 9 月
9	蓬莱	中粮长城葡萄酒（烟台）有限公司	2002 年 12 月
10	招远	山东金城股份有限公司	2007 年 7 月
11	芝罘	山东益生种畜禽股份有限公司	2004 年 9 月
12	芝罘	烟台张裕葡萄酿酒股份有限公司	2010 年 5 月
13	芝罘	烟台喜旺肉类食品有限公司	2020 年 11 月
14	栖霞	烟台泉源食品有限公司	2019 年 11 月
15	栖霞	栖霞德丰食品有限公司	2022 年 1 月
16	莱州	山东登海种业股份有限公司	2019 年 11 月
17	海阳	海阳市鼎立种鸡有限责任公司	2022 年 1 月

资料来源：烟台市农业技术推广中心统计数据。

二　乡村产业发展模式

在乡村产业振兴的伟大征程中，烟台充分展现了智慧和作为。通过调研，本报告总结出以下几点有益经验和宝贵启示，具体表现为"五种模式"。

（一）优势产业拉动模式

该模式的典型代表是"以苹果产业高质量发展为突破口，再造烟台农业发展新优势"工程。自 2019 年起，烟台正式开启苹果产业"二次革命"，顶层设计、高位推进，累计投入超 10 亿元；改造 120 万亩老龄果园，打造示范果园 170 处、3.5 万亩，建成 1 处世界单体面积最大的示范旗舰果园；搭建并运营科技创新中心、大数据中心、展示交易中心和苹果文化博物馆；连续 2 年高标准举办山东国际苹果节；全力打造烟台苹果千亿级优势特色产业集群，带动烟台大樱桃、莱阳梨、海阳甜柿等水果产业蓬勃发展。

（二）龙头企业带动模式

烟台涌现了利益紧密联结型的"仙坛模式"、产业链延伸型的"安德利模式"等典型案例。仙坛股份建立"利益共享、风险共担、患难与共、同甘共苦"的利益联结机制，发展农场近 2000 处，养殖范围覆盖烟台、威海等 9 个市，吸纳农村劳动力就业 6000 多人，农民收入年增加 6 亿元。安德利果汁股份依托科技和资源优势，延长产业链条，打造世界领先的浓缩果汁加工企业和果胶生产企业，在全国建有 9 个浓缩果汁加工基地，年可加工果品 100 万吨，生产浓缩果汁、果浆、香精 20 万吨，将果胶废渣制成生物燃料，年发电能力达 5.5 亿千瓦时、供气能力达 400 万吨、供暖面积达 500 万平方米。

（三）村集体主导推动模式

招远大户陈家流转了周边侯家沟、西梧桐夼等 6 个村 10000 余亩土地，引进以色列农业物联网技术，实行山水林田路综合开发，年增收 300 万元。海阳市向阳村依托"中国毛衫名城"金字招牌，发展集体针织加工业，有效解决 60 多户农民的就业问题，年销售收入超百万元，户均增收 4 万元。

（四）能人示范带动模式

该模式主要是返乡下乡人员通过创办、领办企业和合作社等农村新型经营主体，引领带动周边农民创业就业，搞规模化、标准化种养殖。一人创业，示范带动周边共同发展。例如，莱州市城港路街道大朱石村村民王京和，2017 年退伍返乡后，积极投身农业，在农业农村部门的指导下，从农机具更新使用到种植技术试验研究，逐步摸索出了一套独到的玉米大豆带状复合种植模式。王京和成立了农民专业合作社，流转周边 5 个村庄 1685 亩土地，开展新模式的试验示范，进一步推广新模式，合作社社员人均增收 200~300 元，真正做到了带动周边村民增收致富。莱州市电视台、山东省电视台对其进行了专访，中央电视台也进行了专访，在全国范围内进行宣传推广。

（五）陆海统筹联动模式

烟台示范推广了"海工+牧场"、"陆海接力"和"大渔带小渔"三大模式，启动实施了海洋牧场"4 带、20 群、100 箱"发展规划。先行先试开展深远海养殖，依托中集来福士等海工装备企业，加快构建海水养殖装备产业示范集聚区，在全国率先建造半潜式、自升式海洋牧场多功能管理平台以及深远海智能网箱、管桩大围网等，加快现代渔业向深远海域拓展。依托莱州明波水产，大力发展陆基循环水与深水网箱融合养殖，通过陆基、海基无缝衔接，实现斑石鲷等名贵品种"南鱼北育、南鱼北养"。大力组建渔民专业合作社，将海洋牧场建设与渔民转产转业结合起来，带动渔民增产增收。2023 年，全市已建成省级以上海洋牧场 46 处，其中国家级 22 处，约占全国的 1/9；已建成深远海养殖设施 24 座，占全省的 85%。全市水产品产量达到 193 万吨，渔民人均收入达到 3.8 万元。

三　乡村产业高质量发展路径分析

烟台是"一带一路"重要港口城市、全省新旧动能转换"三核"之一，也是世界知名的果蔬之乡、食品名城，基础雄厚，发展优势突出。纵观烟台乡村产业发展历程，烟台市委、市政府立足新发展阶段、贯彻新发展理念、服务和融入构建新发展格局，坚持规划引领、科技创新、品牌塑造、人才支撑、协同融合、绿色发展,加大要素投入力度,全面推进乡村振兴、加快农业农村现代化。

(一)坚持强化组织领导,完善乡村产业振兴推进体系

一是高位推动。严格落实乡村振兴工作专班制度,成立了由分管副市长任组长,市发改委、市农业农村局主要负责人为副组长的乡村产业振兴工作专班。工作专班制定年度重点任务清单、督导台账等一系列重要文件,为顺利推进全市乡村产业振兴工作提供坚实的组织保障。二是科学谋划。根据区位条件、资源禀赋、农业状况,遵循产业发展规律,按照"因地制宜、保障基础、突出优势、三产融合、连片打造、核心带动"原则,强化片区意识、集群意识、融合意识,做强产业链、优化价值链、提升创新链,打造全市现代农业产业发展"319"格局,即"三区一带九大集群",加快形成区域产业协同、集群创新引领、县域全面统筹的农业现代化发展格局。三是阵型推进。扎实推动《关于深入推进烟台苹果产业高质量发展的意见(2023—2025年)》《烟台市人民政府办公室关于促进畜牧业高质量发展的实施意见》《关于加快推进烟台预制菜产业高质量发展的实施意见(2022—2025)》等市级规划落地落细落实,压茬实施苹果、畜牧业、预制菜特色产业高质量发展行动,以果业、畜牧业、预制菜发展引领九大优势特色产业高质量发展。

(二)坚持强化科技赋能,打造产业发展强引擎

一是高位布局建设科技创新平台。聚焦水果、粮油、畜禽、种业等各大优势特色产业发展技术需求,聚力推进科技创新平台建设,培育创新源头,共建成农业相关创新平台60个,包括试验站20个、实验室6个、研究中心21个、产业联盟等其他相关平台13个。其中,国家级25个、省级23个、市级12个,初步形成了国家、省市梯次配置,优势互补的科技创新平台体系。二是突破一批"卡脖子"技术难题。依托登海种业"国家玉米工程技术研究中心",在国内率先开展紧凑型玉米试验,累计获得植物新品种权170项,育成"登海"系列玉米品种123个,累计推广面积超13亿亩。益

生股份与中国农业大学联合组建益农研究院，"益生909"成为国内首批获批上市的白羽肉鸡新品种，打破国际壁垒、突破行业垄断。三是提升科技成果转化效率。新品种选育方面，烟台市农业科学研究院培育的"烟薯25"成为全国推广面积第一的鲜食甘薯品种，年播种面积占全国的50%；培育的"烟农"系列小麦新品种累计推广面积达10亿亩，其中"烟农21""烟农1212""烟农999"连续多年被评为山东省主推品种，"烟农1212""烟农999"被评为全国粮油作物主导品种；培育的"脱毒烟富3号"苹果品种是我国各苹果产区老龄果园重茬改建和新植果园建设的首选苗木；培育的甜樱桃品种占全国大樱桃生产栽培应用品种的60%，推广120万亩，栽培面积占全国总面积的40%以上。在新技术、新模式集成方面，烟台市农业技术推广中心研究的苹果免套袋栽培技术，入选农业农村部十大引领性技术和"科创中国"农业先导技术；烟台市农业科学研究院研究的果园农药减施增效技术入选"中国好技术"项目库（A类）、山东省农业主推技术。

（三）坚持打造高端品牌，培育产业竞争新优势

一是整体打造。按照全品类整体品牌、区域品牌、企业产品品牌"三位一体"品牌建设发展思路，重点打造了"农品万千 烟台领鲜"全品类整体区域公用品牌，形成了烟台农业品牌百花齐放、各谱新章的良好局面。在从"单一"到"全品类"的成长过程中，烟台的区域公用品牌建设取得了明显成效，品牌价值得到进一步提升，市场规模不断扩大。目前，烟台苹果、烟台大樱桃、莱阳梨等58个区域传统优势品牌获得了国家地理标志证明商标，龙口粉丝、烟台海参等10个特色农产品成为国家地理标志保护产品，烟台苹果等18个农产品获农产品地理标志。二是提升品质。加快实施农业标准化行动，推动全产业链流程再造，产出质优、价廉、量多的标准化农产品。累计参与或主持修订山东省地方标准138项，烟台市地方标准41项；建设山东省优质产品基地13个，累计建设农业标准化基地121个；2023年，蓬莱区20万亩、海阳市12万亩全国绿色食品原料标准化基地成

功获证，成为山东省仅有的 2 个获证的全国绿色食品原料标准化基地。创建国家农产品质量安全示范市、现代畜牧业示范市，开展现代农业全产业链标准化试点，打造全国农产品质量安全最放心地区。三是精准营销。以城市综合营销为载体，线下联合果品企业，先后赴重庆、杭州、北京、上海、海口、广州、武汉与当地的烟台苹果经销商共同举办特色市场精准推广活动。积极利用中国国际农产品交易会、中国—东盟农业国际合作展等国际性展会，推广当地的特色农产品。线上利用京东、淘宝、微店等平台搭建烟台农产品特色馆，同时结合线下全国各地的水果批发市场，着力构建以区域公用品牌为引领、以企业产品品牌为支撑的品牌协同发展模式。以"市+县域"区域化打造和"全媒体+自媒体"多元化宣传为手段，不断提升烟台特色果品品牌影响力和知名度，大力营造"地方政府主推、行业协会主导、优势企业主用"的"三位一体"品牌建设氛围，全力推动烟台品牌农业快速发展。

（四）坚持全链深度融合，优化产业发展垂直生态

一是推进交叉融合。以果品、蔬菜、畜牧、水产四大产业为重点，大力发展精深加工，培育农业与生态产业、旅游产业、健康产业等相结合的新型产业综合体，推动全环节提升、全链条增值、全产业融合，全市规模以上农产品加工企业达 547 家，农产品加工业主营业务收入达 1301.84 亿元。二是发展新型业态。积极发展农产品电子商务，借助淘宝、京东等电商平台，大力实施烟台特色农产品网络营销，扶持"苹果网""烟农 E 购"等本地农产品电商平台发展，建成 14 个县级农村电商服务中心、480 多个村级电商服务站点。2023 年全市各类农产品网络销售额突破 100 亿元，居全省首位。积极发展乡村休闲旅游产业，重点培育分享农业、定制农业、创意农业、养生农业等新业态，培育打造 36 个省级旅游强乡镇、98 个省级旅游特色村，全市休闲农业经营主体达 4256 家，从事休闲农业的人员有 7.26 万人，年接待旅客846 万人次，营业收入达 21.8 亿元。三是强化利益联结。积极发挥新型经营主体的带动作用，以全市 110 家省级以上农业产业化龙头企业为骨干，以 1.8

万家农民专业合作社和 7400 个家庭农场为基础，积极推广"企业+合作社+基地""龙头企业+合作社+农户"等产业化经营模式，引导龙头企业通过股份分红、利润返还等形式，建立利润共享、风险共担的紧密利益共同体。

（五）坚持产城协调发展，不断增强产业发展承载力

一是建设"大园区"。创建一批产业特色鲜明、设施装备先进、生产方式绿色、辐射带动有力的现代农业产业园区和特色小镇，充分发挥园区技术集成、产业融合、创业平台、核心辐射等作用，推动"一村一品、一镇一业、一县一集群"发展。目前，全市已建成蓬莱农业高新技术产业示范区、栖霞市国家现代农业产业园等省级以上农业科技园（区）、高新技术产业区13 处，莱阳市食品工业园等年销售额 20 亿元以上的现代化加工产业园区 10处，创建省级和美乡村示范村 42 个，共有 11 个镇、近 80 个村庄获得了国家级农业产业强镇、名品村等称号，数量居全省首位。二是营造"大生态"。深入贯彻落实黄河重大国家战略，抢抓绿色低碳高质量发展先行区建设机遇，大力提升生产效率，发展高质高效、资源节约、环境友好的可持续型农业，推动产业绿色低碳转型。打造绿色种养循环农业模式，全市畜禽粪污综合利用率稳定在 90% 以上。深入实施化肥减量增效行动，推广测土配方、减量替代和循环利用等施肥技术。大力发展水肥一体化，年内全市新增水肥一体化面积 7.4 万亩。大力治理"白色污染"，以路域、村庄、田地、果园为重点，集中清理回收地膜、棚膜、反光膜、果袋及农药瓶、农资包装物等各类农业废弃物。开展农作物秸秆综合利用行动，确保秸秆综合利用率达到 90% 以上。三是打造"大市场"。加快推进"烟台市优质农产品展示交易中心""国家骨干冷链物流基地""胶东果蔬集散中心""国家级禽蛋（白羽肉鸡）交易市场"等重大项目建设投产，鼓励企业与市场有效对接，推动烟台苹果、白羽肉鸡等特色产业实现运输、储存、装卸搬运、包装、流通加工、物流信息处理等一体化，畅通国内国际双循环。连续举办山东国际苹果节、国际果蔬·食品博览会、烟台国际葡萄酒博览会等重要展会，实现名企、名品、名产与城市名片同步提升。

（六）坚持关键要素下乡，全力夯实产业发展根基

一是强化资金投入。扩大财政以奖代补和贷款贴息投入规模，引导和推动金融机构发展普惠金融，累计为 23 家农业龙头企业申请贷款贴息 1824.23 万元。完善农业保险政策，适应农业结构调整需要，根据特色产业发展现状，重点开发符合适度规模经营需求的多层次、高保障农业保险产品与服务。引导工商资本下乡。以现代农业园区、重大项目为载体，引导支持工商资本、社会力量深度参与乡村产业发展，全年省以上农业农村项目达 71 个，投入资金 14.19 亿元，撬动社会资本 33 亿元。二是强化人才支撑。重点培育壮大"科技研发、基层推广、高素质农民"这三支人才队伍，让人才合理布局农业研发创新领域。在科技人才培育方面，烟台市柔性招引一批农业领域院士、泰山产业领军人才领衔的高水平研究团队。全市农业领域院士达 10 人、泰山产业领军人才达 5 人。积极发挥李登海、曹积生等本土知名专家的作用，培育"王牌"产业、富农产业。加强优秀人才储备，支持青年人才在关键核心技术攻关、科技创新平台建设等工作中挑大梁、当主角。健全完善市、县、乡三级农业技术推广体系，加大新品种、新技术、新农资、新装备、新模式的推广力度，全市农业主推技术到位率达 95% 以上，农业科技进步贡献率达 68% 以上。在高素质农民培育方面，烟台通过系统性培育和综合性扶持，打造一支有文化、懂技术、善经营、会管理的乡村产业振兴"领头雁"队伍，全市高素质农民在 2.5 万人以上。三是加强土地供给。在不侵占耕地的前提下，用好用活"增减挂钩"政策，优化用地结构，每年安排至少 5% 新增建设用地指标保障乡村重点产业和项目用地，优先保障设施农业和乡村产业融合发展用地需求。

四　乡村产业发展过程中存在的问题

乡村产业高质量发展是多种因素相互作用的结果，其中既有一般经济规律的共性，也有中国特色社会主义道路特有的规律或特点，同时受地域特

点、文化特色和特有思维、理念等的影响。在加快产业振兴、推动农业现代化的过程中，需要处理好相关方面的关系，这不仅直接影响到农业现代化的进程和质量，也影响到整个经济社会的协调发展。烟台要实现乡村产业高质量发展，需重点破解四大问题、处理好四大矛盾。

（一）需要破解的四大问题

1. 农业增长速度放缓

20 世纪八九十年代，烟台曾与潍坊一起，共同引领过山东农业产业化的潮流，但近些年的工作并没有完全跟上产业发展步伐，一些方面甚至掉队，设施农业建设明显滞后，农业基础建设不足。特别是农业增加值增速长期低位运行，自 2012 年以来一直保持在 4% 左右，总量被潍坊赶超。

2. 产业层次不高

近年来烟台苹果市场不断被河南、陕西等西部产区蚕食，在北京、上海、广州和深圳等地市场份额已由高峰时的 60% 下降到 2023 年的 45%~50%。烟台海参品牌价值仅为大连海参的 1/5 左右。葡萄酒产业持续低迷，市场占有率从 1/3 下降到 1/4，通化、武威、银川等地葡萄酒产业快速发展，对烟台形成围攻之势。龙头企业培育力度不足，全市市级农业产业化龙头企业仅有 240 家，远低于潍坊的 720 家。

3. 生产要素约束趋紧

全市人均耕地面积为 0.9 亩，远低于全省 1.21 亩和全国 1.35 亩的平均水平；粮食亩产 400 公斤以下的中低产田占比在 70% 以上。多年平均水资源量为 29 亿立方米，年人均占有量不足全国平均水平的 1/5。农村劳动力总量减少，在农业生产经营人员中，年龄 35 岁以下的仅占 9.1%，55 岁以上的占 48.6%，农业从业人员年龄老化；全市 100 多万农村劳动力，初中以下学历的占 78%，大专及以上的仅占 1.1%。

4. 全产业链集聚能力不强

农业种植结构不够优化，高端精深加工产品占比小、品种少，农产品附加值不高，多以原料和初级产品形式直接进入市场，不能很好地适应多样化发展需求。文化创意和休闲观光等第三产业发展不足。农村居民收入增速多数年份高于城镇居民，但城乡居民收入差距仍呈扩大趋势。

（二）需要处理的四大矛盾

1. 解决小生产与大市场的矛盾

在发展市场农业的过程中，千家万户的小生产与千变万化的大市场之间的矛盾日益突出。例如，全市葡萄种植面积曾一度达到32万亩，现在只剩下16万亩。实践证明，只有推进农业产业化，建立起市场牵龙头、龙头带基地、基地连农户的生产经营体系，架起小生产通向大市场的桥梁，才能使分散的千家万户形成有组织的千军万马，从而在千变万化的市场中争取主动权。

2. 解决小农户与社会化大生产的矛盾

通过调研了解到，烟台土地流转规模化经营不足30%，分散种植、养殖经营格局尚未得到根本性改变。实践证明，分散经营无法容纳大科技，无力引进新技术，难以让大机械显威力，只有把农户组织起来，在较大规模和层次上组织社会化大生产，提高农业的现代化水平，才能实现由传统农业向现代农业的精准转轨。

3. 解决农业社会效益高与自身效益低的矛盾

农业比较效益低的一个重要原因是生产、流通、加工各个环节相互脱节，加上中间环节层层盘剥，致使生产者得不到应有的社会平均利润率。这个问题不解决，基础产业就无法振兴，整个农村经济就难以实现快速发展。解决问题的关键是跳出单纯就生产抓生产的小圈子，实行产加销综合经营，建立合理的利益分配机制，使广大农民通过大农业的开发增加收入，实现小康。

4. 解决城镇化与农业现代化的矛盾

城镇化与农业现代化既相互促进，又相互制约。因此，要积极协调好城镇化与农业现代化的关系，维护好城乡的空间形态、环境生态、产业业态，推进农业产业化进程，加快小城镇建设，实现城乡一体化发展。

五 推动乡村产业发展的思路和举措

烟台农业产业化要向纵深发展，必须进一步调整思路，锚定"八化"发展思路，从更高层次、更宽领域上推进农业产业化。

（一）发展思路

1. 集群化发展

推动乡村产业集群化发展是用新发展思路发展农业的有效途径，是一、二、三产业联动发展的有效载体，也是当今世界产业发展的大趋势。烟台九大优势特色产业已初具规模，下一步通过农业产业化把特色产业的产前、产中、产后融为一体，实现农业与工业、商业、运输业、金融业等产业的紧密结合，有利于增强区域经济发展活力；引导城市资金、人才、技术、信息等要素向农村合理流动，增强以工促农、以城带乡的实效，推动城乡经济社会统筹发展，也有利于促进城乡融合发展。

2. 规模化发展

当前农业产业散户经营是基本面，但是要想实现质的突破，规模化是必然选择。依托龙头企业、农民专业合作社、家庭农场等新型农业经营主体，推行"企业（基地）+合作社+农户"的产业发展模式，或者通过土地流转将土地集中起来委托企业统一进行标准化、规模化、产业化生产经营，或者由企业为入社农户提供技术指导帮扶，推动特色产业层次明显提升、现代化水平迅速提高。

3. 标准化发展

国内外农业发展的实践经验表明，农业标准化是促进科技成果转化为生产力的有效途径，是提升农产品质量、增强农产品市场竞争力的重要保证，是提高经济效益、增加农民收入和实现农业现代化的基本前提。应建立健全农业高质量发展标准体系，制修订粮食安全、种业发展、耕地保护、产地环境、农业投入品、农药兽药残留等标准，强化农产品营养品质评价和分类分级。开展农业标准化示范创建工作，推动现代农业全产业链标准化发展。应加强绿色食品、有机农产品、地理标志农产品认证和管理，建立健全农业品牌监管机制。

4. 品牌化发展

农业区域品牌代表一个地方农产品的主体和形象，对本地区的经济发展起着举足轻重的作用。农业区域品牌如同企业品牌以及产品品牌一样，能够改变消费者对农产品消费的心理偏好，影响消费者的行为，使消费者倾向于消费该区域的产品，进而创造市场需求，农产品的有形价值得以提高。因此，在农业产业集群的形成和发展过程中，要特别注重区域品牌建设，应立足资源、产品、基础等比较优势，选择竞争力较强的产业予以重点扶持，打造区域品牌，以此提升区域产品的市场竞争力。同时着力推进产业链建设，实现生产、加工、销售有机结合，优化资源配置。着力推进标准化生产，促进产品质量提高，助力品牌建设，拓展市场空间和发展领域，增强示范、集聚、辐射带动功能，推动农业产业化快速健康发展，助力共生、共建、共享的农业产业"共生体"形成。

5. 组织化发展

目前，乡村产业的发展主要依靠"行政推动"模式，国家的投资、补贴对乡村产业发展起到了重要作用，但难以真正激发农民主体的内在活力。从长远来看，乡村产业要想实现高质量发展，必然需要农民、政府、市场和社会等多元主体协同推进。提升农户组织化程度，有助于延伸和巩固农业产业链，将广大农户纳入农业现代化建设体系之中，在增加农民收入、改善农民生活的同时，为乡村产业高质量发展奠定坚实的经济基础、人力基础。

6. 高效化发展

农业高效化是现代农业发展的标志。传统农业追求效益，通过大量使用化肥、农药提高产量，但品质很难保障，高产却没有高效益。现代高效农业是以市场为导向，依靠科技支撑，以保障农产品供给、农民持续增收和农业可持续发展为目标，实现经济、社会、生态综合效益最佳的农业。现代高效农业的核心要义是农业高质量、高效益，通过提高农业产业化、机械化、信息化水平，提高农业发展竞争力，促进一、二、三产业融合与"种、养、加、销"衔接，实现全产业链发展。农业高效化主要依靠科技进步，通过先进的农业科技及资源利用，如应用互联网、大数据、云计算、物联网等信息技术，推动农产品生产高产、优质、高效。

7. 生态化发展

推进农业绿色发展，不仅是一场关乎农业结构和生产方式调整的经济变革，也是一次行为模式、消费模式的绿色革命。全面推进农业绿色发展是实现农业现代化的题中应有之义。习近平总书记指出，"良好生态环境是农村最大优势和宝贵财富"。[1] 实现农业绿色发展，要推行绿色生产方式，优化农业要素配置，提高绿色全要素生产率，强化农业绿色发展的科技支撑，完善相关支持政策，把绿色发展导向贯穿农业发展全过程，推动形成绿色低碳的生产方式，发展绿色低碳产业，增加绿色优质农产品供给，实现保供给、保收入、保生态的协调统一。

8. 国际化发展

优化配置农业产业资源，坚持"引进来"与"走出去"相结合，统筹利用两个市场、两种资源，通过"走出去"拓展农业发展空间，提升特色农产品供给能力，以"引进来"提升农业现代化水平，扬长避短、趋利避害，在对外合作中提高农产品贸易调控能力，稳定农业生产、促进农民增收，逐步形成内外相连、产销衔接、优势互补、相互促进的一体化产业发展格局。

（二）具体举措

1. 把保护绿水青山作为振兴乡村产业的重要本底

良好的生态环境是乡村的宝贵财富和最大优势，也是乡村产业发展的底色和底气。必须牢固树立"绿水青山就是金山银山"的理念，坚持绿色发展，在加强山水林田湖保护的基础上，进一步推动生态资源、生态优势转化

---

[1] 《全国政协委员就改善农村生态环境建言献策——让生态美起来，环境靓起来（人民政协新实践）》，人民网，2021年10月21日，http://politics.people.com.cn/n1/2021/1021/c1001-32259543.html。

为经济资源、产业优势。要坚持美丽发展，把农业"两区"建设与打造绿色农产品基地，建设美丽田园、美丽庭院、美丽乡村结合起来，让劳作变体验、田园变公园、农村变景区、农房变客房。要坚持特色发展，把农村生态环境保护、乡村环境整治与发展特色民宿经济、优质农产品电子商务、乡村休闲旅游、养生健康结合起来，加快培育乡村产业新业态。

2. 把推进土地流转作为振兴乡村产业的重要基础

推进土地流转，是开展适度规模经营、发展现代农业的必由之路。全面推进土地全域综合整治，加快扩大农田集中连片流转规模，并将土地流转与农业发展、乡村旅游、农村电商等有机结合起来，大力培育专业合作社、家庭农场等新型农业经营主体，进一步开展以家庭农场为主体的多种形式的适度规模经营。同时，要积极探索宅基地所有权、资格权、使用权"三权"分置，适度放宽宅基地和农民房屋使用权，将农民闲置住房变为发展乡村旅游、养老、文化等产业的有效载体。

3. 把培育新兴业态作为振兴乡村产业的重要切入点

大力发展农村电商、现代民宿、乡村旅游、养生健康等新业态、新模式，顺应当前社会消费升级的大趋势与乡村产业发展的规律，这些新业态是乡村产业发展中极具潜力的新增长点。要立足各自实际，把"长板"拉长，而不是一味去补齐一般性、大众化的"短板"，提升自身的知名度、美誉度和核心竞争力。要深化农业供给侧结构性改革，以市场需求为导向，走质量兴农之路，加大"互联网+"助力乡村产业的力度，深度嵌入并作用于产业链的各环节，让农村各种新业态的供给与市场需求无缝衔接。要推进农村一、二、三产业的跨界融合发展，通过农、林、文、旅深度融合，打造农业全产业链，使原本作为第一产业的农业变身为综合性的"第六产业"，促进高效生态农业、农产品加工、农村新兴服务业联动发展。

4. 把社会力量参与作为振兴乡村产业的重要助力

推进乡村产业发展，需要农村外部力量的注入，需要真金白银的投入，这就需要借助城市的力量、市场的力量、资本的力量。一方面，要完善支持社会资本投入农村农业发展的配套政策，在土地、税收、金融等方面为项目下乡、资本下乡创造有利条件，以市场化方式招引更多真正有实力、有情怀、有担当的企业，用"快变量"带动"慢变量"。另一方面，要加强后续监管，既确保社会资本下乡符合产业准入标准、项目功能布局和土地利用要求，又进一步找准企业与农户的利益结合点，让农民更多地从资本下乡中受益，实现企业与农户的"双赢"。

5. 把加强品牌农产品培育作为振兴乡村产业的重要引擎

加大公共品牌的培育力度，对销售额超过一定数额的区域公用品牌、产品品牌给予资金扶持；充分发挥农业龙头企业的示范引领作用，设立龙头企业培育基金；支持企业、村级农业合作社等的合并重组、技术改造、对外合作，扶持重点企业做大做强；通过专项资金扶持、政府性基金投资推动一批农业中小企业做精做专；制定科技兴农具体实施办法，推动企业与农业高等院校、科研院所等建立联系制度，促进高校、科研院所人才向企业流动，实现优势互补，使得更多的科技优势转化为市场优势。创新产业融合模式，推广"农业+"模式。制定促进"农业+"发展的实施方案，创新农产品销售模式，加快推动农业与休闲旅游、农耕体验、健康养生、文化传承融合发展。依托互联网技术，引进网络科技公司入驻农业生产园区，发展农村电商营销模式，借助电商平台与渠道优势，将烟台市特色农产品推向全国各地；以"旅游+"为核心，培育生态游、乡村游、观光游、休闲游、农业体验游等农旅融合新业态，促进农业产业链延伸、价值链提升、增收链拓宽，助力烟台乡村产业振兴。

6. 把丰富人力资本作为振兴乡村产业的重要支撑

人是生产力中最活跃的因子，从根本上决定着一个地方的兴盛。要加快建立完善城乡人才交流机制和政策激励机制，引导城市双创资源向农村流动，吸引企业管理人员、科研人员、创投人才、高校毕业生、返乡青年、退伍军人等下乡创业创新，切实解决好各类人才"上山下乡"中遇到的生产生活方面的问题，让"新农人"和"农创客"成为乡村振兴的生力军。要重视和关注农村里的年轻人，创造条件让这部分人留下来、干起来。要坚持农民主体地位，推进农业职业经理人培养、农村实用人才培训、农民素质提升等计划和工程，打造一批懂技术、善经营、会管理的新型职业农民队伍。

B.4
烟台市发展现代化大农业的战略思考

岳 会*

摘 要： 烟台市发展现代化大农业是利用先进技术和管理模式，推动农业生产规模化、机械化和智能化，以提高农业生产效率、降低成本，促进农业产业的现代化和可持续发展。烟台市现代化大农业的基本内容和主要目标可以概括为"大规模、大产业、大集团、大效益、大贡献"，通过生产经营规模化，实现一、二、三产业融合发展，成立现代农业跨国企业，形成新质生产力，提升生态、经济和社会综合效益，促进农业经济高质量发展，为乡村振兴贡献力量。本报告以烟台市乡村振兴为终极目标，以推进"战略新品"、"烟台新六产"和"生产托管"落地为主线，重点围绕提升烟台市的农业生产力，全面优化农业生产关系，提出四个方面的对策建议，以助力烟台市又好又快建设现代化大农业，为科学决策提供依据。

关键词： 现代化大农业 高质量发展 烟台市

党的二十大提出，以中国式现代化全面推进中华民族伟大复兴。农业农村现代化是中国式现代化的重要组成部分，农业农村现代化也是社会主义现代化强国的根基，没有农业农村现代化就没有社会主义现代化强国，强国必先强农。发展现代化大农业是实现农业农村现代化的必然要求。实现农业农村现代化，首先要发展现代化大农业，现代化大农业是农业农村现代化的重要基础

---

* 岳会，管理学博士，山东管理学院经贸学院副教授，主要研究方向为农业经济理论与政策、农产品要素生产率。

和关键支撑。[①] 现代化大农业，是以市场需求为导向，以战略新品驱动为核心，以现代科技为依托，以创新经营方式为重点的全新农业。持续创新、打造战略新品、打造现代化大农业品牌，是农业经济稳定高质量发展的重要途径。

一 烟台市发展现代化大农业的现实基础

烟台市坚持把乡村振兴作为"三农"工作总抓手，高标准书写乡村振兴齐鲁样板烟台篇章，为探索发展现代化大农业奠定了现实基础。烟台市紧紧围绕"智慧农业"建设，不断加大基础设施建设投入力度，改善生产条件，在农业综合发展，农业结构调整，农业产业化，龙头企业辐射带动，农业社会化服务体系建设，农业经营管理水平提升，农业生产的规模化、专业化、标准化，生态环境与农业可持续发展等方面取得较大成效，为全面发展现代化大农业奠定了坚实的基础。烟台市现代农业的发展现状如表 1 所示。烟台市实施乡村振兴战略，出台了《烟台市"十四五"推进农业农村现代化规划》等文件[②]，推动农业农村发展，各县（市、区）均明确了主攻方向，加强指导，加大各种要素的投入力度，乡村产业得到全面发展，乡村振兴的物质基础得到夯实。

表 1 烟台市现代农业发展现状

发展优势	发展问题	发展机遇
①龙头企业多 ②特色品牌响 ③海洋牧场优 ④科技实力强	①资源环境约束趋紧 ②全产业链集聚程度不高 ③农村劳动力总量减少 ④城乡收入差距扩大 ⑤农业增长速度放缓 ⑥农产品竞争优势减弱	①政策供给不断增加 ②动力潜能不断激发

资料来源：笔者整理。

---

① 于倩：《习近平关于农业农村现代化重要论述研究》，博士学位论文，大连海事大学，2023。

② 滕向丽：《乡村振兴视域下烟台市推进农业农村现代化的对策》，《烟台职业学院学报》2022 年第 3 期。

（一）农业综合发展水平不断提高，结构调整初见成效

烟台市位于东部沿海地区，拥有丰富的农业资源和良好的生态环境，农业发展水平较高，农业产业结构逐步优化，农业科技水平不断提升，农产品加工和销售市场逐渐健全。烟台市以乡村振兴为主线创造了不少农村改革发展经验，如粮食生产托管、高产高效技术模式等典型做法，形成了"1+6"优势特色产业集群，以及"保险+期货"生猪养殖等产业模式，为农业农村发展做出了突出贡献。在种植业结构调整方面，烟台市提出"一保、二稳、三促"目标、大力发展高效特色作物、实行"大豆玉米带状复合种植"，为保持山东省经济社会大局稳定起到重要作用。2023年，烟台市种植业内部结构趋于合理，现代化大农业建设取得了显著进展，在全省农业发展中占有重要地位。烟台市农业综合发展水平受到多种因素影响，包括农业生产结构、技术水平、产业布局、市场环境和政策支持等。近年来，烟台市农业综合发展水平得到显著提升。

1. 产业结构

烟台市农业以蔬菜、水果、水产养殖和海洋渔业为主导，特色产业包括苹果、葡萄、草莓等水果种植，以及虾、蟹、贻贝等水产品养殖。农产品加工业和乡村旅游业逐步发展壮大，形成了一定规模的农业产业链条和农村经济发展格局。形成新业态综合型—园区经济模式、产业交叉型—威龙模式等多种农业产业化新业态；创建国家级全域旅游示范区，推进"旅游+农林牧渔"融合发展，大力发展农家乐、采摘园、旅游特色村等项目。农产品市场需求稳定，部分农产品出口市场广阔，尤其是水果、海鲜等优质农产品受到国内外市场青睐。烟台市积极拓展农产品销售渠道，加强农产品加工和品牌建设，提高了农产品的附加值和市场竞争力。

2. 技术水平和科技支撑

烟台市农业科技水平较高，大力推广现代化农业技术，包括智能化农机具、节水灌溉技术、生物农药等，提高了农业生产效率和质量。科研院所和高等院校在农业科技研发方面发挥重要作用，推动了农业产业的技术创新和

现代化发展。

3. 政策支持和产业扶持

烟台市政府出台了一系列支持农业发展的政策措施，包括农业补贴、农业保险、农村土地流转政策等，为农民和农业企业提供了发展保障和支持。政府鼓励农业产业园区建设和农业科技示范项目，创建国家级和省级现代农业产业园 5 个、省级乡村振兴示范区及田园综合体 4 个。全市创建农业龙头企业 688 家，其中国家级农业产业化龙头企业有 47 家，省级有 263 家，市级有 378 家[①]，促进农业现代化水平提升和产业升级。农民收入水平逐步提高，部分农民通过种植、养殖和农产品加工获得稳定的经济收益。农村基础设施建设和公共服务水平不断提升，农民生活质量得到改善。

4. 生态环境和可持续发展

烟台市注重生态环境保护，在农业生产中推广绿色、有机的生产方式，减少化肥、农药的使用，保护生态系统和农田生态环境。[②]

（二）农业"新六产"发展重点工程加快推进

深入实施农村产业融合发展"百县千乡万村"试点示范工程，与农业"新六产"发展重点工程（农业全产业链开发创新示范工程、农产品加工提升工程、农商互联工程、乡村旅游提升工程、农村产业融合发展示范园创建工程、农产品及加工副产品综合利用试点示范工程、产城融合发展工程），带动形成一批百亿级、千亿级农村产业融合发展集群，创建一批国家级和省级农村产业融合发展示范园、先导区。促进产城融合发展，引导二、三产业向县城、重点乡镇及产业园区等地集中，打造一批农村产业融合领军企业，培育一批农业特色小镇和田园综合体。坚持产业园区、科技园区、创业园区"三园同建"，大力发展关联产业，着力打造农业科技园区（见表2）。

---

① 数据来自烟台市公共数据开放网（yantai. gov. cn）。
② 陈贵等：《我国农业现代化研究热点与趋势分析》，《中国生态农业学报（中英文）》2024年第 3 期。

表2　烟台市农业科技园区基本情况

名称	批准时间	级别	特色产业
山东烟台(蓬莱)国家农业科技园区	2013年	国家级园区	酿酒葡萄与葡萄酒
山东栖霞国家农业科技园区	2015年	国家级园区	苹果栽培储运加工
烟台(蓬莱)农业高新技术产业示范区	2011年	省农高区	酿酒葡萄与葡萄酒
龙口省级农业高新技术产业开发区	2017年	省农高区	果品精深加工
栖霞省级农业高新技术产业开发区	2022年	省农高区	苹果全产业链融合发展
莱州省级农业科技园	2015年	省级园区	玉米种业创新
栖霞省级农业科技园	2015年	省级园区	苹果栽培储运加工
莱阳省级农业科技园	2015年	省级园区	优质梨高效栽培加工
海阳省级农业科技园	2015年	省级园区	近岸生态科技渔业
长岛省级农业科技园	2015年	省级园区	海岛生态科技渔业
牟平省级农业科技园	2016年	省级园区	白羽肉鸡种鸡
招远省级农业科技园	2016年	省级园区	优质粉丝
福山省级农业科技园	2016年	省级园区	大樱桃
龙口省级农业科技园	2016年	省级园区	酿酒葡萄

资料来源：烟台市公共数据开放网（yantai.gov.cn）。

烟台市积极构建"农业+工业+旅游业+互联网+教育+外贸"产业融合体系，形成烟台农业建设发展的新局面，促进农业与第二、第三产业融合发展，建设现代农业体系，实现农民收入增加、农村发展繁荣、乡村事业振兴。烟台市为适应经济发展需要，响应山东省政府有关"新六产"的发展目标，根据本市农业发展情况，探索与其他产业融合的发展模式，力争打破农业农村发展困局，实现强强联合，打造六大新产业形态，主要包括休闲农业、观光农业、体验农业、科技农业、特色农业和生态农业。这些新产业形态在推动农业产业升级、提高农民收入、促进农村经济发展和保护生态环境方面发挥了重要作用，培育产业发展新动能，形成新质生产力。① 通过发展特色农业，烟台市实现一镇一业、一村一品，以产兴城、以城兴业，农民增收，真正实现乡村振兴的目标。

① 刘志彪、凌永辉、孙瑞东：《传统产业改造：发展新质生产力的重点选择策略——兼论对农业现代化的启示》，《农业经济问题》2024年第4期。

（三）科技推广应用成效显著，农业现代化水平快速提升

按照农业管理体系的具体要求，从夯实基础抓起，强化全作物、全面积、全过程阶段目标管理，适时召开市、县、乡三级现场工作会议，把握农业生产中的关键技术，使农业技术的到位率大幅提高。烟台市获得山东省科技奖励112次，主要农作物良种覆盖率达到90%，畜牧良种率保持在85%以上，农业科技贡献率达60%。在农业技术推广的基础上，以粮食作物全程机械化为重点的农业机械化水平得到显著提升，主要农作物综合机械化率达83%。① 结合各县（市、区）基础条件与产业优势，烟台市规划并实施了现代农业高新技术示范园区建设项目、棉花全程机械化项目、现代农业示范区建设项目，推动现代农业示范体系建设。近年来，烟台市农业现代化水平不断提升，农业生产中普遍应用先进的种植、养殖技术和设备，如智能化灌溉系统、无人机农业、精准施肥技术等。这些先进技术的应用提高了农业生产效率和质量，降低了成本，推动农业向现代化、智能化方向发展。

（四）龙头企业辐射带动能力进一步增强

紧紧围绕生产、加工、销售等龙头企业，烟台市积极培育和引进成长性好、带动力强的龙头企业，形成了一批具有影响力的农业产业化龙头企业，农业产业化经营规模不断扩大，龙头企业辐射带动能力进一步增强。烟台市的龙头企业在地方经济中扮演重要角色，它们可以通过多种方式辐射带动整个地区的经济发展。②

1.产业链拉动

龙头企业往往处于产业链的高端，其发展需要大量的原材料和配套服务，因此会带动产业链上下游发展。例如，山东鲁花集团有限公司是鲁花花生油的主生产厂家，其需求拉动了周边地区的花生生产、促进了物流运输公

---

① 数据来自烟台市公共数据开放网（yantai.gov.cn）。
② 国家发改委产业经济与技术经济研究所课题组：《关于我国社会主义新农村建设若干问题的研究（主报告）》，《经济研究参考》2006年第50期。

司等的发展。

2. 技术创新和人才集聚

龙头企业通常在技术研发和创新方面具有优势，吸引了相关领域的专业人才集聚，推动当地的科技创新和人才培养。这些人才的涌入和技术的输出进一步促进了周边产业的升级和发展。

3. 品牌效应和市场推广

龙头企业往往具有较强的品牌影响力和市场竞争力，通过企业的市场推广和品牌效应，整个地区的产品和企业形象得到提升。其他企业通过与龙头企业合作，获得了更多的市场机会和资源。龙头企业的发展往往会吸引更多外部资源，包括资本、技术和人才等。这些外部资源的注入进一步促进了当地产业的多元化。

4. 带动就业和税收增长

龙头企业通常会带来大量的就业机会，促进当地居民就业。随着企业规模的扩大和产值的增长，地方政府也会获得更多的税收收入，并将其用于基础设施建设和公共服务改善。

总体而言，烟台市的龙头企业通过自身的发展，在经济上起到辐射带动作用，推动整个地区产业升级和转型，促进经济稳定和可持续发展。

（五）农业基础设施建设成效显著

近年来，全市加大水资源保护、河道治理、农田水利设施建设以及标准化农田建设方面的投入力度，通过农田基本建设和改造，进行标准化条田建设，极大地改善了农业生产条件。

1. 农田基础设施完善

烟台市加大了对农田基础设施的投入力度，包括修建道路、改善排水系统、建设农田防护林等。这些措施提升了农田的生产条件，削弱了自然灾害对农作物的影响，增强了农业生产的稳定性和可持续性。烟台市改善了农业灌溉设施，通过修建水利工程、提升灌溉设备和管理水平，提高了农田的水资源利用效率与农作物的产量和质量。

2. 现代化农业科技园区建设

烟台市推动现代化农业园区建设，引入先进的农业生产技术和管理模式。这些园区提供了集约化种植和养殖条件，促进了农产品的标准化生产和市场化经营。烟台市加强了农业科技的推广应用，提供技术培训，帮助农民掌握先进的农业生产技术和管理方法，提高了农业生产效率。

3. 农产品加工和流通设施建设

烟台市完善了农产品加工和流通设施，建设了农产品集散中心、农产品加工厂等，促进了农产品附加值提升和市场化流通，增加了农民的收入。

这些农业基础设施建设的成效，使得烟台市农业生产水平得到提升，农民收入得到提高，农业产业结构也在逐步优化。同时，这些举措有助于推进农业现代化进程，提高农业的可持续发展能力，促进乡村振兴战略的实施。[①]

（六）农业社会化服务体系逐步健全

农业技术推广体系进一步完善，随着农业物流条件的不断改善和市场辐射能力的不断增强，农产品市场体系建设也得到较快发展。烟台市建设了烟台归图农产品供应链和煜林农副产品批发等一批农产品交易市场，基本形成线上交易市场和线下交易市场、产地市场和销地市场、综合市场与分工市场合作的多层次、宽领域发展格局。积极开拓国外市场，2023 年烟台苹果出口量占全国苹果出口总量的 1/4。社会化服务能力进一步增强。农资公司为农业生产资料供应主渠道，化肥、地膜、滴灌带、农药等大宗农资的统一采供比重达 50%。农产品储藏、保鲜设施和营销网络进一步完善，销售渠道不断拓展。

烟台市通过整合社会资源，为农业生产和农民提供多种服务和支持，促进农业现代化和农村经济社会发展，形成农业社会化服务体系，这种

---

① 朱本杰：《乡村振兴背景下山东省农业产业结构调整对农业经济的影响浅析》，《南方农业》2023 年第 10 期。

体系提高农业生产效率、优化资源配置、增加农民收入，推动农业可持续发展。

（七）农业经营管理水平进一步提升

烟台市逐渐形成以种养大户、承包农户、家庭农场、农民专业合作社、农业产业化龙头企业为核心的经营体系。烟台市的农业经营管理水平在近年来得到大幅提升，主要体现在以下几个方面。

1. 技术应用和农业信息化、数据化管理

烟台市逐步推广应用先进的农业生产技术，包括精准农业、智能化种植、水肥一体化等。农民通过科技培训和技术指导，掌握新技术，提高生产效率，降低成本，实现农业生产的现代化管理。烟台市推动农业信息化建设，建立农业生产大数据平台，实现对农田、作物、气象等数据的实时监测和分析。这些信息对农业决策和管理起到重要作用，帮助农民科学调配生产资料，以应对市场变化。

2. 规模化经营和农业产业结构优化

烟台市鼓励农民逐步向规模化经营转变，支持农业合作社、专业合作社等组织形式。通过规模化经营，农民可以共享资源、降低成本、提高市场竞争力。烟台市积极调整农业产业结构，发展优势产业和特色农产品。通过优化产业结构，提高了农产品的附加值，增加了农民的收入，推动了农业产业升级。

3. 政策支持和服务保障

烟台市出台了一系列支持农业发展的政策措施，包括财政补贴、金融支持、科技扶持等，为农民提供更好的服务保障和发展环境。

4. 农民素质提升和技能培训

烟台市注重提升农民的素质和技能，开展农业技术培训、经营管理培训等（见表3）。培养了一批具备现代农业经营管理能力的农民，推动了农业经营水平的整体提升。

表 3　烟台市农民培育实训基地基本情况

序号	年份	所在地区	基地名称
1	2021	莱山	烟台现代果业发展有限公司
2	2021	牟平	牟平区增富山家庭农场
3	2022	海阳	海阳市京盛农作物种植专业合作社
4	2022	招远	招远市顺丰植保专业合作社
5	2022	栖霞	烟台小苹果农业科技有限公司
6	2022	莱阳	烟台青农禾农业科技有限公司
7	2022	莱州	莱州大自然园艺科技有限公司
8	2023	海阳	海阳市战场泊农业旅游开发专业合作社
9	2023	牟平	烟台薯康农业科技有限公司
10	2023	蓬莱	蓬莱区郝家村果品农民专业合作社
11	2023	招远	招远市大户庄园农林专业合作社

资料来源：烟台市公共数据开放网（yantai. gov. cn）。

这些改革举措有效地提升了烟台市农业经营管理水平，促进了农业现代化发展和产业转型升级，提高了农业的竞争力和可持续发展能力。随着农业科技的不断进步和政策的持续支持，烟台市的农业经营管理水平有望继续提升，为农民带来更多实际利益，推动农村经济社会全面发展。

二　烟台市发展现代化大农业的过程中存在的问题

烟台市在全面发展现代化大农业的过程中取得了一定的成绩，但还存在以下几个问题。一是农业内部结构不合理，畜牧业、果蔬园艺业占比较小，比较优势没有凸显，优势产业格局还没有真正形成；二是现代农业产业体系不健全，产业化水平和产业层次较低，主要产品的全产业链尚未形成，龙头企业带动能力不强，品牌建设滞后；三是农业社会化服务体系不健全，不能适应现代农业发展的要求。

（一）农业内部结构不合理，优势产业格局没有形成

在农业内部结构方面，种植业产值占农业总产值的比重过大，其中粮食

种植仍占据主体地位，畜牧业产值、果蔬园艺业产值占农业总产值的比重有待提高。当前，畜牧业缺乏具有较强带动力的龙头企业，产业化水平不高，畜种良种繁育和饲养技术有待提升，饲草饲料基地建设滞后。生产方式依然比较落后，社会化服务体系不健全。畜牧业生产仍以千家万户的小规模、分散饲养为主。小规模养殖户生产不规范，生产设施落后，对市场和价格等信息变化反应不及时，市场风险承受能力较弱，存在一定的安全隐患。科技等支持体系建设滞后，养殖户得不到及时有效的技术服务。

烟台市农业内部结构不合理具体表现在以下几个方面。

1.产业结构单一，农业规模化经营不足

农业内部结构过于单一，以传统的粮食、水果生产为主，缺乏多样化的农产品深加工业态。这种单一产业结构容易受到市场波动和自然灾害的影响，农民收入较低和风险承受能力较弱。农业内部缺乏规模化经营，大部分农户仍处于分散经营状态，生产力低下、管理水平有限，难以享受规模化经营带来的效益。

2.农产品加工和流通环节薄弱，低附加值产品占比偏高

农产品加工和流通环节相对薄弱，农产品大多处于原始销售状态，影响了农产品的市场竞争力和农民收入水平的提升。烟台市农业生产中低附加值产品（如粮食、蔬菜、水果、水产初级产品等）占比较大，高附加值农产品（如特色加工产品）发展不足。这导致农产品销售价格波动较大，农民收入不稳定。

3.生产要素配置不合理

部分地区生产要素配置不合理，如水资源利用不当、土地利用方式不科学、农业机械化水平偏低等，影响了农业生产效率和质量的提高。

（二）现代农业产业体系不健全，品牌建设滞后

产业化基地建设规模不大，带动效应有限。一是布局多但规模小，且相对分散在多个团场，容易造成有基地无市场与有市场无基地问题并存。二是标准化程度不高。大部分生产基地的标准化生产水平不一致，且受市场因素

影响较大，严重制约了农业标准化的推广与普及。三是涉农产业龙头企业科技含量不高。加工型农业龙头企业偏少，绝大部分处于初级加工阶段，深加工、精加工相对薄弱，缺乏市场占有率高、影响力大的名牌产品。

（三）农业社会化服务体系不健全，不能适应现代农业发展的要求

一是各地农业机械发展不平衡，农机服务管理有待加强。传统农机具保有量大，大型、高效、节能的农机具较少，农机动力与机具结构不匹配，更新不及时，且作业效能和质量低，安全隐患较大，这在一定程度上影响了农业规模化、标准化发展。在棉花、大豆等主要作物生产过程中存在关键技术与装备不能满足现代农业高效、精准要求的问题，如小颗粒种子的精准播种、膜上移栽、顶尖控制、高效脱叶等技术。特色林果、高效设施农业、畜牧养殖、保护性耕作等机械化生产技术与装备的配套性不强，科学研究、技术引进示范等工作进展缓慢。服务管理部门的职能定位、检验手段、规章制度、执法依据与标准、技术培训等不能完全适应社会化、专业化、市场化、规范化经营管理工作的需要，难以行使行政执法职能，发挥作用。自营的农机生产服务组织数量多、规模小、设备简单，农机经营人才匮乏，操作人员素质不高，生产组织不规范，其社会化、专业化、市场化、规范化经营管理过度依赖政策支持和经济扶持，缺少市场运作的土壤和活力，难以形成龙头企业和产业集群。农机"三率"水平不高，存在安全生产隐患。冒用或套用农业机械推广许可证章、无三包凭证、使用说明书不规范、标牌标识不全、安全警示标志不全、产品未通过技术鉴定、产品质量低劣等违规行为在市场上依然存在，假冒伪劣农机零配件大量充斥零配件市场，屡禁不止。二是农业信息化建设进程缓慢。农业信息化建设缺乏统一的规划指导，各单位各部门大多自行设计、独立开发，技术标准不统一、信息采集标准不一致，信息共享和互联互通难以实现，数据库建设滞后，严重制约了信息资源的深化开发、充分利用。而且已开发的单项业务系统利用率不足14%，尚未开发农业综合业务系统。另外，农业信息基础设施建设仍不完善，涉农信息资源分散，与城市信息基

础设施建设相比，农业信息基础建设严重滞后。另外，农业科技人员的数量和素质还不能满足基层科技信息服务的需要。

三　推动烟台市现代化大农业发展的对策建议

（一）提升产业发展水平，发展现代化大农业

乡村振兴视域下，加快推进农业农村现代化的基础和前提是提升产业发展水平。提升产业发展水平，需要进一步推进农业供给侧结构性改革。在确保粮食安全的前提下，积极发展给乡村带来较高的经济收益且在本市有较好产业基础的苹果、樱桃、葡萄等经济作物，通过改良品种、提高质量、扩大规模，打造具有国际竞争力的果品特色产业领军区。提升产业发展水平，需要进一步扩大农业产业链。以涉农龙头企业龙大、鲁花、张裕、双塔等为依托，采取"生产基地＋龙头企业"的商业模式，让农产品加工业更贴近主产区、优势产区、特色产区、重点销售区和重点物流节点，蔬菜、粮油、水产品、畜牧业等支柱产业的发展后劲持续加强，通过发展水果加工、粮油加工、蔬菜加工、畜牧和水产品加工等，使农业产业链得到进一步延伸。提升产业发展水平，需要进一步培育农业品牌，打造区域公用品牌、企业品牌和特色产品品牌，特别要擦亮"苹果名片"，从革新栽植模式、升级种植技术、建设示范园区、拓展产业链条、加强品牌宣传等方面入手，下大力气推进烟台苹果产业高质量发展。提升产业发展水平，需要进一步推动农业"新六产"的发展。大力挖掘农业的多种功能，重点推进农业与旅游、文化、康养等产业深度融合，培育田园、海岛综合体。促进"互联网＋现代农业"发展，通过创建电子商务示范县和建设农村特色互联网小镇，实现农村电子商务服务网络在县、镇、村全覆盖。

1. 优化产业结构，促进农业规模化经营

鼓励发展多样化、高附加值的农业产业，推动特色农产品种植和养殖，加强优质农产品的品牌建设和市场推广。支持农业合作社、农业龙头企业等

发展，推动农业规模化经营，提高农业生产效益和农民收入。

2. 推进农业供给侧结构性改革，加强农产品加工和流通

通过优化生产要素配置，推动农业机械化、智能化发展，提高农业生产效率和质量。支持建设农产品加工园区和农产品流通中心，提升农产品附加值，拓展农产品销售渠道，增加农民收入。

3. 推动农业科技创新，改善生态环境

加大农业科技投入力度，推广先进农业技术和管理模式，提升农业生产的科技含量和现代化水平。加强农田水土保持、农业面源污染防治等方面的工作，保护农业生态环境，提高农产品质量和可持续发展能力。

通过综合采取以上措施，烟台市逐步优化农业内部结构，提高农业发展的质量和效益，推动农业现代化、高质量发展，实现农民增收和乡村振兴的目标。

（二）推动农业科技进步，强化科技支撑

1. 加快培育新品种

农业战略新品培育是烟台市农业领域推出的具有战略意义和市场竞争力的新产品或新品种。这些新品种通过技术创新、产业升级或特色培育，具有较高的附加值和市场潜力，有助于推动烟台市农业产业结构优化、提升农业综合竞争力。

一是特色水果品种、特色农产品加工品和生态农业产品。苹果是烟台市的优势产业，烟台市可继续培育有特色的水果品种，如创新烟台苹果、烟台樱桃等。这些创新品种可能具有优良的口感、外观和营养价值，成为当地农业的特色产品，吸引消费者，提升农产品的市场竞争力。烟台市可开发一些特色农产品加工品，如干果、果酱、果脯等。通过深加工，提升农产品的附加值，拓展农产品的消费形式，增加农民收入。烟台市可推出一些生态农业产品，如有机蔬菜、绿色食品等。这些产品在生产过程中强调环保和无公害，符合现代消费者健康、环保的消费需求，具有广阔的市场前景。

二是海鲜养殖新品种，特色畜禽养殖品种。烟台地处海滨，可继续推

出一些新的海水养殖品种，如优质海螺、特色海参等。这些新品种具有高蛋白、低脂肪的特点，适合健康饮食需求，有望开拓更广阔的海产品市场。烟台市可培育一些特色畜禽养殖品种，如优质禽蛋、特色肉类等。这些新品种可能在品质、产量和养殖管理上有所突破，提升了畜禽产品的市场竞争力。

这些新品种的推出，有助于丰富烟台市农产品品种，提升产品品质和附加值，拓展市场需求，推动农业结构调整和产业升级。同时，这些新品种反映了烟台市农业发展对品质、创新和市场需求的重视，促进农业向高质量、高效益的方向发展。

2. 推广先进适用技术

烟台市推广先进农业技术是为提升农业生产效率、降低生产成本、改善农产品质量和保护生态环境，从而推动农业产业的现代化和可持续发展。

（1）建立示范基地

烟台市通过设立农业技术示范基地，展示先进的种植、养殖、管理等农业技术，并向农民开放，鼓励其参观学习。在示范基地开展现代农业技术培训和实地演示，向农民普及先进技术。

（2）开展科技推广服务，推广智能化农业设备

建立农业科技推广服务体系，设立农技推广站点或中心，提供农业技术咨询、培训和指导服务。制定农业技术推广计划，定期开展各类培训活动，提高农民对先进农业技术的认识和应用能力。推广使用智能化农业设备，如智能灌溉系统、智能化喷雾器、无人机等，提高农业生产的精准化和自动化水平。建立农业信息化管理平台，整合农业数据和资源，实现对农田、作物生长情况等的实时监测和管理。

（3）应用生物技术和新材料，发展节水灌溉技术

推广生物技术在农业生产中的应用，如优质新品种育种、生物农药、生物有机肥料等，提高抗病虫能力和土壤肥力。引进和应用新型农业材料，如新型覆盖膜、保温材料等，改善农业生产环境，提高生产效率和质量。推广节水灌溉技术，合理利用水资源，提高灌溉效率。

（4）推动有机农业和绿色生产

推广有机农业生产模式，减少化肥和农药的使用，提倡绿色种植和无公害农产品生产。建设绿色生态示范农场，培育绿色农产品品牌，满足消费者对安全、健康农产品的需求。

（5）政策支持和激励措施

制定支持农业技术推广和应用的政策措施，如资金补贴、税收优惠、技术奖励等，鼓励农民和农业企业采用先进技术。开展先进农业技术应用的示范项目，通过示范效应带动更多农户参与和应用先进农业技术。

通过以上做法，烟台市可以有效推广先进农业技术，提高农民的生产能力和抗风险能力，推动农业现代化、智能化、可持续发展，实现农业增产、增效的目标。

3.建立现代农业耕作制度

烟台市建立现代农业耕作制度旨在优化农业生产方式，提高土地利用效率和农产品质量，推动农业可持续发展。

（1）推广精细化耕作技术，实施农田轮作和休耕制度

进行土地整理和规划，优化土地利用结构，合理划分农田功能区，确立种植结构和耕作模式。制定基本农田保护政策，保障耕地质量和数量，防止土地过度开垦和资源浪费。推广精准播种、精细施肥、精确灌溉等精细化耕作技术，提高作物种植密度和生长效率，降低农业生产成本。倡导耕作机械化和智能化，采用现代农机具和设备，提高耕作效率和品质。实施农田轮作和休耕制度，合理安排农田休耕期，减少连作连种，恢复土壤肥力，降低病虫害发生率。

（2）发展有机农业和绿色种植

鼓励农民采用有机农业种植模式，减少化肥和农药的使用，推动绿色种植和无公害农产品生产。建立绿色种植示范基地，推广绿色农业生产技术和管理经验。

（3）提供科技支持和信息服务

提供现代农业科技支持和信息服务，开展农业技术培训和示范，普及先

进的耕作理念和技术方法。建立农业信息化平台，发布种植指导和农事提醒，帮助农民科学决策和管理农田。

（4）鼓励农业合作社发展和建立农业服务体系

鼓励农业合作社和农民专业合作社发展，提供土地流转、生产资料供应、技术培训等全方位服务，优化农业生产组织方式。建立农业服务体系，提供农业机械租赁、病虫害防治、农产品销售等综合服务，支持农民耕作管理。

（5）政策激励和保障措施

制定支持现代农业耕作的政策措施，如土地流转补贴、农业机械购置补贴、耕作技术培训补贴等，激励农民参与现代化耕作。加强对农业生产环节的监管和保障，保障耕作权益，维护农民合法权益。

通过以上做法，烟台市可以建立起现代化、科技化的农业耕作制度，实现农业生产方式的转变和升级，提高农产品的产量和质量，推动农业向高效、生态、可持续发展的方向迈进。

4. 强化农业物质装备建设

强化农业物质装备通常涉及采用先进技术和工具提高农业生产效率、质量和可持续性。这些物质装备旨在应对农业发展过程中面临的各种挑战，例如人口增长、资源稀缺和气候变化。

（1）智能农机设备，精准农业技术

利用传感器、无人机和自动化技术提高农业生产效率。智能农机可以精确施肥、喷洒农药，或者进行土壤监测，帮助农民更有效地管理农田。通过全球定位系统（GPS）和地理信息系统（GIS）等技术，农民可以精确测量和记录农田的特征，优化作物种植和管理方案，最大限度地减少资源浪费。

（2）智能温室技术，生物技术和基因编辑

采用自动化控制系统、高效能源利用和环境监测，提高植物生长效率，延长生产周期。利用基因编辑技术培育抗病虫害、耐旱或高产的作物品种，提高农作物的产量和抗逆性，减少农药和化肥的使用。

（3）农业机器人和自动化，大数据和人工智能

开发自动化机器人来执行播种、收割和除草等任务，减少对人工劳动力的需求，提高生产效率。利用大数据分析和人工智能技术，为农业提供决策支持，优化种植、养殖和管理策略。这些农业物质装备的应用有助于提高农业生产效率、减少对自然资源的消耗，从而推动农业向更加可持续和智能化的方向发展。

（4）水资源管理技术，可再生能源应用

采用滴灌、微灌和水文监测系统，帮助农民更有效地利用水资源，减少水的浪费和土壤侵蚀。利用太阳能或风能等可再生能源为农业发展提供能源，减少农业生产过程中对化石燃料的依赖，进一步减少碳排放。

（三）强化技能培训，培育新型职业农民

通过采取以下对策，可以有效推动烟台市农业向现代化、科技化、产业化方向发展，提升农业生产效率、农产品质量和农民收入水平，促进农村经济持续健康发展。

1. 制订培训计划，开展实用技能培训

设立针对新型职业农民的培训计划和课程，包括农业生产技术、农业管理、市场营销、农村经济发展等方面的内容。注重实践和技能培训，开展种植、养殖、农机操作等实地训练，提升农民的操作技能和管理能力。

2. 引进先进农业技术，开展农业科技普及活动

引进先进的农业生产技术和设备，通过培训和实践教学，使农民掌握现代化的农业生产方法和工具。加强农业科技普及和知识普及，让农民掌握农业科技，提高生产效率和质量。

3. 提供资金和政策支持，推动农业产业发展

政府可以提供资金支持和奖励措施，鼓励农民参加技能培训。制定相关政策，培育新型职业农民，促进农村经济结构调整和产业升级。配套培训与农业产业发展相结合，重点发展适应当地特色和市场需求的农业产业，为农

民提供多样化的就业和创业机会。

4.建立培训机构和基地，开展市场营销培训

建立农业技术培训机构和示范基地，为农民提供持续的技术培训和实践机会，推动农业现代化和职业化发展。教授农民市场营销知识和技巧，包括产品包装、营销策略、销售渠道等，帮助农民提高产品的竞争力和附加值。加强对培训效果的后续跟踪和服务，及时解决农民在生产经营中遇到的问题，提供持续的技术支持和咨询服务。

（四）推动要素优化配置，促进城乡融合发展

推动要素优化配置与推进城乡融合发展是促进区域经济协调发展的重要举措，充分利用各种资源要素，促进城乡间产业、人口、资金、技术等要素流动，实现城乡一体化发展。

1.加强基础设施建设，优化产业布局

完善城乡基础设施建设，包括道路、桥梁、水利设施、信息网络等，缩小城乡基础设施建设方面的差距，提升农村生产生活条件。建设现代化农业园区和乡村产业园，加强生产、加工、物流、服务等配套设施建设，吸引城市企业和人才到乡村投资兴业。制定区域产业发展规划，促进城乡产业融合发展，合理配置产业要素，推动农业现代化发展和乡村产业振兴。鼓励农村发展现代农业和特色产业，吸引城市企业和资本进入乡村开展产业合作和投资。

2.促进人才流动和开展技能培训

实施城乡人才交流计划，鼓励城市人才到乡村就业创业，提升乡村人才素质和创新能力。开展农民职业技能培训和转岗就业培训，提高农民就业能力和市场竞争力，推动农村劳动力向城镇和现代农业转移。

3.加强资金和政策支持，开展农村金融服务

促进城乡融合发展，支持乡村产业发展和农村基础设施建设。设立城乡发展基金或专项资金，引导社会资本投入乡村振兴和农业现代化建设。拓展农村金融服务，建立健全农村信贷体系和金融支持政策，提供小额信贷、担保服务等，支持乡村产业发展和农民创业。发展农村电商和农产品直播销

售，拓展农村产业的市场渠道，增加农民收入。

4. 推进农业信息化和智能化发展

加强乡村信息化建设，推广数字农业技术和智慧农业应用，提升农业生产管理水平和效率。开展农村电商培训和网络技术普及活动，帮助农民利用互联网拓展农产品销售渠道和加强市场对接。

5. 加强生态环境保护

强化农村环境保护和生态修复，推动绿色农业发展，保护好乡村生态环境，提升乡村居民生活品质。

通过采取以上措施，烟台市可以促进要素优化配置，实现城乡融合发展，推动农村产业振兴、农民增收致富，实现城乡居民共同分享改革发展成果的目标。

参考文献

刘志彪、凌永辉、孙瑞东：《传统产业改造：发展新质生产力的重点选择策略——兼论对农业现代化的启示》，《农业经济问题》2024年第4期。

陈贵等：《我国农业现代化研究热点与趋势分析》，《中国生态农业学报（中英文）》2024年第3期。

张小允、许世卫：《我国农业农村现代化评价指标体系研究》，《农业现代化研究》2022年第5期。

《"深入学习贯彻党的二十大精神　坚持走中国人权发展道路"研讨会在京举行》，《人民日报》2022年第11期。

于倩：《习近平关于农业农村现代化重要论述研究》，博士学位论文，大连海事大学，2023。

滕向丽：《乡村振兴视域下烟台市推进农业农村现代化的对策》，《烟台职业学院学报》2022年第3期。

朱本杰：《乡村振兴背景下山东省农业产业结构调整对农业经济的影响浅析》，《南方农业》2023年第10期。

国家发改委产业经济与技术经济研究所课题组：《关于我国社会主义新农村建设若干问题的研究（主报告）》，《经济研究参考》2006年第50期。

B.5
烟台市加强农村流通体系建设的
对策建议

于法稳　陈昱含*

摘　要： 乡村地区不仅是庞大的消费市场，也是广阔的要素市场，农村流通环节在现代化经济体系中占据至关重要的位置。本报告针对山东省烟台市，剖析当地农村流通体系建设过程中面临的挑战，诸如流通效率低下、基础设施薄弱、市场主体发展不足、农产品质量安全追溯机制不完善、政策支持力度有待加大和服务体系建设有待加强等问题。针对这些问题，本报告提出以下完善措施：首先，应着力加强农村流通基础设施建设，提升流通效率和服务质量；其次，要积极培育和壮大农村市场主体，激发市场活力；再次，构建完善的农产品质量保障体系，确保农产品质量安全；最后，政府应出台相应政策，为农村流通体系的发展提供有力支持。通过采取这些措施，可以有效推动农村经济的持续繁荣和社会的全面进步。

关键词： 农村流通体系　消费市场　要素市场　经济发展

　　现代化农村流通体系建设是推进农业现代化进程、实现乡村全面振兴、助力城乡区域协调发展的重要内容。2023 年 8 月 3 日《中央财办等

---

* 于法稳，管理学博士，中国社会科学院农村发展研究所二级研究员，博士生导师，主要研究方向为生态经济学理论与方法、资源管理、农村生态治理、农业农村绿色发展；陈昱含，中国社会科学院大学应用经济学院农业经济管理专业硕士研究生，主要研究方向为农村发展理论与政策、规模经营、农业社会化服务。

部门关于推动农村流通高质量发展的指导意见》正式印发，此外，《"十四五"推进农业农村现代化规划》、《"十四五"现代流通体系建设规划》以及《中共中央　国务院关于加快建设全国统一大市场的意见》等一系列文件，全面部署了有关现代化农村流通体系的建设方向及具体规划、要求。现代化农村流通体系通过农业生产环节的现代化管理、物流体系的建设、信息化系统的应用、市场化经营和金融支持等方式，优化农产品生产、流通和销售环节，同时，引导工业品、技术产品、服务产品从城市走向农村，对提高农民收入水平、平衡城乡关系、推动消费结构升级、保障粮食安全有重大意义。但是，现代化农村流通体系建设过程中面临的困境和挑战，也成为现代农村经济发展中亟待解决的重要问题。

一　农村流通体系存在的突出问题

农村流通紧衔产销、贯通城乡，现代化农村流通的一大标志即信息技术的广泛应用，其中，农产品电商业态的兴起显著提升了农产品市场的透明度和竞争力，有助于农产品的精准匹配和合理定价。2021 年，烟台市有 800 余家农业龙头企业、合作社等新型农业经营主体开展农产品电商业务，注册淘宝卖家突破 4.8 万个，农村网络卖家超过 1.1 万家，总数居全省第 2 位。[①] 然而，烟台农村 5G 基站数量很少，而且空间分布不均衡；与此同时，不管是"地头"销售还是网络直销，大多数农产品都没有建立产品质量追溯体系，消费者网购的农产品质量难以保证。此外，烟台市农村流通领域目前仍面临诸多挑战，如流通效率低下、基础设施建设滞后、市场主体发育不充分、农产品质量安全追溯难、政策支持与服务体系不完善、城乡商品要素流动受限、要素保障不到位等。

---

① 孙长波：《新型消费向整体成势阶段转变！无人超市等新模式迅速成长》，《烟台日报》2021 年 6 月 24 日。

（一）流通效率低下

1. 乡村空心化导致农村流通效率低下

根据第七次人口普查相关统计数据，2023年烟台市居住在城镇的人口为478.02万人，占比为67.31%；居住在乡村的人口为232.19万人，占比为32.69%。[①]与2010年第六次全国人口普查相比，城镇人口增加92.88万人，乡村人口减少79.49万人，城镇人口占比上升12.04个百分点。然而，这一庞大的数字背后，意味着随着城镇化进程的推进有相当一部分农村居民选择离开家乡，前往城市谋求更好的发展机会。乡村剩余人口以孤寡老人、留守妇女及儿童为主；这几类群体农业生产依赖度高，不仅创收能力差，消费水平也较低，乡村呈现空心化趋势。久而久之，农村地区的消费市场逐渐萎缩，商家难以在农村地区开展新业务，流通主体的发展受阻；面对购买力小且分散的农村市场，各流通主体无法实现规模经济，经济效益非常低下，积累缓慢，无法实现规模化和现代化发展。[②]再加上人口的减少和交通的不便，农村地区的物流、信息流等流通渠道变得不畅，这进一步加剧了农村流通效率低下的困境。

2. 传统流通方式占主导，现代流通方式发展缓慢

烟台市农村地区除传统田间市场、集贸市场、供销社以外，还有各类批发市场、综合市场、专业市场。近年来，连锁经营、物流配送、电子商务等现代流通方式的兴起为农产品外销、工业品下乡注入了巨大活力。但是，传统流通方式居于主导地位，夫妻店、食杂店仍然是农村生活消费品流通的主要方式，农村大型超市、大型商场等新业态发展滞后。农民是农产品的主要生产者，其在将农作物转化成农产品的过程中往往存在渠道不通、信息不畅、成本过高、风险较大的问题。农产品销售困难、售卖价格连跌等现象时

---

① 《烟台市第七次全国人口普查主要数据公报》，烟台市统计局网站，2021年6月5日，https://tjj.yantai.gov.cn/art/2021/6/5/art_117_2876181.html。

② 柯忠义：《城镇化与收入结构对农村居民消费的影响——基于省级面板数据的分析》，《城市问题》2017年第2期。

有发生，这制约了农业增效和农民增收。传统流通方式通常建立在长期形成的习惯和文化基础之上[1]，一些传统的农村社区更倾向于通过面对面的交流和人际关系来进行交易，对现代化的电子商务或线上销售模式持保留态度，这种心态和习惯也成为现代流通方式发展缓慢的原因之一。

3. 信息不对称导致供需失衡

信息不对称使得市场价格不能真实地反映市场供求关系，导致市场资源配置的低效率。[2] 农村流通体系作为连接各类商品生产者与消费者之间的桥梁，其畅通与否直接关系到流通的效率。一方面，烟台市农村地区团购群、小程序等行之有效的信息交流平台受众较少，购买力呈现小且散、无规律等特点，消费者缺乏了解城市工业品等现代化商品的渠道；此外，农村地区经济、社会、生活环境与城市的差异也让在城市畅销的商品在农村反而滞销。另一方面，农产品的生产受到作物生长的周期性、自然风险不可控等因素影响，投入产出关系呈现模糊性。[3] 小农经济生产的普遍性使得生产规模、标准以及品种十分多样，市场的供求关系也只在交易的瞬间得以展现，买方与卖方都无法及时掌握准确的市场信息，"谷贱伤农，谷贵伤民"交替上演。

4. 农产品流通环节过多，成本过高

随着烟台市农村地区农业产业链、供应链的转型升级，农产品流通体系涉及的交易主体和交易环节逐步增加，呈现流通模式多样化及流通渠道较长的特点。[4] 从农户收购开始，中间需经历收购、批发、零售等多个环节，在这个过程中每个中间商都会增加一定的利润，使得产品的最终价格上涨。流通链条的拉长不仅增加了产品的交易成本，也增加了商品流通的时间成本。[5] 此外，农产品流通环节的多样性也带来了管理和协调上的挑战。随着

---

① 张满林：《关于我国物流配送中心建设的思考》，《商业研究》2001 年第 5 期。
② 沈梅、杨萍：《信息不对称条件下的农村市场问题及对策研究》，《情报科学》2005 年第 3 期。
③ 石晓平、杨润慈、蓝菁：《农机服务市场发育背景下的农户农机投资行为观察：基于农户禀赋的研究视角》，《农村经济》2024 年第 3 期。
④ 梁琳：《数字经济促进农业现代化发展路径研究》，《经济纵横》2022 年第 9 期。
⑤ 钟钰、甘林针：《资源约束下西北旱区保障粮食安全的路径研究》，《中州学刊》2022 年第 8 期。

流通环节的增加，涉及的中间商和组织也越来越多，因此，需要更多的管理和协调工作来确保流通过程的顺畅进行，除需要协调不同环节的供应链以外，还需管理不同环节的库存和运输等，这些管理和协调工作大幅增加了人力和物力成本。同时，各方主体间信息不对称、责任不明确等问题，进一步加大了管理和协调的难度。因此，烟台市农村地区农产品流通环节过多不仅增加了交易成本、时间成本、管理成本和协调成本，也加剧了流通过程中的各类风险。

（二）基础设施建设滞后

1. 农村物流配送网络不健全

烟台市位于山东省东部沿海地带，其农村地区地域广阔、偏远地区和海岛地形复杂、村庄地理位置分散、路面平整度低；物流企业投入相对较少，服务网点铺设量少，距离也相对较远，导致农村物流配送网络的覆盖面不足，使得配送速度、范围、时效性等方面受到限制。具体而言，有关农产品物流配送网络畅通的关键环节是储存和运输。一方面，由于农产品具有生产季节性强、生产集中和销售分散的特点，并且需要进行储存以保持新鲜，但烟台市农村地区储存设施相对不足，农产品储存条件较差，晾晒场、粮仓短缺，导致农产品易受损坏、腐败和质量下降，从而影响农产品的流通和销售。另一方面，偏远地区和海岛地形复杂、交通不便、道路狭窄等问题较为普遍，这使得农产品运输难度加大、运输成本增加、运输效率降低。

2. 农村物流基础设施薄弱

烟台市的交通基础设施发展迅速，已经形成了"港口机场龙头昂起、公路铁路双网联动、邮政管道合理补位"的综合交通运输体系。尽管烟台市在农村物流基础设施建设上取得了一定的进展，但是仍然存在一些问题。农村地区的网络、物流等基础设施并不完善，特别是物流配送的"最后三公里"问题较为突出。由于历史、地理和经济等多方面原因，烟台市农村物流基础设施建设仍较为薄弱，存在以下几方面问题。一是各乡镇之间的建设不平衡，一些地理位置偏远的乡镇，其道路基础设施条件较差；二是产业发展仍受到道路条件制约，一些道路无法满足群众发展产业的需求；三是道路建设标准不高，部分已修建的村组道路存在路面狭窄、坡度大、安全标识设置少等问题；四是项目资金投入不足，一些农村公路没有得到硬化，而且每年洪灾都会冲毁部分道路和桥梁。交通基础设施的薄弱对农村物流的影响是深远且巨大的，落后的交通设施限制了农产品的流通，使得农民难以将产品及时运送到市场，影响了农产品的销售和农民的收益；此外，薄弱的交通基础设施也限制了农村地区的对外交流，使得农村地区难以吸引外部资源和投资，制约了农村经济的发展。

3. 农产品冷链物流设施不足

2020年7月烟台市农业农村局发布《烟台市农产品产地冷藏保鲜设施建设工程实施方案》，旨在加快推进全市农产品仓储保鲜冷链设施建设。该实施方案表明，烟台市正在积极建设农产品产地仓储保鲜冷链设施，且已经争取到了4050万元中央财政资金的支持。但是烟台市的农产品冷链物流运输通道仍未全面打通。首先，烟台市农村地区的基础设施建设相对滞后，缺乏现代化的冷库和冷链运输设备。其次，农民对冷链技术的认知和应用能力有限，很多农民对如何进行农产品的冷链处理一知半解，缺乏专业的指导和培训。最后，烟台市农村地区的冷链服务体系也不完善，缺乏专业的冷链物流企业和服务平台，使得农产品的冷链处理成为一道难题。

（三）市场主体发育不充分

1. 农村商贸企业规模小，竞争力较弱

重产业、轻流通的观念在烟台市农村地区长期存在。现阶段，烟台市农村地区面临的一个显著问题是农村商贸企业规模普遍较小，竞争力相对较弱。[①] 在农村地区，许多商贸企业的前身为当地农民专业合作社，其规模有限、经营范围较窄、经营资金不足，且往往缺乏品牌影响力和市场竞争力。

---

① 孙畅：《农村消费升级背景下城乡双向商贸流通体系构建》，《商业经济研究》2019年第13期。

这些企业可能受到资金、技术和管理等方面的限制，难以实现规模化经营，从而限制了其在市场上的影响力和竞争力。与此同时，城市商贸企业不断向农村地区扩张，竞争压力日益增大，加剧了农村商贸企业的困境。另外，由于农村地区的一些商贸企业管理水平和服务质量参差不齐，缺乏一致的标准和规范，一些厂商因投机心理产生的道德风险使得消费者对农村商贸企业的信任度降低，进一步削弱了它们的竞争力。

2. 新型农业经营主体作用发挥不充分

烟台市农村地区新型农业经营主体的种类、数量逐步增加，以农民专业合作社、家庭农场、农业企业以及专业大户为主。种类、数量的增多也伴随规模偏小、发展不平衡的问题。近年来，新型农业经营主体在农业生产产前、产中发挥了重要作用，通过土地流转、生产托管等方式促进农业生产规模化，但在产后领域，更多扮演"中介人"的角色，为农户提供统一购进农资、农具，售卖农产品的平台，对搭建农产品电商平台、农村物流配送服务、农产品品牌推广等方面涉足不够。此外，新型农业经营主体往往受到资金和技术方面的限制。从合作社登记情况来看，2022年烟台市注册资本在50万元以下的合作社有227家，占总数的46%。大部分合作社社员股金在1万~5万元，经济实力不强。从家庭农场登记情况来看，90%登记为个体工商户。① 这类主体往往缺乏足够的启动资金和运营资金，这限制了它们在农村地区开展业务的规模和范围。加之农村地区的科技水平相对较低，技术人才相对匮乏，缺乏先进的技术设备和管理系统，使得一些新型经营主体难以实现业务的智能化、信息化和精细化管理，从而影响了它们的竞争力和市场地位。

（四）农产品质量安全追溯难

1. 缺乏有效的质量监管和追溯机制

农产品质量标准不统一、产品质量良莠不齐，是当前烟台市农村流通体

---

① 《2022年烟台市国民经济和社会发展统计公报》，烟台市统计局网站，2023年4月14日，https：//tjj. yantai. gov. cn/art/2023/4/14/art_ 117_ 2876487. html。

系中一大亟待解决的问题。这不仅影响了农产品的市场竞争力，也对消费者的健康构成了潜在威胁。从源头控制方面来看，农产品生产过程中存在农药残留和兽药残留的风险，而缺乏严格的监管和检测机制，使得这些潜在的风险无法得到有效控制。且在过程监控方面容易出现交叉污染、混淆等问题。与此同时，农产品标准化生产推广力度不够，品牌化程度低也是问题所在。烟台市农产品缺乏成熟的品牌认证和完善的溯源体系，市场供需双方的质量安全意识淡薄，传统农贸市场交易方式简单，也忽视了农产品质量安全带来的各种风险和不确定性。

2. 农产品标准化、品牌化建设滞后

农产品标准化是指农产品生产和销售的每一个环节都执行严格的标准，以确保农产品的质量更加安全可靠。这些环节包括从种前到栽培、管理、收获，再到采摘、运输、销售。标准化是保证农产品品质稳定、提升农产品市场竞争力的关键。然而，烟台市农村地区农产品生产分散、规模小，导致产品品质参差不齐，难以形成统一标准。从烟台市农产品品牌的整体形象来看，不乏"烟台大樱桃""中国粉丝之都"等已颇具声誉的公共品牌，但对苹果、白羽肉鸡、生猪、海参、葡萄与葡萄酒、花生与食用油等多数百亿、千亿级产业集群的品牌建设和推广成效不大。一方面，缺乏创新理念，品牌特点不鲜明且未进行分类，存在对农产品品牌文化内涵挖掘不到位、品牌形象模糊的现象，导致消费者对农产品品牌认识不足，不能形成品牌"粉丝效应"。另一方面，宣传不到位，品牌传播渠道有限，未能覆盖关键的目标市场，且品牌活跃度低，缺乏与消费者的互动和沟通。

（五）政策支持与服务体系不完善

1. 融资难、融资贵问题突出

烟台市农村地区普遍面临融资难、融资贵的问题，体现在农村流通体系建设中亦是如此。主要体现在流通体系投资经营主体融资渠道有限、信用低、融资成本高。第一，贷款实体缺乏可持续发展的能力。农户、农民专业合作社、家庭农场等涉足农村流通体系建设的贷款申请者由于经营规模小、

资金流动性差，财务状况脆弱，缺乏可持续发展的能力，使得银行和其他金融机构考虑到借贷风险不愿向他们提供贷款。[①] 第二，缺乏担保和抵押品。由于我国农村地区耕地、宅基地等产权模糊，农户很难为其贷款提供稳定的担保和抵押。第三，政策性金融机构对农村融资支持不足。尽管政府出台了一系列宏观经济政策来促进农村融资，但政策性金融机构在监督和执行方面存在不足，审批程序复杂、周期长、材料严苛使得本就与现代金融系统衔接困难的农户更难获得金融支持。基于此，以地缘、血缘、亲缘为纽带的地下借贷市场得以发展。但这种贷款往往以高利率形式提供资金，缺乏监管导致借款者需支付较高利息，显著增加了融资成本。此外，地下贷款交易透明度不高，借款者难以获得正式文件和法律保障，常处于被动地位，存在较大的风险隐患。

2.农村电商发展面临人才短缺和技术瓶颈

农村电商作为一种新兴业态，虽然为农民提供了就业创业方面的引导，但是有较高的技术门槛。农村电商的发展需要电子商务运营、网站建设、数字营销等方面的专业人才，且管理运营涉及的物流、仓储、配送等知识也尤为重要。现阶段，烟台市农村地区参与农村电商的从业人员往往是一些文化程度较低的农民或早年进城务工者，专业人才短缺导致农村电商企业发展受限，难以顺利推进各项业务。人才匮乏导致技术瓶颈难以被打破[②]，电子商务平台开发、数据分析、电子支付、物流信息系统、仓储自动化设备、配送路线优化等技术难以应用。此外，培训渠道较少也是一个问题，烟台市农村地区缺乏电商和物流领域的专业培训机构，农民或其他经营主体往往难以获取相关的培训和学习机会，使得农业从业者很难通过专业化培训提升自身的电商和物流管理水平，进一步限制了农村电商发展和物流体系完善。

[①] 康金莉：《20世纪中国二元经济模式变迁与比较研究——基于三农视角》，《财经研究》2017年第9期。

[②] 秦淑悦、黄赜琳：《数字化投入与制造业结构优化：内在机制与经验依据》，《经济学家》2024年第4期。

二　农村流通体系的完善措施

（一）加强农村流通基础设施建设

1.完善农村物流网络布局

烟台市需构建一个多层次、立体化的农村物流网络，应以县级物流中心为核心，发挥其集散、中转和信息服务的功能；以乡镇物流节点作为支撑，利用其地理位置优势，实现物流的快速集散和配送；将村级服务站点作为末梢，直接服务于广大农民，为其提供便捷的物流服务。具体而言，第一，注重县级物流中心建设，特别关注农业大县和经济发展较快的县。例如，莱阳市作为粮油、绿色蔬菜、特色果重要产区，其县级物流中心可以重点服务于农产品的集散和加工，通过引进先进的农产品加工和存储设备，配合粮油加工龙头企业、高品质绿色蔬菜生产带建设与环烟台市区"菜篮子"工程，将农产品储好、运好，保障好高质量农产品供给。同时，县级物流中心还应与头部电商平台、大型农产品批发市场实现对接，拓宽农产品销售渠道。第二，烟台市的乡镇众多，各乡镇应根据自身的产业特点和地理位置，合理布局物流节点。例如，海阳市的徐家店镇紧邻青岛市，可以利用其交通便利性，建设一个服务于周边乡镇的物流节点，实现与青岛等周边城市的快速物流连接。此外，乡镇物流节点还应结合当地的特色农产品，配合鼓励规模化、标准化统一种植，进而促进农产品的产地直销。第三，村级服务站点应直接坐落在田间地头，这是将农作物通过流通体系转为农产品的第一步，"地头仓库""田间冷库"的建设能够为农产品特色产区提供及时、有效的储运服务。例如，在栖霞市的苹果产区，可以设立较密集的村级服务站点，提供苹果的代收代发、冷藏保鲜等服务，帮助农民解决销售难题。同时，村级服务站点还可以结合农村电商的发展，直接以村为单位开展网店销售、直播带货等多元化服务，满足农民群众的多样化需求。

2. 提升农产品冷链物流能力

烟台市作为一个农业资源丰富的城市，农产品冷链物流的发展显得尤为重要。《烟台市"十四五"推进农业农村现代化规划》提出重点保障特色优势农业以及近海滩涂水域渔业产业发展。这不仅关乎最基础的农产品品质保证，更是为了满足消费者日益增长的高品质食品需求。在硬件设施方面，应积极鼓励并支持企业和个人在产品产地、集散地等投资建设现代化冷藏库和冷藏车，以增强农产品即时冷藏保鲜能力。对新建、扩建和改造升级的冷链物流设施，政府应给予相应的财政补贴或税收优惠，进一步激发市场活力，吸引更多资本投入。在信息化建设方面，需构建一个统一、高效的农产品冷链物流信息平台。通过整合各方资源，实现信息的实时共享和流通，从而优化物流路径，减少中间环节，提高整体物流效率。同时，借助物联网、大数据等先进技术，实时监控农产品的温度、湿度等关键指标，确保其在运输和储存过程中的质量安全。在技术创新方面，不仅应加强农产品保鲜技术的研发和推广，还应从良种培育端入手，研发耐储、耐高温等优良性状的作物品种，有效延长农产品的保鲜期，提升其市场竞争力。

（二）提高流通效率与服务质量

1. 利用信息化手段优化供应链管理

加强农产品流通信息化建设是提高流通效率、解决市场信息不对称问题的关键。首先，建立集信息发布、交易撮合、物流配送、金融服务等功能于一体的农产品信息服务平台。通过该平台，农民可以及时了解市场需求和价格信息，调整种植结构；消费者可以获取农产品的质量安全信息和产地溯源信息，增强购买信心；企业可以通过平台采购优质农产品，降低采购成本。其次，将大数据应用到农业生产各个环节、各个部门。利用大数据技术，对农产品生产、流通、消费等各环节的数据进行收集、分析和挖掘，为政府决策、企业经营和农民生产提供数据支持。最后，在农产品流通领域引入人工智能技术，如智能推荐、智能定价、智能调度等，提高供应链的智能化水平，最终实现烟台市农产品从田间到餐桌的精准推荐。

2.减少流通环节，降低交易成本

烟台市农产品流通环节多、交易成本高，是当前农产品流通领域面临的重要问题。为减少流通环节，建议采用产地直销模式，以农民专业合作社、家庭农场、专业大户等经营主体带动农民与市场直接对接，进而减少中间环节与交易费用，将农作物经流通体系的增值收益更多留在农村。此外，农超对接作为现代化供应链的一大创新模式，能够将农民吸纳进供应链，实现农户与超市的直接对接。通过优化采购流程、降低采购成本，提高社区超市、便民超市竞争力，进而保障农户拥有稳定的销售渠道和合理的收益。同时，通过政策扶持和市场引导，增强农户以家庭为单位的直销意识和能力，增强线上带货、平台销售等网络直销能力，打破农民与市场的地理边界和信息屏障，促进农户增收。政府应积极引导和提供技术支持，推动农户开展电子商务，提高农产品线上销售比例，为消费者提供更多选择和便利。为此，应加强政策扶持和市场监管，为农产品流通环节的优化提供有力保障，鼓励更多企业和个人参与农产品流通环节优化工作，加强市场监管、规范市场秩序，保障农产品质量和安全。

（三）壮大农村市场主体

1.引导和支持大型商贸流通企业向农村延伸

引导和支持大型商贸流通企业向农村延伸，是促进农村经济发展、农民增收的可行方向。[①] 大型商贸流通企业向农村延伸，可以为农民提供更多的就业机会，如商铺店员、物流人员等，还可以带动种植、养殖、加工等产业发展，带动农民就近就地就业创业。此外，大型商贸流通企业拥有完善的供应链和物流体系，能够将城市的商品快速有效地运输到农村市场，满足农民日益增长的物质文化生活需求，提升农村的整体消费水平。同时，农村的农产品也可以通过这些渠道进入城市市场，实现城市和农村商品的双向流动，

---

① 张培丽、吴迪：《电子商务与农村收入流动性——电子商务进农村综合示范政策实施效果评估》，《经济学家》2024 年第 4 期。

促进市场的均衡发展。为此，应鼓励城市大型商贸企业下沉农村市场，出台相关政策，鼓励和支持城市中的大型商贸流通企业向农村市场拓展。例如，提供税收减免、资金扶持等优惠政策，降低企业进入农村市场的门槛。还应鼓励农村地区开设连锁店或便利店，为农民提供便利的购物环境，这些店铺同样可以成为农民销售农产品的重要渠道。通过大型商贸流通企业下乡将其先进理念和管理模式引入农村地区，提升供应链管理、库存管理、客户服务等方面的整体水平。

2.激发新型经营主体活力

激发新型农业经营主体活力，培育促进农村流通体系全面升级的后备力量。在农业生产的前期，新型农业经营主体展现出其独特的资源整合能力。一般而言，家庭农场和专业种植大户可以通过流转土地和整合资源，实现土地资源的集中连片经营，提高土地资源的利用效率。与此同时，农民专业合作社、供销社等通过统一采购生产资料，享有"代理价格"进而降低生产成本，为农业生产奠定坚实的物质基础。这种精细化的资源整合和高效化的集约经营，为农业生产的顺利进行奠定了坚实基础。在农业生产的中期，新型农业经营主体更注重科技创新和管理能力提升，推动农业生产的现代化、规模化进程。农业产业化龙头企业凭借其强大的科技实力，通过引进先进农业技术、推广新品种与新方法，显著提高了农产品的产量和质量。同时，这些主体相较于单个农户有更为科学规范的管理体系，实现了农业生产的标准化、绿色化，确保了农产品的安全和质量。科技创新和管理提升的双重驱动，使农业生产焕发新的生机与活力。在农业生产的后期，新型农业经营主体通过全面、细致的市场开拓和品牌化的战略发展，显著增强了农产品的市场竞争力。家庭农场和农业产业化龙头企业通过注册商标、申请专利等方式，打造一系列具有地方特色和市场竞争力的农产品品牌，提升产品附加值。最为重要的是，新型农业经营主体完善销售网络，利用现代流通手段，实现农产品的产销对接，进而拓宽销售渠道。如农民专业合作社可以通过联合销售、参加农产品展销会等方式，帮助农户拓宽销售渠道，增加参社或购买销售服务的农民的销售收入。全面化的市场开拓和品牌化的发展战略，为农产品赢得了更广阔的市场空间和更高的知名度。为此，应建立农业人才培养体系，培育一批懂农业、会农作、爱农村的新型经营主体，提升其经营管理能力。

（四）构建农产品质量保障体系

1. 建立健全农产品质量标准和检测体系

农产品质量安全直接关系到消费者的身体健康。建立健全的农产品质量标准和检测体系，能够确保农产品符合安全、营养、环保等标准要求，降低因食用不安全农产品而引发的健康风险。通过公开透明的检测标准和检测结果，消费者可以更加放心地购买和食用农产品，从而增强对农产品质量的信心，进而减少因农产品质量问题引发的社会矛盾和纠纷，维护社会和谐稳定。此外，建立健全农产品质量标准和检测体系有助于推动农业从传统模式向现代化、标准化、产业化方向转变，提高农业生产的整体效益。建议借鉴国内外先进经验和技术标准，制定农产品质量标准，加大对农产品质量检测机构的投入力度，提高检测设备的先进性和检测技术的准确性，严厉打击制售假冒伪劣农产品的行为，确保农产品市场健康有序发展。具体而言，以田间实验室为起点，通过设立标准化的田间实验室，可以对土壤、水源、空气等环境因素进行实时监测，为农产品生长提供科学的数据支持。例如，在种植过程中，实验室可以定期检测土壤中的营养成分，为农民提供施肥建议，确保农产品在最佳的环境中生长。为鼓励农民参与农产品质量管理和检测，需要设计简单易懂的操作流程和工具，并定期组织农技培训班，邀请专家为农民讲解农产品质量标准、检测技术等方面的知识，配合设立农产品质量信息公示平台，将农产品的检测结果、生产过程等信息公开给消费者，让消费者了解农产品的真实情况。在流通过程中，加大抽检、巡查力度，对进入消费市场的农副产品严格把控，可根据农产品营养成分含量、有害物质残留、产品外观完整度、产品新鲜度等指标进行分级，进而实现差别定价[1]，推动农业生

---

[1] 沈雪等：《通过农产品质量认证的合作社影响农业化肥用量的理论机制与实证分析》，《自然资源学报》2022 年第 12 期。

产向高质量、绿色方向升级。

2. 推进农产品品牌建设和溯源体系建设

"一村一品""一县一业"的政策模式有助于形成具有地域特色的农产品品牌。烟台地区应依托当地的自然资源和产业优势,重点发展苹果、樱桃、葡萄、梨等特色农产品,形成具有地方特色的品牌效应,吸引更多忠实客户。一是打造全品类的区域农产品品牌。提升具有区域特色的"烟台农产品"整体品牌形象,全面覆盖区域内生产的蔬菜、水果、畜产品、茶叶、深加工产品等农副产品,并选择具有代表性的优质农产品创建各类子品牌,打造品牌专属IP,为实现协同创新创造条件。二是开展全媒体宣传。在做好线下推广的同时,积极探索建立"淘宝+京东+抖音+微信""四位一体"的电商销售渠道,以线上销售为主,创新农产品电商推广模式,打造"烟台农产品"线上商城或直销渠道,将"烟台农产品"推上热搜榜,提高品牌曝光度,开辟农民致富新渠道。三是鼓励烟台品牌农产品龙头企业开设烟台苹果、烟台大樱桃、莱阳梨等品牌农产品直播间,开展农产品直播活动。

加强农产品品牌和溯源体系建设,产品质量认证是品牌建设的基础工作。以烟台苹果为例,其独特的地理环境和气候条件赋予了苹果优良的品质。通过注册地理标志、区域公共品牌,可以有效凸显烟台苹果的特色,提高消费者对产品的认知度和认可度,进而提升产品的市场竞争力。此外,烟台大樱桃因其色泽艳丽、口感鲜美而备受消费者喜爱。烟台大樱桃种植过程符合绿色、环保标准,为消费者传递安全、健康食品信号,迎合现阶段消费者对贵价水果的市场需求。更为直接的是,推广区块链农产品质量追溯技术。具体来说,通过运用二维码技术,实现农产品的唯一标识和信息的全程追溯,消费者可以便捷地获取产品的详细信息,包括生产记录、质量检测报告等。

三 对策建议

(一)合理规划和优化村庄布局

村庄布局的合理性、科学性直接影响烟台市农村流通体系的可持续发展，优化村庄布局是首要环节。根据各区域的经济发展水平、产业结构特点、人口分布状况以及资源禀赋等条件，制定兼具实操性和前瞻性的村庄布局规划，旨在引导村庄有序发展，优化公共服务和基础设施布局，提升农村地区整体流通效率，进而推动农村经济社会持续健康发展。在制定土地利用规划时，应优先保障农村流通设施的用地需求。为加快流通设施建设，需简化相关审批流程，提高审批效率，且对符合条件的流通项目，应给予用地优惠政策，降低用地成本。在村庄布局规划的基础上，鼓励相邻村庄实现资源共享、功能互补。通过加强村庄间的合作与交流，构建便捷高效的村庄内部及村庄间流通网络，能够有效减少农产品流通的中间环节，降低流通成本、缩短流通时间，进而保证农产品的新鲜度和品质。同时，通过资源共享，以专业化分工为核心思路引导村庄间相互支持、协同发展，形成共赢的局面。此外，在推动农村流通体系升级的过程中，必须充分考虑产业与生态的和谐共生。烟台市农村地区拥有丰富的农业资源，但同时面临生态环境保护的压力。因此，在规划村庄布局时，应注重保护生态环境，合理利用农业资源，通过科学调整农业生产结构与布局，推动农产品就地就近加工、储藏，提升农产品的附加值。

（二）完善农村产业政策

产业振兴是乡村振兴的基础，亦是推动烟台市农村流通体系建设升级的首要环节。围绕苹果、白羽肉鸡、生猪、海参、葡萄与葡萄酒、花生与食用油、龙口粉丝七大产业集群，形成龙头企业引领，园区、示范区、基地汇集，农民就近就地就业，政府支持的良性循环。具体而言，首先，针对产业结构调整，鼓励烟台市各农村地区发展具有地方特色的农产品加工业，提升农产品附加值。通过优化产业布局，建立一批农产品加工园区和集散中心，促进农产品流通效率的提升。同时，支持发展农村电子商务，利用互联网技术拓宽农产品销售渠道，实现线上线下融合发展。其次，一、二、三产业融合发展是提升农村流通产业竞争力的关键，也是农村产业政策的导向。建议支持城边村、自然风景村等地区推进农业与旅游、文化等产业的深度融合，打造一批具有地方特色的农业观光园区和乡村旅游景点。通过夏令营、科普教育、亲子体验、"网络种田"、"城边菜园"等形式吸引更多城市游客，丰富当地农产品的文化内涵并提升曝光度，同步开发设计文创产品，以提升农副产品附加值，促进农村流通产业发展。最后，建议烟台市农村地区加强与高校、科研机构的合作，引进先进技术和设备，提升农产品加工和流通的技术水平，提高农业产业技术创新水平，实现技术进步，提高技术溢价。通过产业融合和技术提升，将产业链中增值收益更大的加工业和服务业留在农村地区，可以为当地农民提供丰富的就业岗位，真正做到"反哺"农业、助力农村发展。

（三）健全财政支持政策

财政资金的投入能够显著提升农村流通体系的硬件和软件水平，是其高效运行的后备力量。一是建议设立专项资金支持农村流通领域发展。通过财政预算安排、发行地方政府债券等方式筹集农村流通发展专项基金，用于支持农村流通基础设施建设、改造和升级。此外，资金分配应依据各地区的农村流通发展需求、项目可行性和预期效益等因素，通过竞争性、公开性选拔或专家评审等方式，确保资金使用的透明、公平、有效。二是加大财政金融支持力度。对符合政策导向的农村流通项目，应提供一定比例的贴息贷款，降低企业融资成本，鼓励银行金融机构增加对农村流通领域的信贷投入，同时建立风险补偿机制，针对农村流通领域融资风险较高的特点，设立风险补偿金，对金融机构因支持农村流通发展而产生的损失给予一定的补偿。三是拓宽融资渠道与创新金融产品。结合农村流通领域的特点，开发适合农产品供应链融资的金融产品，如订单融资、存货质押融资等，在为农村流通企业提供多样化的融资渠道的同时推动农村债券融资，支持符合条件的农村流通企业通过发行企业债券、公司债券等方式筹集资金，拓宽直接融资渠道。四是引导社会资本投入。通过政府和社会资本合作（PPP）模式，引导社会资本投入农村流通基础设施建设领域，形成政府引导、市场主导的投资格局。五是加大关键环节的补贴与奖励力度。对农村流通领域的基础设施建设项目给予一定比例的财政补贴，加快基础设施建设步伐；对在农产品流通领域表现突出的新型经营主体给予奖励，鼓励其发挥示范带动作用；支持农产品品牌打造，帮助农村流通企业与生产经营主体合力开展品牌创建、宣传和推广活动，提升农产品品牌影响力；推动流通技术研发，对在农产品流通技术方面取得创新突破的企业或机构给予奖励，以促进流通技术的升级和应用。

（四）加强农村电商人才培养和技术研发

在推动农村电商蓬勃发展的过程中，农村电商人才培养和技术研发是强力抓手，不仅可以提升农民的电商技能，还可以打破农村电商发展瓶颈。在人才培养方面，需要精准发力，确保每一分投入都能产生实效。通过设立农村电商培训专项资金，吸引更多的社会资源和优秀教育者参与农村电商培训工作。整合各级政府、教育机构、电商平台和社会组织的力量，形成一个全方位、多层次的农村电商培训体系。起初让农民了解电商的基本概念和操作流程，后续则要注重实操技能的培训，通过模拟演练、案例分析、现场教学等方式，让农民真正掌握在电商平台开店、上传商品、营销推广等核心技能。同时，需要加强农民的法律法规培训，增强他们的风险防范意识。通过邀请法律专家、电商平台的法务人员等，为农民普及电商交易中的法律法规，帮助他们掌握防范网络诈骗、保护个人信息和确保交易安全等方面的专业知识。在技术研发和创新方面，需要加大人力、物力、财力投入，推动电商平台、支付系统、数据分析等技术在农村流通领域的广泛应用。通过技术创新和应用，提高农村电商的智能化、便捷化水平，让农民能够更加方便地参与电商交易。此外，建议加强组织领导，成立专门的农村电商发展领导小组，统筹推进农村电商人才培养和技术研发工作，并加强宣传引导工作，通过媒体宣传、典型示范等方式提高全社会对农村电商发展的关注度和参与度。

（五）加强农村流通领域制度建设

深入优化农村流通体系，实现健康、有序和高效的市场发展，一系列细致入微、切实有效的规章制度、指导意见和实施方案是农村流通体系发展的有效保障。应将消费者权益保护以及农民收益放到优先位置，推动流通企业不断提升服务质量，切实保障消费者的合法权益，提高消费者信心和忠诚度，同时将农民、农业、农村纳入现代化流通体系的建设中。在规章制度方面，建议对现有农村流通管理法规进行全面梳理和修订。新的规章制度将更加注重市场的实际情况，顺应农村经济发展的新趋势，并充分考虑各方利益诉求。不仅要具备更强的可操作性和针对性，还强调法规的透明度和公正性，确保各方主体在市场中能够公平竞争、共同发展。在指导意见方面，烟台市为规范农村流通市场，应制定一系列具体、细化的市场运作指南。指南需涵盖市场监管的各个方面，包括商品质量控制、价格监管、广告宣传等，为农村流通市场参与者提供清晰、明确的行动方向。此外，为确保这些规章制度和指导意见得到有效执行，还应制定一系列详尽细致的实施方案。实施方案需明确各项工作的具体步骤、时间节点和责任部门，并建立完善的监督考核机制，确保各项工作能够按照既定目标顺利推进。除此以外，烟台市还应根据农村流通市场的实际情况和发展趋势，制定具有前瞻性和战略性的长远发展规划，为市场的持续健康发展提供有力支撑。

参考文献

康金莉：《20世纪中国二元经济模式变迁与比较研究——基于三农视角》，《财经研究》2017年第9期。

柯忠义：《城镇化与收入结构对农村居民消费的影响——基于省级面板数据的分析》，《城市问题》2017年第2期。

梁琳：《数字经济促进农业现代化发展路径研究》，《经济纵横》2022年第9期。

秦淑悦、黄赜琳：《数字化投入与制造业结构优化：内在机制与经验依据》，《经济学家》2024年第4期。

沈梅、杨萍：《信息不对称条件下的农村市场问题及对策研究》，《情报科学》2005年第3期。

沈雪等：《通过农产品质量认证的合作社影响农业化肥用量的理论机制与实证分

析》，《自然资源学报》2022 年第 12 期。

石晓平、杨润慈、蓝菁：《农机服务市场发育背景下的农户农机投资行为观察：基于农户禀赋的研究视角》，《农村经济》2024 年第 3 期。

孙畅：《农村消费升级背景下城乡双向商贸流通体系构建》，《商业经济研究》2019年第 13 期。

张满林：《关于我国物流配送中心建设的思考》，《商业研究》2001 年第 5 期。

张培丽、吴迪：《电子商务与农村收入流动性——电子商务进农村综合示范政策实施效果评估》，《经济学家》2024 年第 4 期。

钟钰、甘林针：《资源约束下西北旱区保障粮食安全的路径研究》，《中州学刊》2022 年第 8 期。

B.6

烟台市乡村旅游高质量发展的
路径与对策研究

李玉新　董仁浩　曲亮　陈锐*

摘　要： 乡村旅游是推动乡村全面振兴重要的手段，探索其高质量发展的路径与对策对促进乡村产业发展、加强乡村基础设施建设以及提升乡村治理水平都有重要意义。本报告在总结烟台市推动乡村旅游高质量发展的做法与经验的基础上，分析了乡村旅游高质量发展的内在要求，结合目前烟台市乡村旅游发展过程中存在的不足之处，提出持续创新乡村旅游产品和服务、精心打造乡村旅游产业链与集聚区、加快促进乡村旅游绿色化与数字化转型、不断提升乡村旅游经营管理水平以及全面增强乡村旅游整体带动能力的实现路径，并结合烟台市的实际情况提出强化顶层设计、完善体制机制、增加要素投入与强化发展保障等对策建议。

关键词： 乡村旅游　高质量发展　烟台市

20世纪后半叶，随着工业化和城市化进程的不断推进，乡村人口大量涌向城市，造成乡村经济的衰落，发达国家率先发起了发展乡村的行动，发展中国家也非常重视乡村地区的经济社会发展。这一时期，由于旅游业的扩

* 李玉新，管理学博士，山东工商学院副教授，主要研究方向为乡村旅游、环境经济；董仁浩，烟台市农业农村局乡村振兴督查专员，主要研究方向为产业发展等；曲亮，烟台市·中国社会科学院农村发展研究中心体系建设科副科长，主要研究方向为产业发展等；陈锐，农学硕士，烟台市·中国社会科学院农村发展研究中心科研科科员，主要研究方向为生态建设、产业发展和农民教育等。

张，乡村也成为重要的旅游目的地之一，发达国家和发展中国家不约而同地将旅游业作为发展工具之一，推动乡村向消费空间转型。20 世纪末，我国景区周边以及城市周边的乡村也开始有"农家乐"之类的业态出现。自 21 世纪以来，我国的新农村建设、美丽乡村建设及乡村振兴行动都将旅游业作为乡村的重要产业之一。2023 年，乡村旅游人数已达 30 亿人次，成为旅游领域增长较快的市场之一，对我国扩大内需及满足人民美好生活的需要具有重要意义。然而，乡村旅游仍然存在供需错位、产业链条短、效益不高、粗放发展等问题，难以满足当下高质量发展的要求。[①] 在我国推进乡村全面振兴的新阶段，促进产业发展是重中之重，乡村旅游业高质量发展是必然要求；除此之外，旅游业可以借助其拉动效应促进其他产业发展，对加强乡村基础设施建设及乡村治理发挥带动作用，还有利于农民增产增收，繁荣乡村文化。

山东省烟台市作为中国农业比较发达的地区，借助山地丘陵地形地貌和沿海的优势，依托乡村的自然和文化资源，较早进行了乡村旅游开发。目前，当地的乡村旅游发展已具有一定的规模，绿色、创新发展理念逐渐深入人心，产品开始多元化，社区参与积极性也比较高，产业链在逐步形成，体制机制不断完善。烟台市乡村旅游业开始走向高质量发展阶段，但在发展中还存在一些不足之处，需要结合当下的经济社会发展形势，立足当地实际，设计高质量发展路径，实施有针对性的策略。

一 烟台市乡村旅游高质量发展现状

（一）烟台市乡村旅游品牌创建工作不断推进

烟台市以品牌创建为抓手，以项目建设为驱动，坚持"一镇一色、一

[①] 于法稳、黄鑫、岳会：《乡村旅游高质量发展：内涵特征、关键问题及对策建议》，《中国农村经济》2020 年第 8 期。

村一品"原则，部门协同、市县联动、科学布局、集中投入，积极培育打造各级各类乡村旅游示范品牌，构建起包括乡村度假、采摘、文化体验等多项内容的休闲体验平台，引领乡村旅游全域升级。截至2023年，全市已打造55个景区化村庄、7个乡村旅游重点村、3个精品文旅名镇、2个旅游民宿集聚区、3家旅游民宿集聚区培育单位，形成了集聚效应和品牌优势。福山区通过引入途远乡村振兴服务运营模式，依托当地"大樱桃"特色产业，以乡村景观资源为基础，深度挖掘福山区"中国书法之乡""鲁菜之乡"等特色资源，通过对车家村13套破损院落房屋进行重建与改造，引入低碳环保的装配式建筑，打造途远"悦樱乡居"项目。莱州市发挥"鲜美田园环线风景路"的优势，打造东莱文化名山旅游区项目，依托云峰山、大基山、寒同山和中华月季园，完善基础设施，计划建设大基山圣水祠、野生动物园、东莱古商街、温泉酒店、民俗酒店等设施，推动乡村旅游提质升级。龙口市拉动格润富德农牧科技股份有限公司、中国华电集团有限公司、中国铁建股份有限公司等企业以投融资、土地承包流转等多种形式参与乡村旅游开发建设，黄山馆镇田园综合体、七甲镇农光旅一体化、塌陷区综合治理及人居环境提升项目等顺利推进，实现了企业效益与社会效益"双提升"。招远市大户陈家扩展南海林苑游乐项目，挖掘传统文化，精心打造了徐家汇美食城、民宿街和姚家湾民俗文化区等新项目，持续推进文旅融合，丰富景区业态，创新消费场景。开展非遗进景区、进高校、进社区、进广场等300余场非遗传习活动，建成山东手造烟台综合展示中心。2023年全市共开展线上线下培训2.8万人次，带动固定就业7500余人，实现人均年收入4万元左右。

（二）烟台市和美乡村建设为乡村旅游业发展提供了有力支撑

和美乡村是我国乡村旅游高质量发展的关键锚点，为乡村旅游发展提供了目标导向和空间支撑，同时乡村旅游高质量发展为和美乡村建设贡献力量和提供产业支撑，两者相辅相成、相互助力、协同共生。

烟台市以"全力打造美丽乡村烟台样板"为目标，全力打造富有烟台特色的宜居宜业和美乡村，为促进烟台市乡村旅游高质量发展做出了积极贡献。坚持"集中用力、高标准推进、鼓励多方投入"的思路，2017～2023年，烟台市制定了《烟台市开展美丽乡村样板示范项目建设实施意见》等一系列政策文件，构建起省级和美乡村政策保障的"四梁八柱"。为确保创建成效，烟台市坚持"一线工作法"，以实施项目为抓手，每年深入创建村庄，对照 69 项指标开展多轮次调研督导与实地评估，将结果予以通报，责成有关县（市、区）高标准抓好整改落实工作。每年定期召开全市省级美丽乡村示范村工作推进会，通报创建情况，相互交流创建经验。截至 2023 年，烟台市争创省级美丽乡村示范村 290 个、自创省级和美乡村 120 个，数量居全省前列。

在此基础上，自 2020 年开始，烟台市开展了美丽乡村示范片区、样板村创建工作，坚持"集中连线、成方连片，突出特色、示范引领"的思路，在全市分两个批次打造了 27 个美丽乡村示范片区、208 个样板村，建设项目达 1243 个（见表 1）。

表 1　烟台市美丽乡村示范片区建设项目基本情况

单位：个，%

项目分类	数量	占比
基础设施类	526	42.32
产业发展类	112	9.01
公共服务类	235	18.91
环境整治类	145	11.67
其他类	225	18.10
合计	1243	100.00

资料来源：烟台市农业农村局。

目前，烟台市已建成美丽乡村示范片区。龙口市诸由观镇"果香古韵·乐居乡村"美丽乡村示范片区以"五大振兴"为引领，突出"党建统领、集零为整、为民而融、联动发展"的建设理念，将 8 个村庄"串点成线、握指成拳、连片联治"，全力打造党建引领、全面推进乡村振兴"区域发展综合体"。莱山区解甲庄街道"尚书古韵、解甲新颜"美丽乡村示范片区以"尚书府"文化资源与清泉养老中心为核心，依托绿水青山和近郊地理优势，在东解花鸟市场、清泉康养基地、合享智谷等项目的带动下，重新修缮"西解尚书府"，与"乡约解甲庄，山水桃花源"美丽乡村示范片区结合打造一条文化研学路线，构建"居家为基础、社区为依托、机构为补充、医养相结合"的现代养老服务体系。蓬莱区刘家沟镇"东方海岸果谷"美丽乡村示范片区规划打造高新技术孵化、生态农业体验、乡村休闲度假、现代农业示范四大功能区。通过实施乌沟河综合治理项目，打造农业高新技术孵化区，在中粮葡萄基地建设品酒休闲体验区，建设乌沟聂家村精品民宿，发展集企业和产品展示、品牌推广、参观消费于一体的农产品深加工展销中心等项目，丰富片区文化旅游元素，延伸三产融合发展链条，推动一、二、三产业融合发展，全力打造产业特色鲜明、示范带动有力、经营效益显著的现代特色农业示范区和美丽乡村样板示范片区。海阳市郭城镇"红色原生态山水田园"美丽乡村示范片区通过完善乡村旅游基础设施，丰富旅游业态，串点成线、连线成面，集党性教育、红色研学、户外拓展、乡村民宿、生态观光、民俗体验等功能于一体，推动"绿水青山"转变为"金山银山"，实现生态效益与经济效益的统一。牟平区"浩岭湖红色文化"美丽乡村示范片区依托林海崮峡国家级田园综合体项目，以红色文化为主题，以浩岭湖、风云林园、金龙水库观光休闲旅游带为中心，在提升示范片区内基础设施和配套设施的基础上，充分利用示范片区资源，重点沿红色文化观光带，打造高端康养区、特色农业区、休闲文旅区、节庆采摘区、山岳观光区等，高标准建设全省一流的乡村振兴示范引领片区。

（三）烟台市乡村旅游高质量发展的政策措施不断完善

近年来，烟台市围绕党中央、国务院重大决策部署，围绕省委部署要求和省政府重点工作，坚持"生态优先、文化为魂、以农为本、融合发展"的原则，全面提升乡村旅游质量和服务水平，推动乡村旅游集聚化、精致化、特色化、时尚化发展。2018 年烟台市在《全域旅游发展总体规划

（2018—2025）》中提出实施乡村旅游提升工程，统筹开发乡村生态、乡村文化和现代农业旅游资源。2023 年，烟台市出台《烟台市"鲜美田园"乡村旅游带规划》《关于推进乡村旅游高质量发展的实施方案（2023—2025年）》，进一步细化乡村旅游工作任务，构建"鲜美田园"休闲廊道服务体系，培育乡村旅游新空间、新场景，加快建设"鲜美田园"旅游带，持续促进文旅赋能乡村振兴。

二　乡村旅游高质量发展的特征与内在要求

（一）乡村旅游高质量发展需要贯彻新发展理念

"创新、协调、绿色、开放、共享"的新发展理念已成为中国发展的指导思想，目前在经济社会多个领域受到重视，对乡村旅游高质量发展也具有较强的指导意义。创新发展是产业发展的根本，在乡村旅游发展过程中，产品开发、服务提供、体制机制设计以及运营管理等多个方面都需要创新，并且只有将创新作为发展的第一驱动力，才能确保产业健康发展。对于微观的个体和企业而言，创新也是保持竞争力的必要条件。从宏观环境来看，只有创新才能满足游客需要，不断创造价值。乡村旅游也需要借助创新不断适应环境变化，不断优化内部结构，保持产业发展的活力。绿色、可持续是乡村旅游的特色，也是吸引游客的魅力所在。绿色发展不仅要求乡村旅游提供绿色产品，还要求整个生产过程遵循绿色生产原则，进行资源保护性开发，平衡生态与经济发展的关系。绿色发展是乡村旅游高质量发展的客观要求，在乡村旅游发展过程中需要保持绿水青山，并借助旅游发展将生态效益转化为经济效益。乡村旅游发展需要各方主体积极参与，共享发展成果，只有这样才能调动更多利益主体的积极性。乡村旅游涉及政府、企业、游客与社区居民等主体，共享经济为其高质量发展助力，因此在乡村旅游高质量发展的过程中要将共享理念作为基本的行动原则。开放发展是产业注入新鲜血液的必由之路，在乡村旅游发展的过程中，需要积极与外部交流，学习先进经验，积极吸纳外部力量进入乡村，只有这样才能不断提升发展质量。协调理念用于乡村旅游发展，不仅可以改善以往"飞地化"发展的模式，与当地经济、社会、环境发展相协调，还可以节约开发成本、提升经济与社会效益；而且，城乡协调发展一直是社会经济发展追求的重要目标，通过发展乡村旅游可以更好地改善乡村基础设施和公共服务，促进城乡均衡发展，也有利于城乡要素流动。因此，发展乡村旅游要将协调理念放在重要位置，让乡村旅游成为乡村发展的"助推剂"。

（二）乡村旅游高质量发展需要供需动态平衡

高质量发展需要从供给侧改革与需求侧改革同时入手，使供需匹配。目前，人们对乡村旅游的需求逐渐升级，已有的产品已经不能满足游客的需要，高质量发展必须从根本上解决这个问题。需要从供给侧发力，全方位集聚发展要素，围绕产业链提升乡村旅游供给品质。乡村旅游供给层面包括目的地吸引物、接待设施、基础设施以及相应的服务，目前普遍存在质量低下和供给不足的问题，背后原因是要素不足，必须集聚相应的人力、物力和资金，并提升服务和监管水平，加大投入并提升要素产出效率，只有这样才能有效解决供给问题。在其中，吸引物供给结构性调整非常必要，原有的观光、休闲业态已不能满足年轻一代的需求，应重点开发趣味性、参与性比较强的产品，以满足他们探险、猎奇的需求；针对中老年人的产品也要升级，尤其是开发度假产品和养老产品；结合人们生产、生活需要不断拓展乡村旅游的边界和功能，需要围绕新需求开发新业态。需求监测不仅为供给侧改革提供依据，还可以进行有针对性的宣传和营销，增强人们的消费意愿。消费需求的变化需要及时反映到供给侧，还要以供给侧为主线创造新需求，在整个高质量发展过程中形成动态平衡，最终实现高水平的供给和高品质的消费。

（三）乡村旅游高质量发展需要产业深度融合

旅游业对其他产业有很强的带动作用，自身发展也根植于这些产业，因此旅游业高质量发展需要与其他产业深度融合,利用其他产业提供的资源进行产品开发,同时提高其他产业的效益。在乡村旅游高质量发展的过程中,首先需要与乡村文化产业以及农业进行深度融合,在文化方面,乡村遗留的古村落、器物、艺术品、饮食、住宿等有形文化资源以及活动、仪式、工艺等无形的文化资源均对游客有较强的吸引力,可以基于这些资源开发富有乡村特色的旅游产品与高水平的服务,共同吸引中高端游客,这在法国等发达国家和中国长三角地区已经得到验证。[①] 农业与旅游具有天然的融合优势,游憩功能是农业具有的多种功能之一,特色的农业景观本身就可以满足游客观光、休闲的需求,农产品采摘具有较强的参与性,而且动物喂养、捕获具有趣味性,农旅融合还可以带动特色农产品销售。除了第一产业之外,农产品加工业、工艺品加工、乡村电商等产业也可以开发为研学、参观、体验等旅游活动。根据当地的产业特色,采取"旅游+"或者"+旅游"的方式,促进产业深度融合,因地制宜开发多样化的产品,提升乡村旅游的吸引力。

(四)乡村旅游高质量发展应以新质生产力驱动

高质量发展需要新质生产力作为重要的驱动力,在全产业链上应用新技术、广泛的生产资料以及训练有素的劳动力,只有这样才能保证产品和服务的质量。在乡村旅游发展的环境中,上述这些方面都比较欠缺,因此必须从源头提升各类生产要素并对其进行合理组合。首先,要提升生产资料的可得性,这些生产资料包括国有资产、集体资产以及个人资产,如自然保护地、乡村集体土地以及个人的宅基地等。应该放松管制要求,使这些生产资料能够投入旅游业。其次,要采取激励措施。人力资源也是影响乡村旅游高质量发展的重要因素,虽然乡村有大量劳动力,但是这些劳动力普遍受教育水平普遍偏低,缺乏发展旅游业的技能,难以满足旅游经营和游客接待的需求,

---

① François Bel et al., "Domestic Demand for Tourism in Rural Areas: Insights from Summer Stays in Three French Regions," *Tourism Management* 2 (2015);昌杰、卢松:《黄山市民宿时空演化与影响因素研究》,《旅游科学》2022 年第 3 期。

因此需要提升这部分劳动力的技能，充分挖掘他们的特长和潜力，并进行教育和培训，使之转化为现实的生产力。除此之外，还要积极引进外部人才，与当地居民共同发展旅游业，并在其中起到良好的带动作用。目前，信息技术在乡村旅游方面的应用水平仍较低，查询、宣传、预订等功能应用不够，需要在游前、游中、游后全面应用信息技术，提升全产业链的数字化水平，借此提升经营管理能力以及确保供需双方的及时沟通。一些先进的旅游装备也应该引入乡村旅游中，结合具体场景开发各类体验项目。要素的结合也是新质生产力发展的重中之重，在乡村旅游高质量发展过程中需要实现劳动力、生产工具和生产资料的匹配，争取促进全要素生产率的提升，并使其发挥更大的作用。

（五）乡村旅游高质量发展应与乡村振兴协同

在世界范围内，乡村旅游是推动乡村发展的一个重要工具，在提升非农收入、扶贫、改善乡村基础设施和环境方面发挥巨大作用，还可以促进乡村多个方面的振兴。目前，山东省多地的乡村旅游与乡村振兴还没有实现很好的耦合协调[1]，因此高质量发展也需要逐步解决这个问题。乡村旅游高质量发展应与乡村振兴的多个目标协同，二者都需要乡村生态环境的改善、劳动力素质的提升、乡村文化的繁荣、乡村治理能力的提高以及乡村产业的高质量发展。因此，乡村旅游高质量发展应该将这些目标纳入自身发展的目标体系，并且在此基础上提升旅游业自身的发展水平。因此，在符合旅游开发条件的地区，可以借鉴欧洲"一体化乡村旅游"的模式，整合乡村内外部资源，共同促进乡村旅游发展。[2] 在中国的现实条件下，乡村全面振兴的推动应与乡村旅游高质量发展进行统一规划，在具体任务层面要考虑两者的协同作用，将乡村旅游全面嵌入当地社区发展中，充分利用乡村全面振兴带来的

---

[1] 杜岩、李世泰、杨洋：《山东省乡村旅游高质量发展与乡村振兴耦合协调发展研究》，《湖南师范大学自然科学学报》2022年第3期。

[2] Mary Cawley, Desmond Gillmor, "Integrated Rural Tourism: Concepts and Practice," *Annals of Tourism Research* 2 (2008).

机遇，采用低成本和高效益的发展模式提升发展质量。还可以结合当地乡村发展需求，推动乡村各个层面的进步，为旅游发展营造良好的环境，使乡村整体发展与旅游发展深度协同。①

（六）乡村旅游高质量发展应追求综合效益提升

乡村旅游业高质量发展可以带来可观的经济效益、生态效益和社会效益，提质增效是高质量发展的根本追求。借助乡村旅游的发展保护和修复乡村生态，大幅提升乡村整体的水环境、空气质量、生态系统功能、保持水土和生物多样性；整治人居环境，尤其是建立相对完善的垃圾处理设施，对村庄进行美化绿化，改善乡村风貌；促进农业绿色转型，减少农药化肥等的使用，开展农业废弃资源的综合化利用，提升绿色有机产品的产出比例。通过乡村旅游的发展，充分利用乡村闲置资源，使之转化为资产，为乡村集体经济和企业带来可观的经济效益；积极动员社区居民参与旅游业，获得工资性收入、村集体股份红利和经营性收入，提升非农收入水平。在社会效益方面，积极推进乡村文明建设，提升乡村治理水平，促进城市与乡村间的交流，为城乡一体化贡献力量。在发展过程中，经济效益、社会效益和生态效益相辅相成，不能因为经济效益忽视生态效益和社会效益，应注意各种效益之间的协调，追求长远利益和综合效益。

三　烟台市乡村旅游高质量发展的路径

（一）持续创新乡村旅游产品和服务

1. 丰富乡村旅游吸引物

目前，烟台市的乡村旅游产品和服务远远不能满足消费者的实际需要，在

---

① 吴茂英等：《共同富裕目标下乡村旅游地经营性治理的理论内涵与研究框架》，《旅游学刊》2024 年第 3 期。

乡村旅游吸引物上尤其突出。虽然近年来烟台市开发了一些新的旅游项目，也有一些旅游新业态涌现，但相比旅游发达地区，仍存在品类较少、数量有限的突出问题，而且这些旅游产品以静态为主，更新较慢，各项活动也处于偏少的状态，场景化不足。旅游吸引物是开展乡村旅游的首要条件，与市场需求、旅游资源关系密切，因此，可以从这两个角度入手解决旅游吸引物匮乏的问题。以烟台市居民为主，以威海市、青岛市为主要客源市场，并以北京、天津、河北、江苏和河南周边省份为辅助市场，进行旅游吸引物的开发和设计；利用多种渠道充分调查旅游需求，尤其是对国内外新兴的旅游项目以及新业态的需求；并且结合其他时尚行业的发展趋势，把握旅游需求的发展态势，从消费者的动机出发，挖掘潜在需求，进行产品设计；对旅游市场进行细分，结合不同年龄的需求进行产品设计，尤其需要注意青少年市场和银发市场。烟台市作为中国农业比较发达的地区，农、林、牧、渔业齐全，农村以山地、丘陵地貌为主，具有悠久的历史和深厚的文化底蕴，具备很好的开发乡村旅游的条件。在此基础上，烟台市进行乡村旅游资源的梳理和普查，充分挖掘农业农村多种功能，结合旅游需求进行产品设计。首先，对传统项目进行升级，例如，目前长岛的休闲渔业已具备品牌优势，但是产品设计仍以"渔家乐"为主，需要在此基础上设计更多体验性产品，以发展海岛养生度假项目。其次，加快农文旅融合步伐，利用烟台市果蔬、水产资源，与传统胶东文化资源，结合乡村自然资源，设计一批新的旅游项目，主要布局在乡村旅游片区、国家级省级重点旅游村以及山东省景区化村庄，形成一定规模，打造全龄型旅游目的地。再次，将城市的一些消费品类移植到乡村场景，如会议、商业活动、体育运动、娱乐项目以及特色餐饮等，结合乡村特色和可以提供的资源，为消费者打造全新的体验。最后，个性化的消费成为流行趋势，可以充分利用互联网技术打造价值共创体系，与消费者一起共创产品；对各类小众市场予以关注，为这些市场开发产品，充分重视小众市场叠加形成的长尾市场。

2.完善乡村旅游设施与服务

乡村旅游高质量发展需要相应的配套设施和服务，而这些一直是乡村旅游的短板，因此需要尽快完善乡村旅游公共服务体系，在此基础上进行升级，与旅游吸引物结合形成高质量的旅游供给。根据烟台市的实际情况，针对发展旅游业的乡村，配备相应的旅游设施和服务。首先，需要完善交通设施，虽然乡村旅游以自驾游为主，但对外地游客以及不便自驾的本地市民，便捷的公共交通是发展乡村旅游的基础。可以根据需要，规划定制化、临时性的交通线路，或者对目前的乡村公共交通设施进行优化，利用共享单车等方式与乡村公共交通接驳，方便游客进入旅游目的地。其次，乡村旅游目的地内部的设施和服务也比较差，急需完善导引设施和服务，需要在乡村旅游目的地内部设置多种形式的指示牌，完善导览设施和解说设施；在一些乡村旅游目的地，环卫设施和厕所仍然达不到乡村景区化的要求，可以结合乡村人居环境建设情况进行补充和改造。在完善乡村数字基础设施的基础上，推进电子商务营业点进入乡村，方便游客使用；为游客提供医疗、救援等服务；因地制宜灵活设置游客服务中心，为游客提供便捷的咨询、信息、投诉、短暂休息等服务；公共部门应联合商家提供各类便民、惠民服务。

3.提升乡村旅游全程体验

乡村旅游产品是一个整体，游客的满意度受到全程体验的影响，除旅游吸引物、设施和服务外，需要对整个过程进行梳理和设计，使体验的各环节衔接流畅。在旅游前期，需要注重信息服务的提供，降低游客信息搜集的成本。烟台市相关部门应集中收集乡村旅游的动态信息，将其整合到相关信息平台，并在游客比较集中的区域进行宣传，对游客给予指导和帮助。为游客提供更加合理的线路方案，并借助游客论坛收集和传播信息，帮助游客合理安排游程，避免时间安排不合理以及遭遇过度拥挤等问题。在旅游活动结束后，可以利用信息技术鼓励游客反馈游览体验或向其提供后续帮助，与游客建立联系，进行客户管理。

（二）精心打造乡村旅游产业链与集聚区

1.完善乡村旅游产业链

高质量的供给需要相对稳定的乡村旅游产业链，目前烟台市乡村旅游产业链存在链条较短、关联较小以及波动较大的问题，稳定性较差，需要借助产业链改革提升产品和服务的供给水平。^① 根据烟台市的情况，从最基本的吃、住、行、游、购、娱入手，在每一个乡村旅游目的地围绕核心产品和服务建立产业链，尤其是特色餐饮产业链，需要从源头控制质量，保障供给能力；其他要素也需要从源头梳理，找出缺失的环节以及低质量的供给环节，进行强链和补链；与三大产业融合，在丰富旅游吸引物的同时建立产业链。另外，鼓励产业链上相对重要的成员承担"链主"的职责。加强对产业链的支持和监督，帮助企业解决经营中的问题，保证供给质量。

2. 打造乡村旅游集聚区

2014年中央一号文件提出建立乡村旅游集聚区，烟台市也已经出台相应的方案支持乡村旅游廊道和集聚区建设，目前所选的廊道和集聚区与烟台市资源丰富地区重合度较高。乡村旅游廊道和集聚区建设不仅要进一步丰富旅游吸引物，还要注意差异化，每个廊道和集聚区尽量形成一两个甚至更多的旗舰景点。另外，要注意乡村旅游廊道和集聚区的布局，高效利用土地资源，基于当地资源设计具有特色的旅游项目。目前，这些廊道和集聚区周边都有高等级的旅游景区，需要充分利用这些景区的引流作用，在乡村旅游目的地与这些景区之间建立通道，方便游客流动。此外，促进利益主体加快行动，形成政府主导、企业联动、社区参与的合作机制。促使乡村旅游廊道和集聚区初具规模，具备旅游接待条件，逐渐形成品牌。

（三）加快促进乡村旅游绿色化与数字化转型

1. 促进乡村旅游绿色转型

烟台市乡村旅游绿色转型具备良好的条件，一方面生态农业发展规模较大，另一方面烟台市已入选碳达峰试点城市，有助于进一步规范产业发展。目前，烟台市绿色低碳高质量发展在技术、政策方面获得一定的支

---

① 李琪：《供给侧改革视域下乡村旅游的发展路径探究》，《农业经济》2019年第2期。

持。乡村旅游绿色转型需要遵循"3R"原则，在旅游资源开发和日常经营过程中尽量减少对资源的消耗。例如，采用清洁能源，与其他产业以及乡村建设协同利用公共设施，节约土地资源，减少消耗品投入，避免食物浪费等；还要注意整个过程中的资源回收与再利用，引导经营者和游客进行垃圾分类以及回收物资再利用；注重循环理念，将旅游经营产出的废弃物再次投入生产，如对厨余垃圾进行堆肥处理，并推进种养循环。总之，绿色发展要结合整个产业链进行设计，加强产业链之间的联系，推进产业整体转型。

2.促进数字技术在乡村旅游业的应用

目前，烟台市在发展乡村旅游的过程中还需要加强数字技术应用。借助数字乡村建设的契机，加强乡村基础设施建设，实现公共区域信号全覆盖，并在游客集中的区域安装免费上网设施，在数字乡村管理与服务体系中嵌入乡村旅游模块。信息搜索服务是烟台市乡村旅游的短板，需要尽快利用各种数字技术完善信息搜索平台，鼓励乡村旅游目的地以及企业开设抖音、小红书等账号，提供宣传和预订服务。充分利用元宇宙、虚拟现实等技术为乡村旅游带来更多产品，加强消费场景建设，为游客提供更好的旅游体验。在游览过程中加强智慧旅游建设，利用数字技术为游客提供更加便捷的服务，而且要加强智慧化管理，及时收集游客反馈信息以及游客消费数据，以此为依据改进产品和服务。注重游客的评价和反馈，鼓励景区利用社交媒体进行宣传。利用数字技术加强游客与经营者之间的沟通，并且要加强经营者之间的协作，使信息流动更加顺畅、服务手段更加多元。

（四）不断提升乡村旅游经营管理水平

1.创新乡村旅游经营主体合作模式

加快经营主体培育是提升乡村旅游经营管理水平的关键，目前烟台市已出台方案培育个体经营主体并鼓励联合经营。可以根据资产结构、融资条件以及经营主体意愿，进一步创新经营主体的合作模式，如联合经营、相互参股及合作开发项目等，还可以鼓励政府和社会资本合作（PPP）、特许经营

（BOT）等多样化的经营模式。经营模式的创新为产品和服务的提升创造良好条件，尤其是一些投资较大的项目或者涉及专属资产的项目，需要灵活设计经营模式，保证及时面向市场提供高质量产品和服务。此外，吸引更多的自然人和法人以咨询指导、技术入股、直接投资、宣传分销等多种方式参与乡村旅游经营管理，拓宽融资渠道，提升经营管理水平。

2.提升乡村旅游经营管理水平

烟台市乡村旅游企业以中小企业为主，外地的企业较少，这些企业的经营管理水平有待进一步提升。一方面，在尊重当地社区居民的情况下，引入经营管理水平比较高的托管公司，或者组建村级股份公司；另一方面，不断提升中小企业的经营管理水平。目前，存在的主要问题集中在宣传和营销两个方面，由于经营主体能力有限，宣传与营销策划处于较差水平，很难吸引游客。可以联合相应的机构和学校进行精准帮扶，政府也可以加强推介，还要对相关的工作人员进行培训，增强企业发展内生动力。另外，在产品和服务设计方面也存在很大的短板，需要引入专业人才，不断提升产品和服务水平。在内部管理方面，鼓励小企业进行联合经营，较大规模的企业处理好内部的组织工作，借助外部监管力量强化企业的质量管理，保证消费体验与消费过程的安全。提升经营管理水平可以与数字化转型相结合，促进企业利用数字技术辅助经营管理。

（五）全面增强乡村旅游整体带动能力

1.改善乡村风貌

传统乡村风貌是重要的旅游吸引要素，现代化的乡村也独具魅力，打造现代与传统交融的乡村风貌可以提升游客的体验。烟台市仍有为数不多的古村落，目前多数已经进行乡村旅游开发。这些村庄面对的首要问题是进行传统风貌的保护，并且要对一些古建筑进行修缮，在核心区域打造独具特色的胶东文化旅游区，植入非遗等文化要素进行活化。在这些古村落的外围或周边乡村，通过发展现代农业和旅游业丰富旅游产品和服务，形成传统与现代交融的乡村旅游村落或集聚片区。传统乡村文化内涵丰富，胶东文化除了具有地方特色之外，还与中华民族主流文化一脉相承，在乡村旅游开发中要注意挖掘和传承这些文化；烟台市还受到外来文化的影响，并且在现代化进程中形成了独特的文化，这些文化都可以用于发展乡村旅游，可以以戏剧、音乐、绘画等多种形式进行产品开发，在提升游客体验的同时传播当地独特的文化。

2. 增强乡村发展内生动力

乡村旅游对乡村发展具有较强的带动作用，加强旅游业与其他产业的融合，引入外来资本、人力资源等要素，增强乡村自身发展的能力和动力。烟台市乡村旅游整体规模较小、发展水平较低，对当地产业发展的带动作用有限，需要尽快整合内外部资源，在发展条件比较好的村落和片区扩大规模、提升质量，深度挖掘当地资源，引入资本，面向市场，在距离城市较近的郊区和景区周边建成一批旅游重点村，集合多种业态，打造度假休闲重要目的地。在这个过程中，积极动员社区居民，采用多种方式引入外部力量，形成发展的合力，突出乡村在土地资源以及自然风光等方面的优势，加强项目的筛选和论证，为乡村各产业的发展注入新的动力，与乡村人居环境建设以及乡村治理协同，带动乡村整体发展。

3. 增进城乡居民福祉

乡村旅游可以促进城乡人口流动，增进城乡居民福祉。烟台市许多村庄在人居环境方面仍存在短板，应借助乡村旅游发展的契机改善人居环境，尤其是要改善村庄道路、环境卫生以及配套的停车场、医院、厕所等设施。在设计接待设施的同时考虑群众的实际需要，改善乡村整体的商业环境，提供必要的公共文化服务。乡村也应该为烟台及周边城市居民提供更加良好的游憩环境与亲近自然的机会；利用烟台市独特的气候优势，提供养生、养老服务；在节假日开展丰富多样的活动，提供购买绿色农产品的渠道。通过发展乡村旅游，为城乡居民提供工作和创业机会，促进城乡间要素流动，从多个方面入手改善居民生产、生活环境，使乡村成为城乡居民的共同家园。

四 促进烟台市乡村旅游高质量发展的对策建议

（一）强化顶层设计

高质量发展要求贯彻新发展理念，这些理念首先应该体现在顶层设计中。烟台市已经有乡村旅游总体规划以及部分实施方案，但是顶层设计仍然存在不足之处。一方面，对新发展理念的贯彻不够，特别是绿色发展理念以及创新发展理念不足将影响发展质量，需要结合烟台市现阶段的发展形势全面贯彻新发展理念。另一方面，应尽快制定乡村旅游廊道及集聚区规划，做好相关的论证工作。在一些重点村落以及发展条件较好的启动区，采用"多规合一"的形式进行乡村规划，尤其是产业规划以及空间布局，充分考虑与旅游产业融合发展的需要。进一步补充乡村旅游发展计划以及各种方案，完善各种政策，强化对实践的指导。

（二）完善体制机制

在烟台市乡村旅游高质量发展过程中，一些问题的解决需要体制机制的创新。由于乡村旅游业不仅涉及农业农村局与文化和旅游局，还涉及多个部门，因此各部门的协调存在一定困难。烟台市首先应该整合这些部门涉及乡村旅游的工作，形成工作体系，由乡村振兴委员会负责协调，便于各部门协同工作。进一步完善各经营主体的协作机制，尤其是要建立乡村旅游协会。进一步完善激励机制，激发各类主体投身乡村旅游的积极性。

（三）增加要素投入

烟台市乡村旅游高质量发展需要更多高质量的要素投入，并且在数量上也要予以保证。在土地要素投入上，应充分协调生态红线、农业用地和旅游用地间的关系，在允许的范围内保证土地供应。对集体所有的财产，可以采用集体成员股份的方式投入乡村旅游业。人才的引进和培养也是当下需要解决的问题，可以采用线上、线下相结合的方式对参与乡村旅游的人员进行常规培训，鼓励退休的城市居民和大学生返乡从事乡村旅游业。加大对乡村旅游的资金投入力度，撬动各领域的发展资金用于完善乡村旅游基础设施，为乡村旅游业的发展创造更好的条件；鼓励各类资本、金融机构进入乡村旅游领域，创新投融资方式。重视数据要素等新型要素的投入，为乡村旅游发展提供决策支持。

（四）强化发展保障

在烟台市"两区一村"（齐鲁样板示范区、衔接乡村振兴集中推进区、宜居宜业和美乡村）建设推进的同时，考虑乡村旅游业发展的需要，使乡村建设与旅游业发展进一步融合。抓住促进文旅消费的契机，将乡村旅游板块纳入整体文旅消费促进计划，在对外宣传和推荐以及打造亮点等方面考虑乡村旅游发展的需要，借鉴目前乡村旅游新产品开发模式，不断提升服务质量。对乡村旅游发展环境进行整体提升和改造，建立健全监管机制，完善相应的政策法规，打造良好的市场环境以及有序的竞争环境。加强指导，积极打造标杆和示范区；除此之外，还要借鉴其他省市的经验，不断创新，探索适合烟台市发展的路径。在乡村旅游可持续发展的问题上，自然资源和文化遗产的保护都需要政府的参与，而且还要抓住烟台市低碳城市建设的契机促进全产业链节能降耗，推动乡村旅游向绿色低碳方向转型。

参考文献

昌杰、卢松：《黄山市民宿时空演化与影响因素研究》，《旅游科学》2022年第3期。

杜岩、李世泰、杨洋：《山东省乡村旅游高质量发展与乡村振兴耦合协调发展研究》，《湖南师范大学自然科学学报》2022年第3期。

李琪：《供给侧改革视域下乡村旅游的发展路径探究》，《农业经济》2019年第2期。

吴茂英等:《共同富裕目标下乡村旅游地经营性治理的理论内涵与研究框架》,《旅游学刊》2024年第3期。

于法稳、黄鑫、岳会:《乡村旅游高质量发展:内涵特征、关键问题及对策建议》,《中国农村经济》2020年第8期。

François Bel et al.，"Domestic Demand for Tourism in Rural Areas：Insights from Summer Stays in Three French Regions,"*Tourism Management* 2（2015）.

Mary Cawley，Desmond Gillmor，"Integrated Rural Tourism：Concepts and Practice,"*Annals of Tourism Research* 2（2008）.

乡村建设篇

B.7
烟台市统筹县域城镇化与乡村
全面振兴的机制及对策

杨文娟 *

摘　要： 县域是推进新型城镇化的重要抓手，也是连接城乡的关键节点。扎实稳妥推进县域城镇化对乡村发展能起到较强的辐射带动作用。烟台市在优化县域城镇化发展格局、促进农业转移人口有序有效融入城市、统筹城乡融合发展方面富有成效。本报告分析了烟台市统筹县域城镇化与乡村全面振兴的机制构建，主要有政策引导机制、产业协同机制、基础设施互联互通机制、人才流动机制、生态环境保护机制、组织保障机制。同时，提出烟台市统筹县域城镇化与乡村全面振兴的实施对策：坚持共享理念，突出农民主体地位；坚持融合理念，促进三产深度融合发展；坚持均等理念，均衡配置城乡公共资源；坚持稳慎理念，稳步推进县域宅基地改革。

---

* 杨文娟，烟台市·中国社会科学院农村发展研究中心农艺师、经济师，主要研究方向为高素质农民培育、农业农村调研。

关键词： 县域城镇化　乡村全面振兴　产业融合

2023 年中央经济工作会议指出，"要把推进新型城镇化和乡村全面振兴有机结合起来，促进各类要素双向流动"，并强调"推动以县城为重要载体的新型城镇化建设"。县域，是以县城为中心、乡村为腹地的地域空间。城镇化是指农村人口转化为城镇人口的过程。实施乡村振兴战略，是党的十九大做出的重大决策部署，坚持农业农村优先发展，目标是产业兴旺、生态宜居、乡风文明、治理有效、生活富裕。乡村振兴的主体是乡村，却不能局限于乡村。2024 年中央一号文件强调"推进中国式现代化，必须坚持不懈夯实农业基础，推进乡村全面振兴"。烟台市要实现乡村全面振兴，就要推动县域城镇化与乡村全面振兴的有机结合，建立可持续的工农城乡关系。

一　烟台市统筹县域城镇化与乡村全面振兴的主要做法

县域是推进新型城镇化的重要抓手，也是连接城乡的关键节点。扎实稳妥推进县域城镇化对乡村发展能起到较强的辐射带动作用。近年来，烟台市将统筹县域城镇化与乡村全面振兴放在重要位置，高标准制定新型城镇化规划，构建健康的工农城乡关系。

（一）优化县域城镇化发展格局

繁荣发展县域经济，龙口、招远、莱州成功上榜 2023 中国县域经济百强县。构建特色小镇，美航健康特色小镇、龙泉养生特色小镇、金岭粉丝特色小镇、牟平区大窑绿色健康特色小镇等被纳入山东省特色小镇清单。

发布《烟台市新型城镇化规划（2021—2035 年）》。尊重城镇化与乡村融合发展规律，落实国家、省新型城镇化战略部署，聚焦构建"1+233"工作体系和"12335"大城区建设格局，以人的城镇化为核心，以深化新旧动能转换、实现绿色低碳高质量发展为主线，以智慧化、绿色化、均衡化、双向化为方向，努力走出一条具有烟台特色的新型城镇化和城乡融合发展道路，为打造山东发展重要增长极、建设更具竞争力的新时代现代化国际滨海城市提供战略支撑。统筹考虑本市实际，提出构建"一核引领、三带贯通、六圈聚力、多点支撑"的城镇空间格局。

优化县域城镇化发展格局。落实"12335"大城区建设格局，推动烟台新型城镇化与国家发展战略、区域协调发展战略相结合，不断提升中心城市建设能级，繁荣发展县域经济，推动以县城为重要载体的新型城镇化建设，打造一批特色小镇，构建功能完善、分工协作、疏密有致的城镇化发展格局。

（二）促进农业转移人口有序有效融入城市

深化户籍制度改革，加快推进农业转移人口落户城市。开展就业创业培训活动，提供税收、资金等方面的支持，多渠道促进农民工就业创业。维护农民在农村的权利。

促进农业转移人口全面融入城市。持续深化户籍制度改革和落实新型居住证制度，加快农业转移人口落户城市，推动城镇基本公共服务全覆盖，营造包容的社会环境。

凡在城镇具有居住、就业情形之一的，均可自主选择落户城镇，全面取消就业年限、社保年限等条件限制，畅通农业转移人口及新生代农民工人口落户城镇渠道，着力解决长期在当地居住、就业的普通劳动者落户问题。

畅通入乡返乡落户渠道。拥有农村宅基地使用权或农村房屋所有权等基本生活基础的人员回原籍经常居住的，本人及其配偶、子女、父母可将户口迁回原籍。农村籍高校毕业生根据本人意愿，毕业时可将户口迁回原籍地或就业地，农村籍退役军人退役时，按照退役安置政策可在原籍落户。支持在乡村企业就业并依法缴纳社会保险、在乡村依法投资经商或兴办实业以及依法取得农村土地经营权并依法经营的入乡返乡就业创业连续一年以上的城镇人员，根据本人意愿入乡返乡落户。

为解决进城务工人员的后顾之忧，确保符合条件的随迁子女均能在公办学校接受义务教育。实施全民参保计划，健全进城务工人员参加社会保险制度。推进异地就医结算能力建设，逐步实现住院、门诊费用线上线下一体化异地就医结算服务。增加普惠性托育和学前教育供给，健全完善养老服务体系，推进外地老年人同等享受本地优待项目。

建立租购并举的住房供应体系和保障体系。统筹城镇中等及以下收入家庭、新市民和引进人才住房保障需求，实现城镇常住人口住房保障全覆盖。

（三）统筹城乡融合发展

积极推进新型城镇化建设示范，龙口市入选全国县城新型城镇化建设示范名单，烟台市西部片区（福山区、蓬莱区、烟台经济技术开发区）入选省级城乡融合发展试验区。

推动城乡融合发展，全面提升双向城镇化水平。以全国县城新型城镇化建设示范城市和西部片区省级城乡融合发展试验区建设为突破口，着力补短板强弱项，逐步缩小城乡发展差距，促进城乡要素双向自由流动和城乡产业协同发展，努力实现乡村全面振兴和城乡居民共同富裕。从表1可以看出，2000~2022年烟台市城镇人口逐年增长，城镇化率逐年提升，由2000年的45.77%提升至2022年的68.23%。

表1　2000~2022年烟台市常住人口、城镇人口和城镇化率

单位：万人，%

年份	常住人口	城镇人口	城镇化率
2000	663.6	303.72	45.77
2005	693.5	364.51	52.56
2010	696.8	385.13	55.27
2011	697.0	391.54	56.18
2012	697.1	394.13	56.54

年份	常住人口	城镇人口	城镇化率
2013	697.2	400.83	57.49
2014	697.5	410.34	58.83
2015	697.8	424.18	60.79
2016	702.9	440.65	62.69
2017	704.4	455.64	64.68
2018	706.8	464.58	65.73
2019	707.9	469.16	66.27
2020	710.4	478.02	67.29
2021	708.3	480.28	67.81
2022	705.9	481.62	68.23

资料来源：历年《烟台统计年鉴》。

二 烟台市统筹县域城镇化与乡村全面振兴的机制构建

（一）政策引导机制

政策引导机制是指政府通过制定和实施一系列政策措施，引导和激励社会各方面力量朝着既定的发展方向前进，以实现宏观经济稳定、产业升级、区域协调发展等目标的一种制度安排。政策引导机制在中国经济发展中发挥着重要作用。政策引导的目标是促进经济高质量发展，通过中央和地方政策的制定与实施，优化产业结构，推动区域协调发展，以及加强和创新社会治理。政策引导机制的实施需要综合考虑经济、社会、科技、文化等方面因素，确保政策的科学性、前瞻性和有效性。烟台市统筹县域城镇化与乡村全面振兴需要构建政策引导机制。

1. 政策的制定与执行

根据国家发展战略和经济社会发展的实际需要，各级政府部门要制定相应的政策措施。在正常执行的过程中，要注重政策的协同性、针对性、时效性以及执行力，确保各项政策能够精准实施，并产生预期效果。政策制定与执行中，要注重政策工具的创新和运用，协同运用多种政策工具，例如财政政策、投资政策、货币政策的协同推进，提高政策的适用性、灵活性，形成政策合力，助推统筹县域城镇化与乡村全面振兴宏观调控政策的精准落地。

2.政策的监测与评估

政策的适应性如何，往往在具体实践中才能得以检验，这就需要政策的监测与评估。要加强对政策的监测与评估，发现政策不适用时，要及时调整并进行完善，维护农民利益，确保政策目标的实现。要建立完善的政策反馈机制，通过多种渠道收集社会各界的意见建议，持续优化政策内容。

3.政策的引导和防控

在政策引导中，要注重统筹县域城镇化与乡村全面振兴时所面临风险的预测预警以及应急管理，确保县域城镇化与乡村全面振兴能够平稳推进。特别是面临不确定性因素和突发事件时，例如极端天气导致的农业灾害，要能够及时响应政策引导机制，采取有效政策措施，防范、化解风险。

（二）产业协同机制

产业协同机制是指在一定区域内，不同产业之间通过资源共享、技术交流、市场合作等方式，实现产业链上下游的紧密联系和协同发展，以提高整体竞争力和经济效益的一系列制度安排和运作模式。产业协同机制的建立和完善对于促进区域经济一体化、优化产业结构、推动技术创新和产业升级具有重要意义。烟台市在统筹县域城镇化与乡村全面振兴时，要依托县域特色资源，发展特色优势产业，推动三产深度融合发展。

产业协同发展是指不同城镇之间相互协作，发挥不同区域的优势，借助市场调节、政府引导促进产业发展。烟台市有县域产业协同发展的基础。

一方面，烟台市县域之间经济发展不平衡。由于地理位置和资源禀赋等因素的影响，烟台市县域之间经济发展不平衡。2022年烟台市地区生产总值前三位是烟台经济技术开发区、龙口市、芝罘区，后三位是昆嵛山国家级自然保护区、长岛海洋生态文明综合试验区、烟台高新技术产业开发区；农林牧渔业增加值前三位是莱州市、海阳市、蓬莱区，后三位是昆嵛山国家级自然保护区、莱山区、烟台高新技术产业开发区（见表2）。烟台市县域之间经济发展不平衡，会影响烟台市整体发展，不利于资源的有效配置和优势发挥。经济状况好的县域会挤占经济状况差的县域的资源优势。

表2 2022年烟台市地区生产总值、人均地区生产总值及农林牧渔业增加值

单位：亿元，元

地区	地区生产总值	人均地区生产总值	农林牧渔业增加值
芝罘区	1173.32	133248	9.03
福山区	435.91	96580	29.17
牟平区	360.56	81658	59.29
莱山区	464.34	118529	4.52
蓬莱区	449.52	104093	67.10
烟台经济技术开发区	2174.98	476082	21.59
烟台高新技术产业开发区	80.54	85996	6.41
长岛海洋生态文明综合试验区	77.39	204742	54.32
昆嵛山国家级自然保护区	3.45	37114	0.93
龙口市	1382.32	190023	47.45
莱阳市	510.00	64651	66.57
莱州市	770.71	94368	106.14
招远市	843.31	157541	63.93
栖霞市	291.81	67744	66.87
海阳市	497.69	86248	102.97

资料来源：《烟台统计年鉴2023》。

另一方面，产业存在一定的同质化。受自然条件和思想观念等因素的影响，烟台市各地区农业产业存在一定的同质化。部分农民虽然对发展产业有意愿，但担心承担风险，对新产业有顾虑，或者年龄大，对新技术新模式难以接受，习惯于跟随别人发展产业或发展传统产业。一些地区难以形成成熟的特色产业发展模式，产业发展配套服务不完善，只能模仿别人成熟的模式，这也是造成产业同质化的原因。

（三）基础设施互联互通机制

基础设施互联互通机制是指通过物理网络、技术标准、政策工具等，实现不同地区、不同类型基础设施之间的有效连接和协同运作，以提高整体运行效率和服务质量。这种机制对于促进区域经济一体化、加强国际合作、推动经济社会发展具有重要意义。烟台市统筹县域城镇化与乡村全面振兴要发挥好基础设施的"硬联通"作用，加强供水、供电、交通、通信等城乡基础设施建设，提高乡村公共服务水平。在基础设施建设中要注重数据和网络安全。当然，城乡基础设施的互联互通是复杂的、多维的，需要城乡协同，政府和市场、社会共同努力。

（四）人才流动机制

人才流动机制是指一系列政策、法规和措施，旨在促进人才在不同地区、不同行业、不同所有制单位之间的合理、有序流动，以优化人才资源配置，激发人才的创新活力和创造潜力，支持经济社会发展。实施乡村振兴人才支持计划，加强乡村本土人才培养，有序引导城市各类专业技术人才下乡服务，全面提高农民综合素质，壮大乡村人才队伍。合理引导农村劳动力参与非农就业，激活城镇消费市场，助推县域城镇化。

烟台市统筹县域城镇化与乡村全面振兴，需要采取系统性人才流动措施。例如户籍制度改革、公共服务均等化、改革传统的用人制度；再如档案服务的改革，城乡流动人员的档案由公共就业（人才）服务机构管理；又如开展高素质农民培育工作，培育出更多高素质农民，建立完善的人才评价机制，做好新型职业农民职称评定工作。

（五）生态环境保护机制

生态环境保护机制是指一系列政策、法规、标准、技术规范和行动计划，旨在保护和改善环境，防治污染和其他公害，保障公众健康，推进生态文明建设，促进经济社会可持续发展。乡村振兴，生态宜居是关键。城镇化过程中，应做好农村环境保护工作，加强乡村生态环境保护和修复，实现城镇、乡村可持续发展。

党的二十大报告提出，推动绿色发展，促进人与自然和谐共生，对生态环境保护和乡村环境优化有着很高的要求。加强生态环境保护、建设美丽乡村对统筹县域城镇化与乡村全面振兴意义重大，不仅能够优化农村居民的生活环境，还可以依托当地优质生态环境打造特色乡村游憩或旅游产业，推动本地乡村多元化产业发展。要注重农业面源污染控制，指导农业生产经营者科学种植、养殖，严格防治农业面源污染。

（六）组织保障机制

办好中国的事情，关键在党。在统筹县域城镇化与乡村全面振兴工作中，要加强党的全面领导，充分发挥党的核心作用，注重农村基层党组织建设。

组织保障机制是指以习近平新时代中国特色社会主义思想为指导，坚持以人为本理念，为统筹县域城镇化与乡村全面振兴提供的一种保护结构、组织工具，它能够协调县域城镇化与乡村全面振兴相关服务项目，使之相互配合，构成完整体系，为统筹县域城镇化与乡村全面振兴提供保障基础、保护方法，以及安全环境。

在经济、文化、道德、政治等要素的影响下，统筹县域城镇化与乡村全面振兴，必须配套创建相应的组织保障机制，并通过改变、维护它的运行模式，统筹县域城镇化与乡村全面振兴，独立、自主地完成建设目标和任务。在组织保障机制运行过程中，需要借助三类社会因素，以构成完整、科学的结构。

首先，政府提供的社会资源，以及政策、资金支持，当县域城镇化与乡村全面振兴出现问题时，政府能第一时间做出反应，针对问题采取必要措施，发挥组织保障机制的作用，化解县域城镇化与乡村全面振兴之间的矛盾。

其次，群众的支持，组织保障机制应得到群众认可，组织保障机制的运转离不开他们的支持。一方面，他们要响应政府、社会的号召，积极投身于县域城镇化与乡村全面振兴过程中，为统筹县域城镇化与乡村全面振兴创造便利条件；另一方面，群众主动学习理论、技术等方面知识，了解乡村文化，参与乡村振兴战略实施，这给统筹县域城镇化与乡村全面振兴提供了坚实的群众基础。

最后，组织保障机制的建设是一个系统工程，需要综合考虑组织的目标、环境、资源和文化等多方面因素，通过科学的设计和有效的管理来实现。单一化、程序化的组织保障机制，并不足以满足统筹县域城镇化与乡村全面振兴的现实需要，要建立完善的组织保障机制。

三　烟台市统筹县域城镇化与乡村全面振兴的实施对策

（一）坚持共享理念，突出农民主体地位

乡村全面振兴为了农民，也必须依靠农民，城镇长期发展也需要农民作为支撑。烟台市统筹县域城镇化与乡村全面振兴，首先就要突出农民主体地位。

1. 在产业发展中培育高素质农民

加强精准培训，采取小班制培训模式、根据调研按需培训模式。选出确实有培训需求的少部分学员，开展小班制培训、针对性培训。农广校与组织部、海洋渔业局、商务局、团市委、科协、工会等部门联合开展培训培育工作，通过课堂教、参观学、实地赛等方式，开阔农民视野，激发致富意愿，促进高素质农民培育实现新发展。开展远程培训以促生产保供应。发挥体系优势，根据各产业学员的实际需求，通过电视专题节目、《今日莱州》报纸专栏、"云上智农" App、微信交流群等平台，精选学习课件并通过微信交流群线上指导，对各产业高素质农民学员实施远程线上授课、答疑、指导等，加强生产指导和技术服务，组织农民学员充分利用在家的空闲时间，不

断加强政治素养和业务技能的学习，进一步提升自身综合素质。根据农作物生长关键期适时开展培训，形成完整的培训链条，让学员不错过生长关键期知识重点。对课程安排进行调整，以新技术、新产品、新机具为重点。推动培训形式多样化，课堂教学与参观、现场实践教学相结合，丰富师资、基地等资源。在培训形式上下功夫，分类、分层、分专业开展培训，可以分普通班、高级班、技术班开展培训。

加强信息宣传，强化典型引领。注重优秀学员、优秀实训基地典型选树。认真挖掘、推荐学员典型，形成一批教育培训好经验、好模式、好典型，做好工作简报、学员风采录，并充分利用广播、电视、报刊等传统媒体以及网络新媒体，加强对高素质农民培育先进人物、先进事迹的宣传报道，营造良好社会氛围，推动高素质农民培育长期开展。进一步加大宣传力度，把真正有培训需求的农民纳入高素质农民队伍中。

加强培训对象的精准化。以培训类型为目标导向精准遴选培训对象、设置培训班次、设计培训课程。以经营管理型为目标导向的培训班次，培训对象从家庭农场主、农民专业合作社负责人和骨干成员以及农业企业骨干中遴选，根据其需求合理设计培训课程。丰富经营管理培训形式，探索有效的管理方式，增加学员之间的互动交流，实现通过一次培训搭建起学员展示分享平台和信息交流分享桥梁。以专业生产型和技能服务型为目标导向的培训班，细化培训对象的产业类型和技能类别设置培训专题，合理采用分段送教下乡、集中学习、实操实训等培训形式，更好满足特色产业从业人员的培训需求。

调整优化农业实训基地布局，"一产一基地"，加大田间课堂建设力度，将田间课堂和实训基地作用最大化发挥。充分发挥实训基地在生产过程中的作用，制订常年定期到实训基地开展田间课堂实践实训计划。实训基地定期预报、发布作物生长注意事项。加强田间课堂和实训基地的遴选与建设，围绕培训专题，通过镇街推荐，与烟台市农业农村局相关业务科室共同遴选多个产业发展良好、示范带动效应强、具备培训能力且有意愿参与高素质农民培育现场实践教学的农业企业、家庭农场、农民专业合作社作为培育的实训基地。加强田间课堂和实训基地的规范管理与使用。编制全市共享的田间课堂与实训基地名录，规范县级、市级田间课堂与实训基地建设，明确遴选标准，统一挂牌管理，进一步明确管理与使用办法，明确其责任与义务，切实发挥好田间课堂与实训基地主体的示范带动作用。推动全省实训基地信息共享和资源共享。

2. 增强县域的人口集聚力

增强县域的人口集聚力是一个多方面的系统工程，涉及经济、社会、文化、生态等多个层面，例如改革户籍制度、增加农民收入。

优化商业和物流基础设施，通过改善商业用地结构和功能布局，鼓励县城购物中心和大型商超向乡镇延伸服务，布局前置仓和物流仓储等设施，以提高商业服务水平和物流配送效率。增强乡镇商业集聚效应，升级改造乡镇商贸中心和市场，完善相关设施，拓展新业态，打造具有地域特色的商业集聚区。发展农村物流共同配送，加强农村物流基础设施建设，整合物流资源，发展即时零售，提高配送效率。推动县域流通企业转型升级，支持中小企业数字化转型，加强企业供应链建设，培育县域龙头流通企业。加快发展农村生活服务，引导服务业态集聚，促进家政服务向县域下沉，打造乡村旅游等精品线路。

统筹协调，建立工作推进机制，加强政策协同，共同解决重大问题。提升县城产业承载能力，发展特色产业，稳定扩大县城就业岗位，提升市政设施功能。完善医疗卫生体系，提高传染病监测诊治和重症监护救治能力，建立省、市级三甲医院对薄弱县级医院的帮扶机制。完善县城基础设施，加强交通、能源、水利、通信等基础设施建设，实施公共基础设施数字化改造。加强公共服务设施建设，优化县域基本公共服务设施的空间布局，促进县城公共服务向乡村延伸覆盖。以县域城乡融合发展引领乡村振兴，加强县级"一线指挥部"建设，集聚产业促进乡村发展，推进乡村建设行动。留住县城现有人口，通过提升工资待遇和福利条件，提供优质均衡的基本公共服务，改善人居环境，吸引人们留在县城。因地制宜发展特色产业，立足县城特色产业基础优势，培育发展新兴产业，打造县城特色产业集群。大力发展职业教育院校，为县域发展提供技能支撑和人才补充，服务乡村振兴。

3. 充分发挥农民在乡村治理中的主体作用

农民在乡村治理中发挥主体作用是实现乡村振兴战略的关键。增强农民的参与意识，通过教育和宣传，提高农民对乡村治理重要性的认识，鼓励他们积极参与到乡村治理的各个环节。完善乡村治理结构，建立和完善农民参与乡村治理的组织保障机制，确保农民的声音能够被听到。为农民提供必要的培训和教育，增强他们参与乡村治理的能力，包括法律法规、财务管理、环境保护等方面的知识。保障农民权益，确保农民在乡村治理中的决策权和监督权，保护他们的合法权益，避免决策过程中的利益冲突。促进信息透明，建立信息公开和透明的机制，让农民能够及时了解乡村治理的进展和决策结果。鼓励创新和实践，鼓励农民在乡村治理中尝试新的方法和模式，如生态农业、乡村旅游等，以适应市场需求和环境变化。

建立激励机制，通过奖励和表彰等方式，激励农民积极参与乡村治理，提高他们的积极性。强化法治建设，加强乡村治理的法治建设，确保所有治理活动都在法律框架内进行。促进社会参与，鼓励社会各界，包括企业、非政府组织等，参与到乡村治理中，形成多元共治的局面。持续评估和改进，定期对乡村治理的效果进行评估，根据评估结果不断改进治理策略和方法。

（二）坚持融合理念，促进三产深度融合发展

没有产业支撑的城镇只能是"空城"。没有集约化的产业发展，乡村全面振兴只能是空话。烟台市应抓住乡村全面振兴战略实施机遇，优化产业体系，引导带动县域内三产深度融合发展。促进一二三产业深度融合是有力推动乡村全面振兴和农业农村现代化的重要组成部分，烟台市应培育壮大新型农业经营主体，在财税、信贷等方面给予政策支持，探索成立高素质农民产业发展服务联盟，大力推进现代农业产业园、科技园和创业园建设。

1. 探索成立高素质农民产业发展服务联盟

因地制宜指导实训基地、科研院所、涉农企业、农民大师、高素质农民等自愿加盟，组成联合性服务组织，打造农产品标准化种植等互助平台，实

现抱团发展、合作共赢。确定联盟主体、负责人、组织架构、规章制度；落实各部门负责人及工作人员、经费来源。借助高素质农民产业发展服务联盟的成立，打造互助平台，做优农产品标准化种植、农产品质量安全、农产品品牌打造、农产品销售。通过"结对子""传帮带"等方式，联盟内的单位互帮互助、携手并进、共同成长。

2. 完善相关政策法规

政府要做好政策保障，通过法律、财政、税收等手段，为乡村一二三产业深度融合发展提供良好的外部环境。要落实好种粮直接补贴政策，从第一产业入手，逐步推进一二三产业深度融合发展。要出台相关政策，支持提高第二产业的科技创新能力，充分发挥第二产业在三产深度融合发展中的链接作用。推动第二产业的供给侧结构性改革，提高农产品的多元化价值。要出台完善落实好县域生态环境保护、治理政策，综合利用稻壳、秸秆等农林废弃物，变废为宝，在三产深度融合发展中增加附加值。对于农业农村新产业、新业态，要出台相关政策予以培育、壮大。鼓励定制生产、电商直采等新模式，充分利用现代信息技术，更好地宣传农产品，增加农产品销售渠道。培育发展预制菜产业，支持农产品"走出去"。

3. 完善农业产业链条

传统观念里，生产功能是农业的唯一或最主要功能。但随着对传统农业的逐步改造，农业不仅仅具有生产功能，还具有休闲、文化、教育、医疗、养生、旅游、创意、体验等多种功能。应通过土地流转和土地入股、信托等方式，提升土地使用效率，提高农业劳动生产率和机械化程度，生产出高质量农作物，增强第二、三产业与第一产业融合意愿。利用现代科技手段建立信息共享平台，整合一二三产业优势，形成发展合力，促进县域经济发展。

4. 完善要素保障

技术创新方面，创新利用计算机技术、遥感技术、网络技术、地理信息系统等，实现农业信息化管理。人才资源方面，要注重维护农民主体利益，支持家庭农场、农民专业合作社、专业大户等新型农业经营主体发展，帮助解决土地、政策、资金等约束，通过各种方式增加农民收入。资金投入方面，鼓励社会资本进入农业农村，构建乡村全面振兴多元化投入格局。

（三）坚持均等理念，均衡配置城乡公共资源

均衡配置城乡公共资源是中国推动城乡融合发展、缩小城乡差距的重要策略。烟台市要推动实现城乡基础设施一体化，优化城镇化考核指标，聚焦教育、医疗、就业等重点领域，均衡配置城乡公共资源。

一方面，实现基本公共服务均等化。逐步建立统一的城乡基本公共服务提供机制，包括基本养老保险、义务教育经费保障、基本医疗保险、大病保险等制度。完善落实相关制度，逐步实现基本公共服务质量均衡、水平均等。提高乡村地区教育水平，构建均衡的城乡基本公共教育服务体系，提高县域内基本公共教育服务水平。增强基层医务人员岗位的吸引力，提升乡村医疗卫生服务水平，推动优质医疗资源城乡之间共享。实施城乡同等的社保政策、体系，统一社会保障标准，实现公平普惠性服务。

另一方面，加强基础设施建设。提升农村地区水、电、路、通信设施的建设水平，改善农村地区的生活条件。县城是城乡融合发展的重要载体。2022年，烟台市完成农村公路改造2084.6公里、清洁取暖16.3万户①。要继续积极推进县城基础设施的建设，加大财政资金对县城建设的支持力度。增强县城的服务能力和综合承载能力。

（四）坚持稳慎理念，稳步推进县域宅基地改革

稳步推进县域宅基地改革是中国乡村振兴战略的重要组成部分，旨在规范农村宅基地的管理，保障农民的居住权益，同时促进土地资源的合理利用和农村社会经济的可持续发展。学者研究发现，县域宅基地改革可以显著提升县域城镇化水平。烟台市应因地制宜、因村施策，积极稳步推进县域宅基地改革，优化土地资源，破解土地资源利用瓶颈，盘

---

① 数据来源：《2022年烟台市国民经济和社会发展统计公报》。

活农村闲置宅基地和闲置住宅。烟台市在稳步推进县域宅基地改革方面应采取以下措施。

1. 完善规划设计，注重保护生态

规划先行，在县域层面基本完成村庄布局工作，有条件、有需求的村庄应编尽编，确保村庄规划与国土空间规划相协调。统筹发展目标，制定村庄发展、国土空间开发保护、人居环境整治目标，明确约束性指标。推动生态保护修复，落实生态保护红线划定成果，保护乡村自然风光和田园景观，加强生态环境系统修复和整治。推动耕地和永久基本农田保护，守好耕地红线，统筹安排农业发展空间，推动循环农业、生态农业发展。

2. 完善基层治理体系

乡镇一级监管队伍力量的不足制约了宅基地改革工作的推进。为保障农村宅基地管理工作的有效力量，需要对基层监管队伍进行人员数量上的补充，并合理配置相关职能部门人员，对乡镇一级执法权限外的监管工作加以支持。积极探索数字化信息管理平台与新兴实时监管技术的结合，有效解决人员不足的问题，并将监管工作推入更加细致的层面。基层干部的文化素质和管理水平可以通过加强干部学习培训得到提高。针对实践过程中凸显出来的普遍问题，组织开展相关政策及法律法规的学习。同时，还可以从队伍建设的角度提升干部整体素质，通过人才引进、对点支援等方式补充部分人员急缺地区的管理人员队伍，以提高当地基层治理能力。加强监督管理，完善省市指导、县级主导、乡镇主责、村级主体的农村宅基地和村民自建住房管理机制，加大执法监督力度。

3. 突出村民主体地位

优化农村住房布局，合理确定宅基地规模，严格落实"一户一宅"，考虑当地建筑文化特色和居民生活习惯。实现农村宅基地的合理规划、节约利用和高效管理，同时保障农民的合法权益，提升农村居住环境质量和公共服务水平。

参考文献

何寿奎：《农村环境多元共治主体行为逻辑与政策引导机制研究》，《现代经济探讨》2018 年第 8 期。

崔凯：《以县域为抓手统筹新型城镇化和乡村全面振兴》，《新型城镇化》2024 年第 3 期。

高鸣、周子铭：《"千万工程"经验赋能乡村产业发展的理论逻辑、现实基础与行动路径》，《南京农业大学学报》（社会科学版）2024 年第 2 期。

王绍琛、周飞舟：《困局与突破：城乡融合发展中小城镇问题再探究》，《学习与实践》2022 年第 5 期。

陈军亚、邱星：《全面推进乡村振兴中县域的功能定位及实践路径》，《探索》2023 年第 4 期。

吴振磊、赵佳源、张瀚禹：《土地政策松绑与县域新型城镇化——来自农村宅基地改革的经验证据》，《兰州大学学报》（社会科学版）2024 年第 1 期。

黄振华：《县域、县城与乡村振兴》，《理论与改革》2022 年第 4 期。

戴一凡：《乡村振兴背景下江苏省高素质农民培训的现状》，《中国就业》2024 年第 3 期。

刘晓霞、朱林森：《乡村振兴视域下广西县域城镇化发展的困境与推进路径》，《商业经济》2024 年第 3 期。

窦祥铭：《新时代宿州市加快推进城乡融合发展的路径思考》，《现代农村科技》2020 年第 10 期。

B.8
烟台市推进数字乡村建设的对策

马 慧　明宪刚*

摘　要：　数字乡村建设为烟台乡村振兴提供了新动力，其带来的普惠性增长深刻改变着烟台地区农业农村现代化发展道路，助力农业全面升级、农村文化生活全面进步、农民文化水平全面提升。烟台数字乡村建设依照《烟台市数字乡村发展行动计划（2022—2025年）》中提出的推动智慧农村的建设，将新型信息化科学技术与现代农业生产、经营、管理以及服务技术加速融合，积极构建数字化、智能化、系统化的现代农业模式；提高烟台地区农业生产效率；激活农村要素资源；拓宽农民收入渠道；全力打造数字乡村建设烟台样板，让烟台农业农村数字化转型从"图景"成为"风景"。烟台在推动城乡融合发展规划布局、试点建设、典型培育等方面取得一定成效，但还应注意的是，农村地域广大，需要通过平台整合数字技术和业态，发挥信息技术的扩散效应、信息和知识的溢出效应，从而更好实现烟台规模经济效应和社会效应。

关键词：　数字乡村建设　现代农业模式　农业生产效率

数字乡村是我国乡村振兴的战略方向，是建设数字中国的重要内容。推进乡村全面振兴，就要立足新时代国情农情，以数字乡村建设带动提升农业农村现代化水平。加快数字乡村发展，应着力构建乡村数字治理新体系。自2018年中央一号文件首次提出"实施数字乡村战略"至今，乡村治理正在实现数字

---

* 马慧，烟台市·中国社会科学院农村发展研究中心教务学籍科负责人，主要研究方向为农村合作组织管理；明宪刚，烟台市大数据中心中级工程师。

化、精准化和智能化相互匹配促进、良性循环的发展格局；加强与传统农业的深度融合，提高农业生产效率。未来，烟台还应进一步提高面向乡村的数字化产品质量和服务水平，不断增强优质资源在乡村治理中的积极作用。以建设数字乡村为抓手，全面推进乡村振兴，让烟台农业成为有奔头的产业，让烟台农村成为人们安居乐业的美丽家园，让烟台农民成为有吸引力的职业。

一 烟台数字乡村建设研究缘起

数字乡村建设已成为乡村振兴战略实施过程中的热点议题，学者们从不同层面进行深入探讨。在研究视角和作用意义方面，一些研究重点从数字化手段赋能农业生产和农业经济，从而促进乡村全面振兴①，来构建数字乡村建设与乡村振兴、农业高质量发展及农业农村现代化间的关系②，强调了数字乡村建设对于激发农村经济发展活力、增加农民收入、培育烟台农村经济增长点、实现乡村振兴目标等方面的显著作用③。在具体构建内容上，则更多地聚焦于数字技术如何在乡村经济、社会治理和文化建设等领域发挥作用。研究人员通过分析数字赋能的具体应用场景，深入探讨了包括乡村数字经济、数字治理以及数字文化在内的核心概念、运作机制及其代表性模式④。这些研究成果旨在揭示，借助农业农村数字化转型的历史机遇⑤，可以有效地将数

---

① 夏显力等：《农业高质量发展：数字赋能与实现路径》，《中国农村经济》2019 年第 12 期；秦秋霞、郭红东、曾亿武：《乡村振兴中的数字赋能及实现途径》，《江苏大学学报》（社会科学版）2021 年第 5 期。

② 唐文浩：《数字技术驱动农业农村高质量发展：理论阐释与实践路径》，《南京农业大学学报》（社会科学版）2022 年第 2 期。

③ 齐文浩、李明杰、李景波：《数字乡村赋能与农民收入增长：作用机理与实证检验——基于农民创业活跃度的调节效应研究》，《东南大学学报》（哲学社会科学版）2021 年第 2 期。

④ 崔凯、冯献：《数字乡村建设视角下乡村数字经济指标体系设计研究》，《农业现代化研究》2020 年第 6 期；冯献、李瑾、崔凯：《乡村治理数字化：现状、需求与对策研究》，《电子政务》2020 年第 6 期；刘天元、王志章：《稀缺、数字赋权与农村文化生活新秩序——基于农民热衷观看短视频的田野调查》，《中国农村观察》2021 年第 3 期。

⑤ 殷浩栋、霍鹏、汪三贵：《农业农村数字化转型：现实表征、影响机理与推进策略》，《改革》2020 年第 12 期。

字乡村建设与解决农业、农村、农民问题相结合，为奋力谱写实现乡村振兴烟台篇章提供强有力的支撑。

综上所述，数字乡村建设不仅是理论研究的重点领域，也是实践探索的重要方向。它通过推动农业农村现代化、改善乡村治理能力和促进文化繁荣等多种途径，为实现乡村振兴注入新的动力。为了更准确地衡量数字乡村建设成效，并掌握整体推进状况，部分研究采用了多层次数据支撑的方法，即从国家级、省级乃至市级、县级等多个层面展开分析。通过建立科学合理的评价指标体系，系统性评估各地数字乡村建设的实际水平。例如，在县级层面上，北京大学发布了《县域数字乡村指数（2020）》，该指数涵盖了数字基础设施水平、经济活动的数字化程度、社会治理信息化水平以及居民日常生活信息化状况等多个维度，并据此对2481个县级行政区划单位（全国共计2844个）进行了综合评价。此外，农业农村部信息中心还制定了包含6个主要评估方面的指标框架，用于量化分析来自2660个县（市、区）的有效样本数据，以此来衡量各地数字乡村的发展状况。从总体来看，样本区域在数字乡村建设方面具有较好的基础条件，随着时间推移，水平呈现出持续上升的趋势。同时，值得注意的是，在推进过程中，各地根据自身实际情况采取了多样化的发展策略，导致了区域内存在一定的差异性。这种基于多维度指标的评估方式不仅有助于明确当前数字乡村建设所取得的成绩，也为未来进一步优化政策导向、精准施策提供了重要依据。通过不断调整和完善相关措施，可以更好地促进数字技术在乡村振兴战略中的应用与发展。

目前的研究成果在数字乡村建设的机理、应用场景及对策等方面形成了多层次、重点突出、具有前瞻性的理论探讨与实践经验总结，并且越来越多的研究开始注重结合本地实际情况，评估数字乡村建设的进展。然而，现有的研究仍缺乏在微观尺度上的测量，特别是基于村户层面的大样本调研非常有限，很少有研究结合多期数据对比分析数字乡村建设的特点与规律，这限制了对数字乡村建设进展的整体理解。站在烟台市村级层面的实践视角，现阶段数字乡村建设的具体表现是什么？应重点关注哪些方面？其发展趋势又如何？

为解答这些问题，本研究将以村户层面为基础进行调研，烟台市数字乡村建设的具体表现包括了信息基础设施的普及、公共服务的数字化转型、农业生产的智能化升级以及农村电子商务的蓬勃发展。在实施过程中，应重点关注缩小数字鸿沟，确保所有村民都能平等享受到数字红利；促进数字经济的健康发展，鼓励创新应用和服务；利用数字技术赋能乡村治理，提升服务水平。未来，数字乡村建设将更加聚焦于提升综合服务能力，通过持续的技术创新和社会协同，形成可持续发展的数字生态。

二 烟台数字乡村建设进展：四维特征

分析与评价数字乡村建设工程的实际效果，我们将从数字基础设施建设、数字经济发展、数字社会治理以及数字生活质量提升等四个方面，共计超过 20 个细化项目出发，力求全方位地展示在推进信息化过程中，烟台农村地区在网络硬件设施完善、农业产业链升级、基层社区管理模式创新、民生服务水平提高等方面所发生的显著变化。首先，在基础设施数字化改造方面，我们关注到了农村地区互联网覆盖率的稳步提升、移动通信网络覆盖面的持续扩大、农村居民接入互联网方式的多样化选择等因素。其次，在促进数字经济繁荣发展的努力中，可以看到智慧农业技术的应用不断深化、农村电商平台数量急剧攀升、农产品线上营销渠道日益丰富等现象。再次，随着信息技术在基层治理中的有效融入，电子政务服务平台逐渐普及，群众办事更加便捷高效；同时，基于大数据分析的决策支持系统正在成为政府精准施策的重要工具。最后，在改善人民群众生活质量的过程中，远程医疗、在线教育等新型服务模式得到积极推广，极大地满足了广大农民群众对于美好生活的需求与向往。

（一）网络基础设施条件持续改善

在数字基础设施建设维度上，本报告着重分析了村庄层级的互联网接入状况及农户上网设备的使用情况，以此作为衡量数字乡村建设基础设施完善程度的关键指标。

1. 村庄互联网覆盖范围的差异

通过对不同地区村庄互联网接入能力的研究发现，尽管整体上呈现出积极的发展态势，但仍存在明显的地域间不平衡现象。部分地区由于地理位置偏远、经济条件限制等原因，在互联网基础设施建设方面落后于平均水平，导致这些地区的居民无法充分享受到信息化带来的便利。这种差异不仅体现在宽带接入率上，还包括网速及其稳定性等多个方面，进而影响到当地社会经济发展水平及居民生活质量的提升。

本研究深入村级层面来考察互联网入户率，发现各村庄基本实现互联网"户户通"。结合调查数据可以看出，地理位置对网络覆盖率和可达性的影响正在逐渐减弱。这一变化可以从村庄类型和其距离县政府远近两个角度进行具体描述。

一方面，按照是否邻近城市将村庄分为城郊村与非城郊村两大类。对比城郊村的互联网家庭接入比例与远离城市的非城郊村互联网接入比例，两者相差大约 10 个百分点，表明城乡之间数字鸿沟虽依然存在，但正逐步缩小。这说明随着国家推进"互联网+"行动计划以及加大农村通信设施建设力度，偏远地区的信息可获取性得到了明显增强，城乡信息化发展水平差距正逐步缩小。

另一方面，从村庄与县政府间距离看，距离县政府大于 20 公里（含）小于 50 公里（含）的村庄，互联网入户率略有提高；距离县政府较远（50公里以上）的村庄，其互联网入户率有较为明显的提升。从距离上看，村庄间的互联网入户率差距正逐步缩小。

2. 农户家庭网络接入质量

在广泛提高互联网普及率的基础上，进一步探讨农户家庭中使用的上网设备及其网络状况，以此评估互联网接入的整体质量。智能手机作为个人连接网络的主要工具，在报告期内，平均每户农户家庭拥有 2.7 部手机，其中至少配备 1 部支持 4G 或 5G 技术的手机的家庭比例略有提高。同时，受访农户家庭中至少配备了 1 台电脑或 1 台网络电视。值得注意的是，自述家庭网络环境不佳、时常遇到断网问题的比例显著降低。智能手机在农村地区已经达到了近乎饱和的普及状态，而网络电视也成为不可或缺的家庭联网终端之一。此外，农户们所经历的网络不稳定现象有所减少，反映出农村地区的网络基础设施及其服务质量均有所提升。

（二）数字赋能产业发展潜力正在显现

数字经济的核心在于将数据作为关键生产要素，其价值则通过推动产业发展得以显现。因此，在评估数字经济的影响时，应着眼于整个产业链的数字化进程，特别关注数字技术和工具在农业生产的各个环节（如种植管理与销售）中的应用状况。具体而言，对于烟台市而言，评估工作将主要集中于两个方面：一是农业生产的数字化水平；二是农村电子商务的发展情况。通过对这两个领域的深入探讨，可以更直观地展示出数字化转型所带来的经济效益及其在赋能地方经济发展中的重要作用。

1. 农业生产数字化的典型表现

从生产过程的角度出发，农业生产数字化的一个关键表现形式是智能农业机械的使用。例如，在某些村庄，无人机已被引入用于农业生产活动，尤其是喷洒农药。此外，为了提升耕作、施肥、喷药、灌溉以及收割等活动的准确性和效率，现代农机设备通常配备了 GPS 导航系统。值得注意的是，数字技术的应用还促进了农业生产朝规模化、标准化以及设施化的方向发展。特别是在高标准农田建设方面，调查显示，大约 20% 的拥有高标准农田的村庄已经开始采用数字技术来管理这些田地。这一趋势不仅反映了数字技术在现代农业实践中的巨大潜力，也预示着未来农业生产的可能发展方向。

2. 村级电商经营和产业配套情况

从电子商务的经营比例和规模来看，开展电商业务的村庄数量有所增加，且这些村庄内的电商经营者占比也在不断提升，显示出电子商务在村级层面逐渐普及的趋势。部分受访农户家庭已将其产品通过网络渠道进行销售；此外，约有两成的村庄存在农民专业合作社利用互联网平台出售农产品的现象。与此同时，随着农村电商的快速发展，相关的物流基础设施也在逐步完善。尽管在一些地区快递服务尚未实现全面入户，但这些村庄普遍设有专门的取件点，方便村民取件。值得关注的是，"快递进村"项目取得了显著进展，国家邮政局2021年的数据显示，"快递进村"的覆盖率已超过80%，此次调查的结果与之基本相符。

（三）契合乡村治理需求的多元数字化场景不断涌现

随着数字技术的快速发展，其在乡村治理中的应用日益广泛，为乡村治理模式带来了深刻变革。本报告将从村级电子政务服务应用情况、村庄数字化管理方式两个方面，探讨数字技术如何重塑乡村治理手段，并评估其在具体实践中的效果。

1. 村级电子政务服务应用情况

在调研的村庄中，超过一半的村庄已经开通了"互联网+政务服务"平台。值得注意的是，在这些已开通平台的村庄里，有较高比例的受访农户表示他们非常或比较愿意参与到村（社区）公共事务中来，高于所有受访农户中具有相同意愿的比例。这表明，"互联网+政务服务"平台不仅有效提升了政务服务的质量与效率，还提升了农民群众对村（社区）公共事务的关注度与参与度，促进了村民自治意识的提升[①]。

2. 村庄数字化管理方式

网格化管理作为一种创新的治理手段，已成为提升治理效能的重要方式。据初步估算，约95.88%的村庄已经实施了网格化管理模式，并且在实际操作中广泛使用了专用的管理平台或应用程序。在信息公开方面，大约84.77%的村庄选择通过微信或其他电子政务服务平台等网络渠道来公布党务、村务及财务等相关信息。此外，在资产管理信息化方面，村集体经济组

---

① 沈费伟、袁欢：《大数据时代的数字乡村治理：实践逻辑与优化策略》，《农业经济问题》2020年第10期。

织已实现了资产的信息化管理。随着移动终端平台等数字化工具的普及，它们正逐步满足日益精细的治理需求。各地纷纷涌现出了契合乡村治理需求的多元数字化场景，这不仅促进了乡村治理模式的革新，也为进一步提升治理水平提供了强有力的技术支撑。

（四）数字化应用与农民生活结合日益紧密

随着信息技术的发展，互联网和数字化工具在农村地区的应用范围持续扩大，显著地改变了农民的生活方式。智能手机不再仅仅是通信设备，而是成为连接农民与外部世界的重要桥梁[1]。本市绝大多数网民通过手机接入互联网。据此将从村庄数字化项目推广情况以及农民对手机等数字化工具的使用两个方面探讨数字化对农民日常生活的影响。

1. 村庄数字化项目推广情况

在推进乡村数字化进程中，诸如数字农家书屋等项目的实施，极大地丰富了村民的文化娱乐生活。村庄已经引入了至少一个数字化项目，其中包括数字农家书屋、数字文化传播渠道（如公众号）以及数字广播系统。随着这些项目的普及，村民们可以通过网络和移动终端便捷地获取村庄信息。事实上，村庄已经建立了微信群、公众号等线上信息发布和交流平台，越来越多的村民开始习惯于使用这些数字化工具进行社交互动。调查还发现，愿意接受村委会通过微信或互联网传递消息的家庭比例提高，反映出村民们对数字化通信方式的认可度不断提升。

2. 农民对手机等数字化工具的使用

通过对农民使用手机情况及其对日常生活影响的研究，可以观察到数字化对农村社会的积极作用。调研期间使用手机的村民数量增加，同时，平均每日使用时间也有所延长。此外，经常通过微信群讨论村庄事务的村民比例提升，表明村民对手机作为沟通工具的依赖性日益增强。一大半的手机用户

---

① 李红艳：《手机：信息交流中社会关系的建构——新生代农民工手机行为研究》，《中国青年研究》2011 年第 5 期。

认为，他们可以通过手机快速获得所需信息，认同通过网络获取的信息对其工作和生活具有实际帮助。认为手机能满足或基本满足其生产、生活信息需求的村民比例大幅提高，这说明农民们越来越意识到手机作为多功能工具的重要性。如今，上网浏览、社交互动、在线交易以及娱乐休闲等已成为农民参与数字生活的主要形式。总体而言，随着数字化应用在农村地区的普及，它不仅极大地便利了农民的日常生活，而且成为推动农村经济社会发展的重要力量。

三　推进数字乡村建设的主要做法及经验

（一）海阳市数字乡村试点开展情况

山东省海阳市朱吴镇是樱桃之乡，樱桃种植是当地农民主要产业。近年来，朱吴镇按照"挖掘、优化、整合"的方针，将丁家夼、九岭夼、后山中涧、乐畎四个村融为一体，联合打造了"海阳红樱桃民俗旅游区"。2022年，朱吴镇依托国家数字乡村试点镇优势，将数字化、标准化、规模化引入樱桃产业发展，依托物联网、大数据等技术，构建数字农场、樱桃认养、乡村旅游数字化、乡风文明建设四个维度的全产业链运营平台（见图1），革新樱桃种植技术、提升品质，并将农旅研学相融合，打造数字化的乡村文旅体验。

1. 引入数字化管理模式，引领樱桃产业发展新思路

（1）理顺数字化发展工作思路

按照打造"云谷竹屋"数字示范镇的思路，以数字赋能助力特色樱桃产业发展为主线，统筹推进智慧果园、乡村治理、乡村旅游、乡村环境、乡村资源等方面的智慧应用开发，打造樱桃认养采摘模式，让用户可线上进行樱桃认养、作物选择等。绘制"云谷竹屋"数字乡村一张图，整合全镇樱桃产业发展、乡村治理等数据，实现了全镇发展的可视化、数字化、智能化。

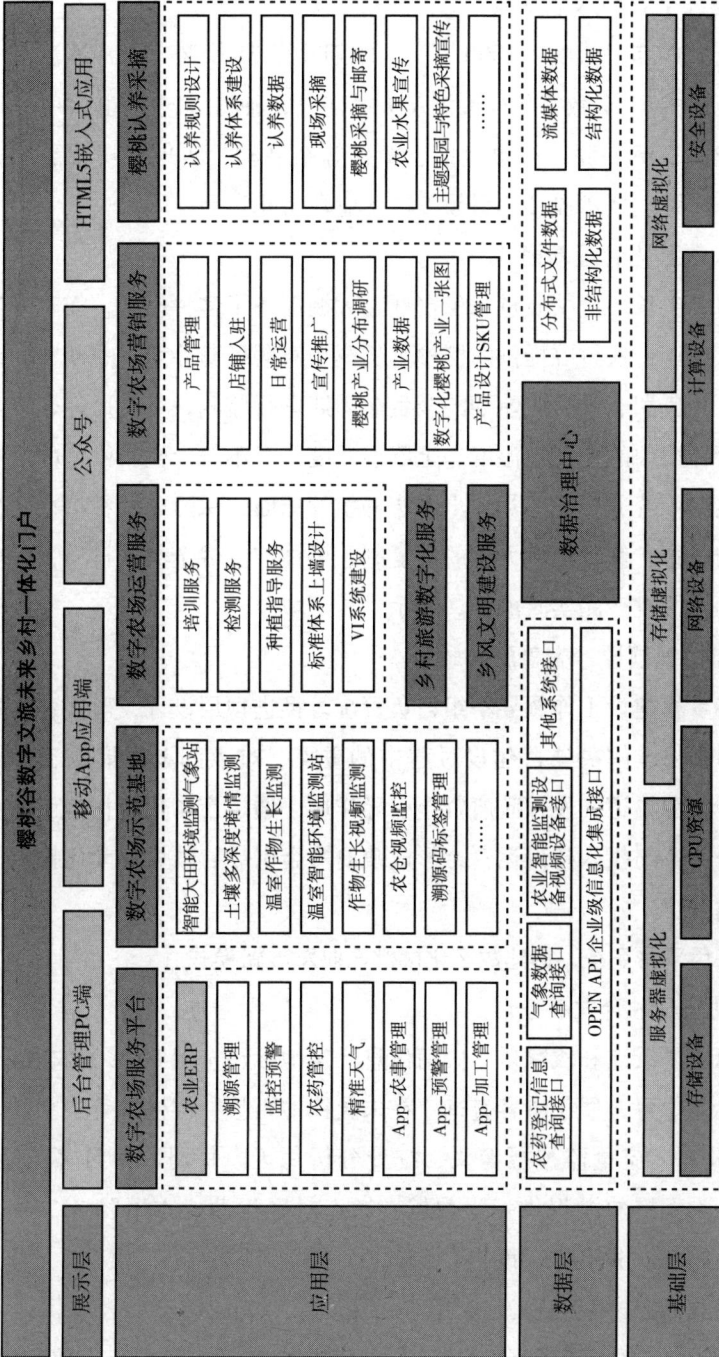

图1 基于多源数据集成的未来数据治理中心

（2）建设数字农场示范基地

整合土地 150 亩，总投资 1000 万元，规划建设 35 个数字化标准温室大棚，目前已经完成 11 个数字化标准温室大棚建设，种植大樱桃树 500 余棵，主要种植玲珑脆、萨米脱、布鲁克斯、蜜露等新品种，实现大樱桃品种升级、土壤改良、管理技术提升，引领樱桃产业数字化发展。

（3）植入数字化管理新模式

为保证樱桃生长环境的质量和稳定性，大棚配备了多种设备，实时采集基地数据，依托烟台农科院提供的樱桃生长模型对樱桃萌芽期、花期、幼果期、硬核期、转色期、果实成熟期的全生命周期进行监测，实时监控、直观了解樱桃种植环境中的大气温湿度、土壤温湿度，对不符合生长模型的情况进行预警，改变传统通过凭感觉、土办法种植的局面，保障樱桃种植全生命周期的质量和产量，做到樱桃大棚的可复制、可推广。健全大樱桃质量安全追溯体系，对大樱桃产品实时溯源、展示生长环境。

（4）加强组织领导，完善配套政策

成立数字乡村建设工作领导小组，负责统筹推进顶层设计，落实建设资金和数据资源，协调解决项目建设过程中的重点、难点问题，形成工作合力。拓展资金来源渠道，发挥政府资金引导作用，通过市场化运作使市平台公司、技术公司参与投入建设运营，形成政府资金引导、社会多元化投入的资金筹措机制。

2.建设特色平台系统，构建数字化樱桃产业发展新模式

（1）建设农旅融合发展平台

整合全镇主要景点和农家乐、民宿信息，实地标注全镇 10 多家农家乐、停车场、樱桃园位置，便于游客查询。在朱吴镇地雷战、樱桃谷等景区加装 10 多台客流量、车流量监控摄像头，统计分析每天、每周和每月客流量、车流量数据，为发展旅游提供一手数据，试点景区运营成本下降 35%，客户满意度提升 60%，景区知名度提升 55%。

（2）开发樱桃认养特色移动应用

可以通过樱桃谷移动端平台在线支付认养樱桃树，线上进行土地租用、

作物选择、付款、远程管理,可以获得定制认养名牌、认养证书等,可以通过监控摄像头线上实时了解樱桃生长情况。目前已经认养果园面积3亩、樱桃树200余棵,个人或企业认养的樱桃树可以通过爱心认养企业委托商城售卖,所得款项用于贫困农户资助。并会定期组织线下认养人挂牌仪式,樱桃成长过程中,可参与农事工作,体验采摘,带动其他旅游收入增长。樱桃认养特色移动应用带动旅游的同时拓宽了樱桃销路,村民樱桃的日销售量提升46%。

(3)打造数字化综合政务平台

运用数字化新技术建设数字环卫移动应用,让广大村民可通过数字环卫移动应用随手拍摄道路卫生不佳、公共设施故障、环境污染等问题,管理人员利用平台端功能接到上报后,对问题进行线上分解派工,处理完毕后在线反馈至提报人,改善村民居住环境。村民可线上登记报名参加九岭夼好人评选、致富能手评选等活动,切实丰富村民业余生活,提升乡风文明建设水平。

(4)开展数字文旅体验

通过线上购买景区门票的方式,为游客提供更加便捷的购票体验。可联动樱桃示范基地针对青少年进行文旅研学,使之学习农业知识、了解樱桃历史,丰富旅游内容。还通过数字技术和大数据分析,对基地周边景区实施数字化管理,精准地掌握景区的运营情况,提升游客的游玩体验,提高景区的管理水平和服务质量。

(二)栖霞市数字乡村试点进展

栖霞市松山街道是山东省烟台市栖霞市下辖的一个乡镇级行政单位。松山街道位于栖霞市北部,数字松山乡村综合服务平台建设是栖霞市松山街道紧跟乡村振兴"二十字方针"要求,深入推进"互联网+治理"的生动实践。该服务平台涉及党建、经济、农村、便民服务等各方面,通过构建完善的乡村数字治理体系,全面提升松山街道政务服务、机关管理、智慧党建、人居环境、园区建设等领域信息化服务能力和现代化治理能力,加快促进

"互联网+政务服务"向乡村延伸，进而缩小城乡数字鸿沟，提高社会治理能力现代化水平，为乡村振兴赋能增效。

1. 主要做法

栖霞市松山街道把提升信息化服务能力和现代化治理能力作为推动乡村振兴的突破口，依托地方政务网络基础设施资源，以信息化为支撑，以智能化为目标，依托互联网、大数据等，搭建全域统一、数据集中、服务下延、信息共享、动态管理的数字松山乡村综合服务平台，实现了群众、干部、组织三级联动，探索出乡村数字治理新模式，为开创现代化乡村振兴新局面提供强力支撑。

2. 主要内容和技术

在建设与使用过程中，主要采取"一个中心+两个受众"的运行机制。"一个中心"即松山街道数字乡村大数据中心。"两个受众"即面向业务主管部门实现两项监管，进行监控预警和决策支持；面向区域内基层干部、社会团体提供多项服务。

（1）数字乡村大数据中心

松山街道依托全国一体化政务服务平台和电子政务外网等基础设施，优化完善线上线下服务功能，提高办事效率。推进线上线下深度融合，推进"互联网+政务服务"，深化政务信息共享和业务协同，全面扩大乡村基层帮办代办点和便民服务站部署范围。对农村集体"三资"处置、资金流向和经济合同履行等情况实行全面公开和实时监督，通过村务公开模块与烟台智慧监管平台互联互通，实现网上公开，村民输入账号密码即可查询本村的财务收支明细，切实提高村集体财务的透明度，保障群众知情权和监督权。

（2）数字乡村社会治理平台

面向乡村基层、地方职能部门、社会团体，运用互联网技术、互联网思维与互联网精神，推进电子政务外网向街道、社区、行政村一级延伸，为打通乡村政务服务"最后一公里"提供基础条件，主要围绕基层治理、机关治理、组织治理、社会治理四大方面进行应用建设。

一是基层治理。搭建松山街道三级网格管理体系，将管辖地域划分成若干网格状的单元，把"人、地、物、事、组织"等全部纳入网格管理，囊括区域情况管理、人口管理、住房管理、民情反馈上报、护林防火预警等工作。

二是机关治理。建设机关内部的线上工作平台，实现会议管理、督办工作、请销假管理、大事记等多种 OA 管理服务。

三是组织治理。推进"互联网+党建"下沉基层，协助组织人员对党组织内日常工作、学习交流、党建工作进行全面管理。

四是社会治理。围绕产业园区整体规划、园区安全生产、企业建设、项目建设等，实现对园区及园区内企业和项目的一体化运营与动态监管。

（3）数字乡村决策指挥平台

主要功能包括基层治理决策支持、机关治理决策支持、组织治理决策支持、社会治理决策支持，以及态势分析、风险评估、政务事项督办等。建立"用数据说话、用数据决策、用数据管理、用数据创新"的社会治理机制，在"数字松山乡村综合治理一张图"上实现多维度数据的智能分析，呈现松山街道关于数字乡村整体建设的成果。

3. 效益和意义

（1）社会效益

数字松山乡村综合服务平台以"数字松山乡村综合治理一张图"为基础，覆盖16个管区60个村，涉及党组织89个、机关部门18个，党员2000余人、单位职员150余人，基于数字乡村大数据中心，全面实现乡村信息资源综合管理。以"综合展示"版块为例，共分为护林防火、环境整治、祭祀情况等三个方面，平台涵盖全街道各个防火卡口相关信息，及时明确卡口防火责任人；可查看环境整治重点区域以及整治前后对比图，发现问题及时整改；涵盖园区1600多名职工健康情况追踪、60多项部门工作督办等，从多层级、多方面进行动态感知及应急处理。根据前期录入的死亡人员信息，系统推算出每日祭祀人员，实现2500多名特殊人员的情况监测、480条祭祀预警信息管理，及时提醒包村干部、村干部做好护林防火工作，防止火情发生。

（2）对数字乡村建设的意义

平台通过数字技术，使群众和干部联系更为密切，让群众可以更好地了解乡村发展，对"填平"城乡之间的数字鸿沟意义重大。平台将政务服务延伸至乡村，惠及基层农户与社会团体，在项目实施与应用中，将建设成果融合成"数字松山乡村综合治理一张图"，提供监控预警和决策支持服务，助力各级业务主管部门科学谋划、超前布局，共同提高社会治理能力现代化水平，为协同开创数字强国建设新局面打下坚实基础。

（三）烟台市长岛海洋生态文明综合试验区数字乡村建设情况

南隍城乡位于黄海、渤海交汇处，一岛一乡一村，自古以来就是南北航运大通道上的中心点、渤海深处的"明珠"。岛屿面积 2.5 平方公里，海岸线总长 12 公里，海域面积 133 平方公里，人口 956 人。南隍城乡先后荣获"中国美丽休闲乡村""山东省先进基层党组织"等市级以上荣誉 30 多个。南隍城乡坚持以集体经济为主体、个体经济为辅助的模式，保持着"以苦为荣、以干为本"的传统本色，"敢"字当头、"勇"字当先，唱好"吃海、护海、养海"三部曲。以海洋保护及绿色发展全力打造现代化海洋牧场示范区，推进渔业供给侧结构性改革，加快新旧动能转换步伐，实现南隍城现代渔业健康可持续发展。

1. 主要做法和实施背景

南隍城乡立足南隍城智慧化养殖管理，为信息化应用提供数据基础，打造以智慧海洋牧场为特色的现代化小岛，并带动岛内经济可持续发展。加快物联网、大数据等新一代信息技术与现代特色农业核心示范区建设深度融合，打造现代特色农业核心示范区数字化建设典范，推动农业生产智能化、经营信息化、管理数据化、服务在线化发展。

2. 主要内容

"经海 001-004 号" 4 座巨大的智能网箱在南隍城乡海域相继下水，宛如一个个"海中城堡"，囤起一座座"蓝色粮仓"。2021 年 6 月 3 日，烟台经海海洋渔业有限公司（以下简称"经海渔业"）负责建造的"经海 001

号"网箱成功在南隍城乡东部海域下水,这也是首批交付使用的全国最大量产型深海智能网箱。"经海001号"智能网箱平台,为钢结构68m×68m×40m的坐底式网箱平台,养殖包围水体约7万立方米,由立柱、上环、下环、沉垫&防沉板、斜支撑等组成,采用太阳能、风能作为主电力来源,在日照充足、风力稳定时基本满足日常照明、水下监控、船员室及监控室空调的用电需求;同时,将通过自动投喂、水下监测、水下洗网等设备,实现网箱平台养殖的自动化、智能化。可实现年产许氏平鲉商品鱼720吨,产值6000余万元。2022年3月,深海智能网箱"经海004号"完成安装调试。"经海004号"智能网箱包围水体约7万立方米,实现网箱平台的深远海鱼类养殖功能,配备生活、机械平台区域。

3. 主要技术及运营模式

现代化海洋牧场示范区运用"互联网+"技术和模式,基于物联网技术特点和理念,建立海洋牧场数据平台,促进繁育、种苗、养殖、技术和产品服务、加工、渠道和品牌建设等过程可追溯,实现网上监管、数据整合;同时在政府政策指导和监督下,为渔业发展提供信息共享、信用查询、服务推广、线上交易、O2O等服务。南隍城乡鼓励牧场企业发挥示范带动作用,积极推广发展"牧场企业+合作社+渔户",探索建立企业大网箱带动群众小网箱、接力养殖、共同致富产业链条,养殖周期缩短1年,渔户效益增加1倍。深入推行"大渔带小渔"养殖新模式,通过前期与岛内养殖户签订黑鲪鱼订购协议,截至2023年,已收购投放鱼苗20万尾,共60余万斤,养殖户直接经济利益达700余万元。

4. 经验及效果

2021年,经海渔业向南隍城乡个体养殖户收购9两左右规格黑鲪鱼苗66万尾,5~6两规格黑鲪鱼苗71万尾,大规格鲈鱼苗7万多尾,并将其转移至3座深海智能网箱进行远海养殖,黑鲪鱼养殖户养殖收益较上年同期增长10%,企业获得稳定优质的鱼苗来源,实现企业与渔户合作双赢。南隍城乡立足海岛渔业资源优势,强化数字技术赋能,加快由近岸养殖向深远海拓展、传统模式向现代转型、粗放经营向集约发展升级。"长渔1号""国鲍1号""经海001-004号"的交付以及在长岛南隍城海域的下水投用，突破了传统养殖对海域及水深的限制，全面提高了海珍品集约化养殖能力和产量，进一步引领提升长岛海洋牧场建设装备化、智能化水平，夯实长岛生态渔业高质量发展的基础。南隍城乡累计获批1处国家级海洋牧场、1处省级海洋牧场，下水国内首座"5G+"全景海洋牧场应用深海智能网箱、国内首座坐底式深海智能网箱，积极参与烟台市海洋牧场"百箱计划"，初步形成烟台范围内乡镇级别海洋牧场建设遥遥领先的格局。

5. 对数字乡村建设的意义

通过智慧化产业的深入整合带动水产养殖产业合理化分布，引导产业持续发展，以水产养殖、体验旅游为构成智慧南隍城产业链生态盈利模式的基础要素，通过数据中心沉淀的数据不断调整和优化产业链条各个节点，巩固和优化盈利模式。与此同时，以政府引导发展为基础，通过智慧海洋牧场构建，进一步提升品牌知名度、工作效率，优化渔业资源，构建良性生态循环体系，走农业更强、农村更美、农民更富的绿色崛起之路。

四　优化数字乡村建设的思路与对策

（一）基本思路

加快全市数字乡村建设，需要基于现有的工作基础并遵循其自然发展规律。在思路上，应以实现普惠性为目标，重点关注缩小城乡数字鸿沟的关键领域，着力解决数字乡村建设中存在的问题，确保数字技术的应用更加贴近农业实际需要，真正惠及农民。同时，应当采取分步实施策略。具体来说，可以根据不同产业、不同地区以及不同发展阶段来确定优先发展的项目和重点领域。通过加强顶层设计和整体规划，推动体制机制上的创新，从而加快数字乡村建设的步伐。

首先，强调普及性。消除数字鸿沟、实现数字普及是缩小城乡差距、迈向共同富裕的关键环节。推进数字乡村建设，确保广大农民能够享受到数字技术带来的益处，这是数字乡村建设的核心目标之一。为了实现这一目标，需要特别关注那些发展较为滞后的乡村地区，推广适合老年人和农民使用的数字产品，全面提升农民数字素养，利用数字化手段提升农业生产效率和生活质量，进而逐步减少地区之间、城乡之间及人群之间的数字化差异。

其次，采取分步实施策略。考虑到数字乡村建设的功能多样性和地理分布的不同，数字赋能不应追求所有领域的同步发展，而应根据各个乡村地区的产业特点、治理模式、生活习惯及文化传统等因素，采取分类指导的方式，充分发挥各地的优势，有针对性地推进工作。因此，这是一个逐步实现的过程，需要根据不同产业、不同地区以及不同发展阶段来有序推进。

最后，加速制度和机制的革新。在顶层设计和协调引导上，应该将数字乡村建设与数字政府、智慧城市的发展相结合，强化各级部门的统一规划和集中管理。针对数字乡村建设的基础性、关键性及公益性问题，要及时总结经验教训，并不断优化顶层设计。同时，要根据地区的数字经济发展进程和特点，明确数字乡村建设的目标与方向，对于涉及政务服务、教育、医疗、保险等公共领域的数字化项目，应给予财政支持，并与区域整体的数字经济发展规划相协调。

（二）对策建议

在对策建议层面上，应针对数字乡村建设过程中遇到的具体挑战和难题，着重从以下几个方面着手：一是明确并统一数字乡村建设的标准；二是完善与产业发展相配套的服务体系；三是促进政府、企业和社会组织等多主体间的合作共建；四是积极总结并推广成功的试点项目经验；五是加大数字产品的研发与推广力度；六是注重人才培养与队伍建设。通过上述措施的有效实施，不断探索和完善符合本地实际情况的数字乡村建设路径。就农业领域的数字化应用而言，其在不同环节、不同作物类型及不同行业间的表现各不相同。例如，传感器、物联网设备、智能农业机械以及大数据管理平台等目前主要应用于试验田、示范园区以及那些具有一定规模的合作社或农业企业中，特别是在高附加值农业活动中得到了广泛应用。然而，其在小型家庭农场或合作社中的应用仍然受限于高昂的成本投入。长远来看，农业数字化不应仅仅局限于某一特定产品或产业链条上的单个环节，而是需要通过多方协作和共享机制来构建一个有利于先进技术展示与传播的良好环境。然而，在当前阶段，某些地区的数字乡村建设项目往往过于聚焦局部利益，而忽视了农业全链条数字化、智能化转型的重要性。例如，在生产过程中，智能农业机械的使用仅限于少数几个生产步骤，且现有数字技术和产品的功能表现及易用性仍有待改善；而在流通环节，则面临诸如产地仓储物流设施落后等问题，难以满足农产品保鲜处理、智慧物流以及精确市场营销等方面的需求。

1. 规范数字乡村建设标准，明确考核任务

数字乡村建设应当遵循现有的行业和地区标准，在制定统一实施方案的同时，也要吸收各地的成功经验和做法，不断完善具体措施。应当及时归纳总结实践经验，并据此建立一套科学合理的评估体系，进而制定出切实可行、操作性强的实施细则与指导方针，按阶段细化各项考核目标。考虑到数字乡村建设的任务性质和实施周期，在推进过程中必须充分听取村集体、企业以及村民等各方意见，确保政策制定与执行能够兼顾多方需求。在此基础上，充分发挥基层党组织的领导作用及其引领示范效应，以促进各项工作的顺利开展与落实。

2. 优化产业配套服务，加快数据共享

在推动数字乡村建设时，首先要明确本地的资源禀赋和产业优势，结合生产、经营、管理等各个环节的需求，着力推进全过程、全产业链的数字化转型，不断完善相关技术支持和服务设施。同时，优先选择具有代表性的品种、产业及领域作为突破口，逐步加速农业大数据平台及人工智能技术的应用。以农业数字化为核心驱动力，积极探索多样化的数字应用场景，充分发挥农业的多功能特性，培育新型业态和模式，从而扩大乡村数字经济规模。此外，还需打破区域间及部门间的壁垒，实现涉农数据资源的有效整合与共享，促进对农业农村数据的深度挖掘、分析及预测，构建起农业大数据资源共建共享机制。

3. 围绕数字乡村推动多元主体协同共建

为促进数字乡村建设，各地应当广泛吸纳社会各界力量积极参与，引进包括运营服务商、互联网企业、金融机构以及公益组织在内的多元主体。可以采用政府购买服务、与社会资本合作、贷款贴息等多种方式，引导工商资本和金融资本投入到数字乡村建设项目中来。同时，鼓励各类市场主体参与数字技术产品的研发工作，特别是针对农业农村云平台建设、涉农网站开发以及农产品全产业链大数据建设等重点项目，建立跨区域、跨行业的协同工作机制。此外，支持供销合作社、农业科技推广机构、农业机械服务机构、农村文化组织等基层单位优化其功能定位，实现线上线下信息获取渠道的互通，丰富数字化产品和服务的供给，增强数字乡村建设的内生动力。

4. 因地制宜打造试点进行率先示范

尽管不同村庄的互联网及数字化项目的普及程度有所不同，但在偏远地区和低收入地区，这些项目的覆盖范围并未显著落后于其他地区，体现了较强的普惠性。然而，当我们将视角转向村庄层面，并结合收入水平、常住人口密度及地理位置等因素进行细分时，则发现那些高收入和高人口密度的"双高"村庄，在数字乡村建设的各项指标上均明显优于其他类型村庄。由于各地在开展数字乡村建设时基础条件、重点发展方向及所处的发展阶段各不相同，即使在同一区域内，不同空间尺度下的村庄之间也会表现出明显的建设成效差异。因此，在具体实施过程中，有必要重点关注这些个体差异对村庄层面数字化进程的影响。特别是某些试点村庄在数字乡村建设的标准与具体实施方案方面仍存在不足，数字化应用推广缺乏明确指导和整体规划。为此，应当以单个村庄为基本单位，准确识别其数字化发展阶段、了解进展情况及需求，从而实现精准施策，推动数字乡村建设均衡发展。

因地制宜是推进数字乡村建设的关键原则之一。鉴于各地村庄的特点各异，应采取差异化的发展路径，针对不同类型的村庄明确重点发展方向，并关注那些较为薄弱的环节。在此过程中，应当依据实际情况灵活调整推进速度，防止盲目跟风导致资源浪费。具体而言，可结合当地的地理位置、产业特色、生态环境及资源优势等因素，选取部分具备代表性的区域作为先行试点，充分发挥其示范引领作用，总结提炼可复制的成功经验，并加以广泛传播，以促进数字技术在多种应用场景中的普及。值得注意的是，当前一些区域已经在基层积累了丰富的数字化实践经验。建议以县级行政区划为单位，进一步巩固现有电子商务服务体系、创新创业支撑体系以及数字化治理架构等方面的基础成果。在此基础上，根据不同产业需求和村庄类型，实施差异化发展，合理配置各类项目资源，并推出激励政策，逐步建立长效的资金投入机制，确保数字乡村建设持续稳健推进。

5.密切结合农民需求推广数字产品

为了促进数字技术在产业发展、民生保障、公共服务以及治理现代化等多个领域的有效应用，应积极识别并确定优先发展的数字化应用场景，同时明确相应的建设目标与任务清单。尤为重要的是，整个过程中必须始终坚持以农民为中心的原则，高度重视农民的真实意愿与具体需求。这不仅涉及对数字技术使用成本、用户偏好及其效益间相互作用的理解，还需考虑到伴随新技术引入而产生的行为规范、社会交往模式等方面的变迁。此外，鼓励和支持企业在农村市场拓展业务，加速研发适合老年群体及农业从业者使用的数字产品，并积极推动此类产品的普及。例如，可通过建设基于网络电视、微信小程序、移动应用程序以及公共信息显示系统等渠道的智能化终端设施，使教育、医疗、养老服务等优质资源得以更广泛地覆盖农村地区，从而创新服务供给形式。确保各项数字化举措能够真正满足农民的实际需要，使其成为促进乡村全面振兴与农民共同富裕的重要推动力量。

6.加快数字乡村人才队伍建设

促进创新型农业人才的培养，我们应鼓励和支持高等教育机构、职业学校开展定向委托培养、实地教学以及基地实习等多种形式的教学活动。特别是在智能种植养殖、农村电子商务、数字治理等方面，应注重培养一批具有数字技能的新时代农民。此外，还应深化学校与企业、政府与企业之间的合作关系，制订专门针对农民群体的人才发展计划，并完善相关的教育、宣传和培训体系。充分利用村干部和新型农业经营实体的示范效应，借助数字技术的实际应用案例，引导乡村居民，尤其是老年群体适应新的变化。同时，各级政府应当积极制定并实施优惠政策，吸引数字技术人才回归乡村，以此激发基层的创业与创新潜力。

推动数字乡村建设作为乡村振兴战略的一部分，符合当今数字技术广泛融入社会的趋势，也是农业农村数字化转型的必要条件。我国已在数字乡村建设方面进行了前瞻性的规划，并积累了多年的发展经验。基于全国范围内的村庄家庭调查，本研究深入探讨了烟台市在数字乡村建设方面的进展情况，揭示了其特点和发展规律。理论上的指导意义在于，理解和应对数字技术驱动下的农业和农村变革，不仅需要建立系统的理论框架和树立全局观念，还要紧贴不同阶段数字乡村建设的实际状况，洞察其发展规律，为未来烟台市在数字乡村建设和相关政策研究方面提供明确的方向，从而实现精准有效地制定政策。

参考文献

夏显力等：《农业高质量发展：数字赋能与实现路径》，《中国农村经济》2019 年第12 期。

秦秋霞、郭红东、曾亿武：《乡村振兴中的数字赋能及实现途径》，《江苏大学学报》（社会科学版）2021 年第 5 期。

唐文浩：《数字技术驱动农业农村高质量发展：理论阐释与实践路径》，《南京农业大学学报》（社会科学版）2022 年第 2 期。

齐文浩、李明杰、李景波：《数字乡村赋能与农民收入增长：作用机理与实证检验——基于农民创业活跃度的调节效应研究》，《东南大学学报》（哲学社会科学版）2021 年第 2 期。

崔凯、冯献：《数字乡村建设视角下乡村数字经济指标体系设计研究》，《农业现代化研究》2020 年第 6 期。

冯献、李瑾、崔凯：《乡村治理数字化：现状、需求与对策研究》，《电子政务》2020 年第 6 期。

刘天元、王志章：《稀缺、数字赋权与农村文化生活新秩序——基于农民热衷观看短视频的田野调查》，《中国农村观察》2021 年第 3 期。

殷浩栋、霍鹏、汪三贵：《农业农村数字化转型：现实表征、影响机理与推进策略》，《改革》2020年第12期。

沈费伟、袁欢：《大数据时代的数字乡村治理：实践逻辑与优化策略》，《农业经济问题》2020年第10期。

李红艳：《手机：信息交流中社会关系的建构——新生代农民工手机行为研究》，《中国青年研究》2011年第5期。

B.9
烟台市建设新型农村能源体系的
重点与对策

夏雯雯　牛华忠*

摘　要：　加快建设新型农村能源体系，能够为中国式农业农村现代化建设
提供安全可靠绿色低碳的能源保障。本报告通过梳理发现，烟台市对建设新
型农村能源体系给予了高度关注，扎实稳妥推进新型农村能源体系的生产
端、消费端和服务端建设。但同时，烟台市仍需以坚持能源安全和绿色低碳
为战略重点，从统筹规划、强化资源要素支撑、建立健全体制机制等方面建
设新型农村能源体系。

关键词：　新型农村能源体系　能源安全　绿色低碳

一　烟台市建设新型农村能源体系背景

（一）新型农村能源体系内涵特征

新型农村能源体系在原有的农村能源体系中嵌入了新的内涵特征，成为
新型能源体系的重要组成部分。新型农村能源体系和农村现代能源体系一脉
相承，可以认为是农村现代能源体系的加强版，也是在"双碳"目标下赋
予农村能源的新要求。党的十八届五中全会首次提出"建设清洁低碳、安

---

* 夏雯雯，管理学博士，山东师范大学经济学院讲师，主要研究方向为农业绿色发展；牛华
忠，国网山东省电力公司经济技术研究院中级工程师，主要研究方向为能源经济。

全高效的现代能源体系"。《"十四五"现代能源体系规划》提到要"积极推动乡村能源变革",其中又进一步提出"加强乡村清洁能源保障""加快完善农村和边远地区能源基础设施"等关于农村现代能源体系的要求。从规划中能够看出,现代能源体系包含了三个方面的内容,包括能源的生产端、能源的消费端和能源的服务端。生产端是指利用农村的光照、农林粪便等废弃物生物质等自然资源,积极引导农民参与到农村能源的变革生产中,构建安全绿色的农村能源生产体系;消费端的目标是通过提高电气化程度,优化能源利用结构,增强能源利用效能,从而构建一个以优质清洁为特征的农村能源消费体系;服务端是指在变革农村能源生产和消费体系的同时,通过建设和维护能源供应的运维网络和基础设施,使便捷高效的农村能源服务体系得到构建。

基于现代能源体系的特征和要求,新型农村能源体系的内涵特征可以概括为清洁低碳、安全高效、多元化、智能化与分散化、可持续发展等。清洁低碳方面,2023年7月,习近平总书记在主持中央全面深化改革委员会第二次会议时强调"要立足我国生态文明建设已进入以降碳为重点战略方向的关键时期,完善能源消耗总量和强度调控,逐步转向碳排放总量和强度双控制度"[1],农村能源的发展也需要根据这一重大战略的转变做出改革和调整,需要坚持清洁低碳的发展原则,积极推动可再生能源的利用,减少化石能源的使用,从而降低温室气体排放,保护环境。安全高效方面,2014年6月13日,习近平总书记在中央财经领导小组第六次会议上提出"四个革命、一个合作"能源安全新战略[2]。能源安全新战略为新型农村能源体系的发展提出了方向和路径,从能源的生产、消费、技术、体制、国际合作等维度,保障能源的稳定性和可靠性,同时提高能源利用的效率,满足农村地区

---

[1] 《【新思想引领新征程】厚植高质量发展绿色底色 生态文明建设迈上新台阶》,中国青年网,2023年12月23日,http://news.youth.cn/gn/202312/t20231223_14983291.htm。

[2] 《在贯彻"四个革命、一个合作"能源安全新战略中体现国网担当——写在习近平总书记提出"四个革命、一个合作"能源安全新战略五周年之际》,中国能源网,2019年8月21日,https://www.china5e.com/energy/news-1067838-1.htm。

的能源需求，兜住农村能源安全底线。多元化方面，新型农村能源体系不再局限于传统的能源形式，而是充分利用太阳能、风能、生物质能等多种可再生能源，实现能源来源的多元化。智能化与分散化方面，新型农村能源体系注重智能化与分散化的发展。通过智能电网、能源储存技术等，提高能源利用效率，同时实现能源的分布式供应，增强能源供应的灵活性和可靠性。可持续发展方面，新型农村能源体系侧重于农村经济社会全方位的可持续发展，将新型农村能源嵌入农业、农村、农民生活中，促进农村地区的可持续发展、经济繁荣和社会进步。

因此，新型农村能源体系是一个以清洁低碳为指引，以安全高效为底线，融合多元化、智能化与分散化、可持续发展的能源系统，它将为农村地区的能源生产、消费、技术、体制、国际合作等提供有力保障，促进农村能源高质量发展，推进乡村振兴和中国式农业农村现代化，为中国实现"双碳"目标贡献力量。

（二）国家关于新型农村能源体系建设的政策支持和规划要求

国家的政策文件对新型农村能源体系建设的方向和路径进行了详尽的阐释和具体的部署。在历年的中央一号文件里，实施农村电网巩固提升工程和发展农村新能源被反复提到。例如，2022 年 1 月，《中共中央 国务院关于做好 2022 年全面推进乡村振兴重点工作的意见》（以下简称"2022 年中央一号文件"）提出"深入实施农村电网巩固提升工程。推进农村光伏、生物质能等清洁能源建设"；2023 年 1 月，《中共中央 国务院关于做好 2023 年全面推进乡村振兴重点工作的意见》（以下简称"2023 年中央一号文件"）发布，与 2022 年中央一号文件相比，2023 年中央一号文件再次强调"推进农村电网巩固提升，发展农村可再生能源"，同时，新加入了"鼓励有条件的地区开展新能源汽车和绿色智能家电下乡"；2024 年中央一号文件又一次强调"推进农村电网巩固提升工程。推动农村分布式新能源发展，加强重点村镇新能源汽车充换电设施规划建设"。

2022 年 5 月，中共中央办公厅、国务院办公厅印发的《乡村建设行动实施方案》提到"实施乡村清洁能源建设工程。巩固提升农村电力保障水平,推进城乡配电网建设,提高边远地区供电保障能力。发展太阳能、风能、水能、地热能、生物质能等清洁能源,在条件适宜地区探索建设多能互补的分布式低碳综合能源网络。按照先立后破、农民可承受、发展可持续的要求,稳妥有序推进北方农村地区清洁取暖,加强煤炭清洁化利用,推进散煤替代,逐步提高清洁能源在农村取暖用能中的比重"。为了进一步推动农村能源转型升级和高质量发展,2023 年 12 月 21 日,国家能源局综合司、生态环境部办公厅、农业农村部办公厅公布了第一批农村能源革命试点县名单。2024 年 3 月 25 日,《国家发展改革委 国家能源局 农业农村部关于组织开展"千乡万村驭风行动"的通知》提到要以"千乡万村驭风行动"为主要抓手推动农村能源革命。《2024 年能源工作指导意见》提出持续做好农村电网巩固提升,因地制宜加快推动分散式风电、分布式光伏发电开发,在条件具备地区组织实施"千乡万村驭风行动"和"千家万户沐光行动",发展清洁供暖等具体的指导意见。

"十四五"的相关能源规划为新型农村能源体系的发展提供了基本要求和指引。《"十四五"现代能源体系规划》提到要"积极推动乡村能源变革"。《"十四五"可再生能源发展规划》提出"统筹农村具备条件的屋顶或统筹安排村集体集中场地开展分布式光伏建设,建成 1000 个左右光伏示范村",以生物天然气示范县带动农村有机废弃物处理、有机肥生产和消费、清洁燃气利用的循环产业体系建立,推进可再生能源与农业农村生产经营深度融合,开展农村生物质能等新能源资源评估,明确可再生能源发展空间等。

(三)烟台市建设新型农村能源体系的优势

1. 烟台市在建设新型农村能源体系中具有丰富的资源优势

烟台市具有较好的农业农村发展基础,区位优势明显,物产丰富,农林废弃物、海洋、畜禽粪污、风、光等资源开发条件较好,在产业基础和资源禀赋方面具有新型农村能源体系建设的优势。烟台是全国优势水产品主产区和重点渔区，国家级海洋牧场数量占全国的 1/8。烟台市具有多个产业集群，白羽肉鸡、生猪等产业集群具有丰富的畜禽粪污等资源，苹果、葡萄与葡萄酒、龙口粉丝、花生与食用油等产业集群具有丰富的农林废弃物等资源。除了各大产业集群外，农村本身具有大量的生物质等资源，可以进行开发。

2. 烟台市在建设新型农村能源体系中具有明显的先发优势

烟台市在清洁能源开发和应用中具有显著的技术优势和规模优势。在清洁能源装机容量上，2022 年其超过了 1100 万千瓦，在省内处于第一位，在全国也排在前列。烟台市在清洁能源发展进程中缔造了多项第一，具体包括清洁能源装机容量在山东省内独占鳌头；发出了山东省首度核电与海上风电；国内首次实施核电供热示范项目；启动首个海上风电与海洋牧场融合发展研究实验；全球首创深远海风光同场漂浮式光伏项目实验。在清洁能源体系构建上，烟台市正倾力打造一个涵盖核能、风能、太阳能、氢能、储能以及液化天然气（LNG）等多元能源的新型能源架构。与此同时，烟台市聚焦于清洁低碳供暖与核能综合利用等实际应用场景，推动清洁能源的全面落地与深度应用，为实现清洁低碳发展目标奠定了坚实基础。

（四）烟台巾建设新型农村能源体系的重要性

1. 建设新型农村能源体系是烟台市实现乡村振兴和农业农村现代化的重要环节

新型农村能源体系是对原有化石能源体系的重大变革，是在追求能源安全的前提下进行的农村能源绿色转型。通过提升电网服务水平等推动巩固拓展脱贫攻坚成果同乡村振兴有效衔接；通过建设分布式风电和光伏发电推动电力自发自用；通过土地租赁等推动能源产业发展；通过农村生物质资源利用、乡村能源站建设等推进农村能源绿色产业的培育和壮大；通过提高农村生产生活的电气化水平、在农村供暖中以清洁能源替代传统煤炭等化石能源，加快培育农村绿色低碳的生产生活方式。新型农村能源体系通过培育壮大新能源产业、推动农村生产生活方式绿色低碳化、提高农民收入等方式，为推进乡村振兴和农业农村现代化提供了有力支撑。

2.建设新型农村能源体系是建设山东省绿色低碳高质量发展先行区的重要要求

山东省被党中央、国务院寄予厚望，承担起构建绿色低碳高质量发展先行区的战略重任。在这一宏伟蓝图中，烟台市扮演着山东新旧动能转换的核心引领角色，不仅在省绿色低碳高质量发展先行区的三年行动计划里主导着最多的重点项目，而且在项目总投资额以及年度计划投资额方面处于首位。加快建设新型能源体系是协同推进降碳减污扩绿的重要要求，新型能源体系对于整县分布式光伏规模化开发示范和"百乡千村"绿色能源发展示范等具有明确要求，而这些是新型农村能源体系建设的重要内容。

二 烟台市建设新型农村能源体系主要成效

新型农村能源体系推动农村从单纯的能源消费端转向兼具能源消费和生产的功能体。基于此，本报告从能源生产端、能源消费端和能源服务端三个方面入手，对烟台市建设新型农村能源体系主要成效进行分析。

（一）能源生产端

在能源生产端，烟台市农村地区正逐步摆脱对传统化石能源的依赖，向绿色低碳的能源结构转型。通过建设分布式光伏电站，农户可以利用自家屋顶或空地安装光伏板，自给自足的同时还能将多余的电力并入电网，形成了一种双赢的局面。生物质能的开发与利用，如生物质气化站的建设，不仅解决了农作物秸秆等农业废弃物的处理难题，还为农村提供了清洁、可再生的能源，促进了循环经济的发展。

近年来，全市清洁能源装机容量稳步增加。全市清洁能源装机容量从2019年的634.52万千瓦增加到2023年7月初的1236.54万千瓦[①]，从占全

[①] 《山东唯一！烟台连续13年完成节能任务，万元GDP能耗达全省先进水平》，搜狐网，2019年6月17日，https://www.sohu.com/a/321229978_164069。

市总装机容量的 45.60% 提高到 55.96%①。在生物质资源方面，2023 年 10 月 17 日烟台市召开的议政直达车——委员议政座谈会上讲到烟台市农业生物质资源 277 万吨、林业生物质资源 21 万吨②。以海阳永能生物科技有限公司的绿色清洁热源为例，它的主要供暖燃料为秸秆、林木剪枝、花生秧等生物质资源，作物秸秆得到了燃料化利用③。

（二）能源消费端

1. 农村电力消费总量增加

（1）农业电力消费总量逐年递增

根据《烟台统计年鉴》，2018～2022 年，第一产业的电力消费总量从 113686 万千瓦时增加到 148690 万千瓦时，增幅达到 30.79%，年均增幅接近 7%。农林牧渔业的电力消费总量从 146709 万千瓦时增加到 180118 万千瓦时，增幅低于第一产业，为 22.77%，年均增幅超过 5%。其中，在农林牧渔业各分项中，除了林业和农林牧渔专业及辅助性活动电力消费总量略有下降外，农业、畜牧业和渔业均有不同程度的增加，畜牧业增幅最为明显，年均增幅达到 7.8%，其次是渔业，年均增幅为 3.7%，最后是农业，年均增幅为 3.1%。

（2）乡村居民生活电力消费总量与人均生活电力消费量逐年增加

据《烟台统计年鉴》统计，乡村居民生活电力消费总量在 2018 年是 209695 万千瓦时，到了 2022 年，增加到 251750 万千瓦时。在乡村居民生活电力消费总量增加时，农村人口反而是逐年递减的。按照人均生活电力消费量是乡村居民生活电力消费总量与农村人口数之比进行估算时，能够发现一个明显的变化，人均生活电力消费量呈现出逐年增加的趋势，从 2018 年的 843

---

① 《清洁能源，烟台何以先行一步？》，烟台市人民政府网站，2023 年 8 月 29 日，https://www.yantai.gov.cn/art/2023/8/29/art_ 41950_ 3144963. html。

② 《烟台四次召开议政直达车——委员议政座谈会 让建议在协商间传递》，水母网，2023 年 10 月 18 日，https://news.shm.com.cn/2023-10/18/content_ 5361371. htm。

③ 《"生态包袱"变身"绿色财富"》，烟台市农业农村局网站，2024 年 1 月 3 日，https://nongye.yantai.gov.cn/art/2024/1/3/art_ 20530_ 2919643. html。

千瓦时增加到 2022 年的 1122 千瓦时，年均增速表现出先上升后降低并逐渐趋于平稳的态势。

2. 农用柴油使用量逐年稳步下降

据《烟台统计年鉴》统计，农用柴油使用量 2018 年为 181409 吨，到了 2019 年下降为 164677 吨，2020 年继续下降，下降到 154026 吨，2021 年下降到 144512 吨。截至 2022 年，进一步降低到 133769 吨，与 2018 年相比，下降幅度达到 26.26%，年均下降幅度超过 7%。

3. 农业单位 GDP 电耗稳中有升

依据《烟台统计年鉴 2023》和《2023 年烟台市国民经济和社会发展统计公报》关于第一产业的生产总值和电力消费总量的数据，分析发现，总体上看，2018~2023 年，烟台市农业单位 GDP 电耗持续维持在 225 千瓦时/万元左右，即在第一产业中每创造万元 GDP 需要消耗 225 千瓦时左右的电。分年度来看，2018 年以来，农业单位 GDP 电耗呈现出稳中略有波动的趋势。2018 年，农业单位 GDP 电耗为 223 千瓦时/万元，2019 年下降为 222 千瓦时/万元，2020 年有所回升，但回升幅度较小，仅增加 4 千瓦时/万元，2021 年有所下降，下降幅度相对较大，下降到 217 千瓦时/万元。此后农业单位 GDP 电耗有所增加，从 2021 年的 217 千瓦时/万元增加到 2022 年的 224 千瓦时/万元，到了 2023 年，再次增加到 238 千瓦时/万元，即相比于 2021 年，在第一产业中每创造万元 GDP 需要多消耗 21 千瓦时的电，增幅接近 10%。

4. 农村清洁取暖比例上升

农村清洁取暖比例上升是农村用能清洁化程度持续提高的一大重要体现。《烟台市 2022 年冬季清洁取暖工作实施方案》对 2022 年的工作安排显示，烟台市在 2022 年实现农村清洁取暖改造 16.32 万户，占过去 5 年实现农村清洁取暖改造总户数 28.10 万户的 58%。在《烟台市 2023 年冬季清洁取暖工作实施方案》中，2023 年完成农村清洁取暖改造的户数为 11.20 万户。即在近 7 年间，烟台市完成农村清洁取暖改造的户数总共为 55.62 万户。另外，农村建筑节能改造户数也在稳步上升，《烟台市 2022 年冬季清洁取暖工作实施方案》和《烟台市 2023 年冬季清洁取暖工作实施方案》显示，烟台市 2022 年的任务是，农村建筑节能改造 1.4 万户，2023 年农村建筑节能改造 1.0 万户。

（三）能源服务端

能源服务端决定了能源生产端和能源消费端的效率和质量，主要体现为农村能源基础服务设施建设的推进程度和农村能源供应和运维网络的便捷度。

烟台市扎实推进农村能源基础服务设施建设。烟台市在农村能源基础服务设施的建设与升级上展现出了前瞻性的规划与扎实的执行力，为农村地区的现代化与可持续发展奠定了坚实的基础。电力基础设施的升级是重中之重。烟台市通过实施农村电网巩固提升工程，不仅增强了电力供应的稳定性和安全性，还大幅提升了供电能力，确保了农村地区工农业生产与乡村居民生活用电的需求。此外，智能电网的建设使得远程监控与故障快速响应成为可能，极大地方便了农村用户，减少了由停电造成的不便。

烟台市促使农村能源供应和运维网络便捷度显著提升。烟台市通过建立完善的新能源运维体系，依托大数据、云计算等技术，实现了对新能源发电设施的远程监控和智能运维，降低了运维成本，提高了能源供应效率。除此之外，与《加快农村能源转型发展助力乡村振兴的实施意见》一致，烟台市还加快建设和大力发展乡村能源站。由有关数据可知，在 2023 年底烟台市实现了乡镇公共充电设施全覆盖，公共充电设施 24 小时对外开放。在"乡乡全覆盖"中共建成充电桩 1206 台、电动汽车充电站 286 座，年充电量突破了 5000 万千瓦时[1]，大大满足了乡村居民的充电需求，并促进了新能源汽车在乡村的普及。

---

[1] 《烟台市公共充电设施实现乡镇全覆盖》，新浪网，2024 年 1 月 5 日，https：//cj.sina. com.cn/articles/view/5328858693/13d9fee4502001sbu5。

三 烟台市建设新型农村能源体系战略重点

（一）坚持能源安全，注重多能互补

新型农村能源安全通常涵盖两个核心维度：首先，在供应维度上，它旨在实现农村能源供需之间的平衡，确保能源的持续稳定供给，以满足农民基本生活及社会经济发展的能源需求；其次，在使用维度上，它强调农村能源的利用必须对生态环境友好，不会危害到农村居民的健康或阻碍其长远发展。同时，也应考虑到农村居民收入有限的情况下，按照实事求是的原则，"宜煤则煤，宜气则气，宜电则电"。在此背景下，将能源安全作为烟台市建设新型农村能源体系的战略重点，并从能源供给和能源需求两个方面进行阐述。

1. 加强传统能源的兜底保障能力，保障农村能源的供应安全

现有的农村能源包括煤炭、柴油、天然气、电力、薪材等。首先，传统的农村生活能源如煤炭、薪材等和农村生产能源如柴油等在农村能源消费中仍然占有重要地位，提升这些能源的兜底保障能力能够确保农村居民在基本的生活和农业生产中不会受到能源短缺的影响。其次，随着农村生产生活中电气化水平的显著提升，持续建设农村电网和对现有的农村电网进行改造升级，提高电网的智能化和自动化水平，确保电力能源的稳定供应显得越发重要。同时，加强农村电网的维护和检修工作，提高电网的可靠性和安全性。必要的情况下，在农村地区建立能源储备体系，包括燃料储备、电力储备等，以应对可能出现的能源供应中断或短缺情况。加强农村能源的应急管理能力建设，提高应对突发事件的能力。最后，完善农村能源基础设施，以村、乡镇或县域为单位，用一种网络化的方式，提高能源输送和调配能力，确保能源供应的连续性和稳定性。

2. 深化农村传统能源和新能源的优化组合，维持农村能源的消费安全

煤炭、薪材、柴油等传统能源一直是烟台市农村能源保供的"压舱石"，

如今，在保障传统能源供给能力的基础上，烟台市在农村新能源领域持续深耕。当前的战略重点集中于推动农村传统能源和新能源两种能源的互补互动、协调发展、多元组合，从而保障农村能源消费安全，减少对生存环境的威胁和破坏。从农村的现实特征看，农村能源也一定是多能互补和综合利用的，农村有充足的能源燃料，应充分利用屋顶光伏、小型风力水力发电、生物质能等。深化农村传统能源和光伏、风电、生物质能等新能源的优化组合时，应秉持农民经济承受范围内、供应安全的基本准则。同时，新能源如光伏等存在明显的不易储存、"靠天吃饭"等问题，故应着重发展新型储能技术，为新能源消纳调峰提供方案，或就地消纳，或应用虚拟电厂技术实时调度。

（二）坚持绿色低碳，促进提质增效

绿色低碳是建设新型农村能源体系的又一显著特征。通过对烟台市建设新型农村能源体系成效的描述，发现仍需继续坚持绿色低碳，促进可再生能源的利用，减少化石能源的消费，促进能源供需的提质增效，从而降低碳排放量。基于此，从以下三个方面进行阐述。

1.持续探索新能源对传统能源的多元化替代

在绿色低碳的指引下，推动农村能源结构向多元化、清洁化、高效化转变，减少对化石能源的依赖，提高可再生能源的比重。如今，烟台市的电气化水平不断提升，在海洋风能和核能方面初具规模，但在畜禽粪污的能源化使用、生物质能发电等方面仍有所欠缺，就地自发自用方面也存在不足。因此，应依据不同地区的自然禀赋，探索多元化的能源结构，如在典型的农业县区，探索生物质能发电、养殖场沼气生产等。建设太阳能光伏发电站、风力发电场等，提高新能源供应的数量和供应能力的稳定性。当然，在能源开发和利用的过程中，要加强环境监管和治理，防止环境污染和生态破坏。

2.多环节推动节能减排，提升能源利用效率

能源利用效率提升是降低碳排放量的有效手段，下面主要从生产端、运输端和消费端三个环节进行阐述。首先，生产端，鼓励和支持科技创新，研发适应农村本地特点的能源技术和设备，通过技术创新降低能耗，提高使用

效率；并且发展适合当地特点的农村绿能建筑，在农业生产中实施节能工程，推广节能技术和设备，降低能源消耗。其次，运输端，对农村电网进行智能化和信息化改造，提高电网的调度能力和运行效率；将太阳能、风电等并网消纳，尤其是就地消纳。最后，消费端，鼓励和支持乡村居民接受新能源，减少对散煤等化石能源的使用，并积极参与秸秆、畜禽粪污等生物质的回收利用。同时，在农民收入的约束下，也应尽量控制新能源的使用成本，进而提升新能源普及率。

3. 多层次促进"新能源+"产业发展，兼顾经济效益

新型农村能源体系如果要获得长足发展，除了追求生态效益之外，还应兼顾经济效益，而形成"新能源+"产业则是有效手段。如上海市"松林项目"提供了一个典型示范。为了使规模化养殖场的畜禽粪污废弃物高值化利用，申能环境联合上海燃气和松林食品，探索形成了沼气提纯的工艺，并且在达标后将其并入了上海燃气管网。实施后的项目，相比此前，二氧化碳排放量减少了3800吨，达产后实现资源化收入400多万元。这种模式让废弃物资源化利用产生了生态效益，并且实现了经济效益。烟台市可以借鉴这种龙头企业带动产业发展的模式，提升农业废弃物绿色价值，带动各主体增收。

四 烟台市建设新型农村能源体系的对策建议

构建现代化的农村能源架构已成为我国新时代农业农村现代化进程中对能源领域提出的一项迫切新需求，这同样契合山东省致力于成为绿色低碳高质量发展先行区的战略目标。新型农村能源体系由新型农村能源系统和新型农村政策体制机制两大部分组成。在"双碳"目标的指引下，将侧重于开发风力、太阳能、生物质能、地热等零排放或低排放能源，而传统化石燃料则退居辅助地位，整个系统将借助前沿技术手段得以完善和优化。与此同时，配套的政策与制度体系将确保这一新型能源网络能够得到充分的支持，以实现其可持续发展。

（一）统筹规划新型农村能源体系建设思路

1. 加强新型农村能源体系的宣传和推广

宣传和推广是推进新型农村能源体系建设更广泛、更有效率和更可持续的重要手段，对于普及新型农村能源知识和技术应用，强化乡村居民对于风能、太阳能等新型农村能源的认知、理解和接受，提高支持度也有着至关重要的作用。为此，烟台市相关政府部门或高校和科研院所、新能源优势企业等应通过多种形式组织和加强新型农村能源宣传，比如，通过组织专家讲座、下发宣传资料、建立公众号等网络平台宣传、开展现场宣讲等方式让乡村居民、有关新能源市场主体等深刻认识到新型农村能源的生态性和经济性。同时，推广方面也应下足功夫，提供技术支持、政策引导、资金扶持等，鼓励农民积极利用新能源，推动农村能源结构的转型升级。

2. 循序渐进推进乡村居民由传统能源消费向新型农村能源消费转型

循序渐进、因地制宜地推进乡村居民从化石、薪材等传统能源消费向太阳能等新型农村能源消费转型是建设新型农村能源体系的应有之义。对各县域的农村能源体系有整体的了解和掌握，包括能源结构、消费习惯等，为能源消费转型提供数据支撑。针对各县域农村使用新能源的现状以及农村现有的可利用的资源状况，推动有改进空间的传统能源进行有针对性的转型和普及。比如说，将农民做饭的能源从薪材转变为天然气等。推动新型农村能源就近使用和就地消纳；另外，农民拥有利用这些可再生资源来满足自身能源需求的天然优势，甚至在自给自足之余，还能将多余的能源转化为商品进行销售，或是集中起来用于发电并接入电网，从而实现农村能源的循环再利用和经济效益的提升。在转型过程中，应优先发展适合农村地区的分布式能源项目，如太阳能、风能等，这些能源项目既能满足农民的日常需求，又能减少对传统能源的依赖。同时，要加强农村电网建设，确保新能源的稳定接入和供应。此外，政府应提供必要的政策支持和财政补贴，鼓励企业和个人参与农村能源转型。通过多方共同努力，逐步推动农村能源消费向清洁、高效、可持续的方向发展。

3. 因地制宜推进新型农村能源生产，积极培育"新能源+"产业

乡村地区蕴藏着丰富的可再生资源，如农作物残余物、分散式的太阳能光伏设施等，这些都构成了生物质和废弃物能源宝库。充分有效地利用这些可再生资源，可有效改善农村能源缺乏的困境。但同时，开发和利用新型农村能源要顺应乡村发展规律，依据各县域乡村基本禀赋，审慎稳妥发展太阳能、风能、生物质能等。在能源生产中，很多条件是逐步形成的，有资源的地区在市场和政府的引导下会逐步形成这方面的能力。并且，生产能源并非单一围绕能源的生产进行，需形成产业链和产业集群思维，积极培育"新能源+"产业。新型农村能源体系建设也需要新能源产业链的建设和协同发展，促进新能源产业内和新能源与相关产业间的相互融合和协同发展，从而推动新能源产业发展成熟和农民增收致富。比如，以"千乡万村驭风行动"和"千家万户沐光行动"为行动指南，鼓励相关新能源企业发挥资金、技术优势，建设"光伏+现代农业"。

4. 选择可再生能源较为丰富的典型农业县开展新型农村能源消费生产的示范建设

相关经验表明，某个县的先行探索是整体推进的有效方式。因此，要积极鼓励部分县域先行先试，率先建立清洁高效的新型农村能源体系。新型农村能源体系的形态呈现出多样化特征。比如，畜禽粪污、秸秆丰富的地区，可以优先发展以生物质能为核心的新型农村能源体系；光伏覆盖范围广的地区，可以优先发展以光伏产业链为核心的新型农村能源体系，从而为各地有序梯次规划建设新型农村能源体系提供参考。

（二）多措并举强化资源要素支撑

1. 充分发挥基层党组织在建设新型农村能源体系中对打通"最后一公里"的引领作用

为了强化基层党组织在"百乡千村"绿色能源推进工作中的引导和推动作用，激发农民的创新意识，使其成为"双碳"战略实施的积极参与者，从而助推可再生能源行业的壮大，可以采取以下措施。例如，激励农民有效

利用未使用的农舍屋顶，安装分布式太阳能光伏板和小型风力发电机进行电力生产，并配套适量的储能设施，实现电力的本地化消耗和自我供给。此外，鼓励乡村集体以公共建筑物的屋顶或未利用的土地作为资本投入，参与到新能源项目的建设中，推广"企业+村集体+农户"的合作发展模式。同时，应当加大对农民新能源技术应用与管理能力的培训力度，增加其专业知识和技能，确保他们能够更好地融入绿色能源革命，共同促进乡村的可持续发展。

2. 探索引导绿色金融向新型农村能源基础设施建设等方面倾斜

新型农村能源对传统农村能源的替代需要重新布局农村基础设施，进而产生巨大的信贷需求，亟须开展绿色信贷的投放。比如，如果要大力发展农村屋顶的光伏产业，按照烟台市第七次全国人口普查数据乡村人口 2321909人，再按照户均 2 人计算，约有 116 万户独立住宅，以家庭光伏电站户均 28 千瓦安装量测算，装机容量可达 3248 万千瓦，按 1 千瓦成本 2000 元计算，大约 650 亿元市场待开发。所以，农村能源的变革需要金融支持，同时金融在农村能源变革中也有较大的利润增长点。因此，激励金融部门探索和实践融资机制和服务模式的革新，针对优质农村能源项目及能源基础设施的建设，提供定制化的金融支持，包括但不限于贷款条件的放宽、利率优惠及贷款周期的灵活调整，以此促进新型农村能源转型的加速推进。

3. 推动科技创新赋能新型农村能源体系建设和发展

新型农村能源体系建设是多维度的和复杂的，未来必定是清洁化的和智能化的，那么推动该体系发展的核心一定是科技创新，即需要不断推动科技的迭代创新和技术的研发应用。对于烟台市而言，依据发展优势，不同的新型农村能源可采取不同的科技创新赋能策略。比如，核能作为优势清洁能源，可以在该领域加强自主核心技术研发和新型技术人才培养，促进核电能耗更低；而对于相对弱势的清洁能源来说，可以通过积极引进相对成熟的技术和人才实现本土化的应用和创新，拓展新型农村能源开发的广度和深度。

（三）建立健全新型农村能源体系建设体制机制

1. 构建产业、金融、科技、市场协同互促的体制机制

健全新型农村能源产业链的收益合理分配机制，保障参与者获得市场收益，尤其是保障农民的利益，增加农民收入，提升农村能源的可持续发展能力；加强金融市场和金融工具对新型农村能源体系建设的全方位支撑，建立覆盖新能源基础设施全生命周期的绿色信贷产品体系，并有序支持各类市场主体的社会资本依法平等进入新型农村能源体系建设领域，鼓励政府和社会资本合作（PPP）等融资经营模式，从而形成资金合力；加强新型农村能源产业发展过程中科技创新的运用和保护，引导适配的科学技术应用到产业生产中，并对知识产权实施保护；建立促进新能源开发利用的市场机制并制定投资政策、财税政策等，提高新能源产业在市场中的竞争力。

2. 探索村企之间、村村之间、村民之间等多层次的管理模式

有序吸引能源企业、地方企业的参与，探索建立村集体与能源企业合作共赢的长效机制。比如，充分挖掘本地农村能源资源潜力，推动村集体经济组织以资源入股的方式参与项目。在那些农林生物质资源丰饶的县，可以尝试合作社形式的秸秆回收机制和农田综合托管服务。具体而言，可在村庄或乡镇范围内设立农林废弃物集散中心，研究确定秸秆、树枝等废弃物的收购价格和质量标准，然后交由专门的企业来建设和运营生物质天然气工程或生物质液体燃料项目。对于畜禽养殖业较为发达的县，可以考虑建立区域性有机废弃物集中处理设施，用于生产沼气和生物天然气，或者鼓励农户自行安装家用沼气设备，将畜禽粪污转化为清洁能源，实现资源的有效循环利用。有序建设乡村能源合作社，建立健全农户参股收益分配等机制；建立城乡清洁能源互动机制。

3. 以完善运行管护机制支撑新型农村能源体系长足发展

新型农村能源体系不止于建设，管护也同等重要。注重管护，建设和管护并重，才能支撑新型农村能源体系长足发展。能源基础设施如果出现故障不及时处理维修，可能就荒废了，前期的资金、人力等投入也就无用了，因

此管护、服务运行显得尤为重要。应建立完善的社会化能源服务体系,确保新型能源的后端服务跟得上、跟得好,让已经建设的新型能源能够持续高效率使用;通过构建乡村能源服务中心,利用现有的农业机械服务点和基层电信设施作为支点,开展分布式清洁能源系统的健康检查与维护、电动汽车的充电及电池更换服务、生物质成型燃料的生产和加工等活动,以此增强新型农村能源的公共服务能力,提升农村地区的能源利用效率和可持续性。

农民生活篇

B.10
烟台市优化农村公共服务配置的路径

罗万纯*

摘 要： 农村公共服务发展水平直接关系到农村居民的幸福感、安全感和满足感。近年来，烟台市通过完善制度设计、加强服务设施建设、加强人才队伍建设、创新服务供给模式、提高服务保障水平等，不断提升农村公共服务发展水平。同时，烟台市农村公共服务面临发展资金保障压力大、优质服务人才不足、服务内容较为单一等问题，还不能有效满足农村居民不断增长的服务需求，与城市发展水平相比也存在较大差距。基于此，本报告提出烟台市优化农村公共服务配置应以补齐农村公共服务设施短板和提升农村公共服务质量为重点，从完善发展资金保障机制、优化人才队伍结构、创新发展模式等方面着手。

关键词： 农村公共服务 高质量发展 烟台市

---

* 罗万纯，管理学博士，中国社会科学院农村发展研究所副研究员，主要研究方向为乡村治理、农产品市场。

烟台市认真贯彻落实党中央、国务院及山东省委、省政府相关政策文件精神，以农村居民需求为出发点，综合施策，不断完善农村基础设施，持续提高农村教育、医疗、养老等公共服务发展水平。同时，为进一步提高农村公共服务供给和需求的匹配度，更好地满足农村居民对高质量公共服务的需求，还需要在认真分析总结农村公共服务发展成效及存在问题的基础上，进一步优化农村公共服务配置。

一 烟台市推动农村公共服务发展举措及成效[①]

烟台市高度重视农村公共服务发展，制定出台了一系列政策文件，有序稳步推进相关工作，农村公共服务体系不断完善，较好地满足了农村居民公共服务需求。

（一）完善制度设计，为农村公共服务发展提供指导

烟台市根据上级政策文件要求及自身发展需求，制定了教育、医疗、养老等公共服务发展规划、行动方案及服务标准等，为城乡公共服务发展提供了制度保障。

在促进乡村教育发展方面，烟台市教育局将建设全国乡村教育振兴先行区作为"乡村振兴齐鲁样板烟台篇章"教育领域的重点工作，保障乡村教育优先发展、优先投入。在深入调查研究、广泛征集意见、反复修改完善的基础上，2023 年 8 月印发了《烟台市推进乡村教育振兴专项工作方案》，提出实施乡村全环境立德树人工程、实施教育强镇筑基行动、优化改善乡村学校办学条件、选优配强乡村校长、提高乡村教师配置效益、提高乡村教师待遇、构建城乡协作发展共同体、提升县域高中教育水平、打造乡村学校办学特色、推进现代信息技术赋能、加强乡村特殊儿童关爱等 11 项改革举措。

[①] 该部分养老、最低收入保障相关数据来自烟台市民政局，教育相关数据来自烟台市教育局，医疗保障相关数据来自烟台市医疗保障局，农村交通建设相关数据来自烟台市交通运输局，电力相关数据来自烟台市供电公司。

在提升乡村医疗卫生服务方面，2024 年 7 月出台《烟台市关于进一步深化改革促进乡村医疗卫生体系高质量健康发展的实施意见》，提出要推动重心下移、资源下沉，健全适应乡村特点、优质高效的整合型乡村医疗卫生体系，并制定了 2025 年、2030 年、2035 年具体目标。在促进养老服务发展方面，2023 年 12 月公布《烟台市养老服务条例》，提出要完善养老服务体系，满足老年人养老服务需求，促进养老服务事业健康发展。同时，为明确公共服务事项和标准，烟台市对 2022 年制定出台的《烟台市基本公共服务标准》进行了修改，于 2024 年 4 月印发《烟台市基本公共服务标准（2024 年版）》，从 10 个方面界定了 23 大类 90 项基本公共服务标准。这些制度体系为有效提升农村教育、医疗、养老等公共服务发展水平提供了方法、路径和依据，促进了农村公共服务的有序稳步发展。

（二）完善农村公共服务设施，夯实农村公共服务发展基础

完善的公共服务设施是农村公共服务高质量发展的重要内容和基础，烟台市将完善农村公共服务设施作为重要基础工作。

在农村电力设施建设方面，2023 年全市共争取农村电网建设资金 1.7 亿元，新建 10 千伏线路 163 公里，新增配变容量 2.67 万千伏安，不断提升乡村电网供电能力及供电可靠性；设立"村网共建"电力便民服务点，向村民提供用电咨询、电费缴纳、业扩报装等"一站式"供电服务。

在农村交通条件改善方面，2023 年全市农村公路累计完工里程 2184.5 公里，危旧桥梁改造 52 座，重要村道或三级以上村道安保工程完成 580 公里。其中，新改建工程完成 920 公里，养护工程完成 1264.5 公里。全市道路优良率由 2021 年的 41% 提升到 2023 年的 69%。2024 年，烟台继续开展"四好农村路"提质增效专项行动，计划实施新改建工程 830 公里，实施养护工程 1320 公里，改造危旧桥梁 40 座，实施道路安保工程 700 公里，截至8 月，新改建工程完成率达 58%，养护工程完成率达 64%，改造危旧桥梁工程完成率达 20%，安保工程完成率达 37%。

在农村义务教育服务设施改善方面，现有乡村学校均按需配建学生宿

舍、伙房餐厅，不断改善农村学生的住宿条件和伙食条件；配置校车 1268 辆，服务 432 所学校 77700 名学生，有效解决学生上下学困难的问题。此外，还整合优化学校布局和设施，乡村学校基本形成"每个乡镇 1 所初中、1~2 所小学"格局。

在农村养老服务设施建设方面，通过改造校舍、办公场所、闲置房舍等设施，按照"村级（社区）主办、互助服务、群众参与、政府支持"的原则，依托村民自治和集体经济，积极推动农村幸福院建设，为农村老年人提供生活居住、日间照料、休闲娱乐、精神慰藉等服务。省、市共给予每处 3 万元的建设补助和连续三年每年 1.6 万~1.8 万元的运营补助。到 2024 年 9 月，全市共有县级敬老院 13 处、中心敬老院 3 处、乡镇敬老院 53 处、农村幸福院 1121 处。全市 176 处民办养老机构中，位于农村地区的有 88 处，占总数的 50%。

（三）加强人才队伍建设，提高农村公共服务供给能力

在农村公共服务设施普遍改善的背景下，优化人才队伍逐渐成为提高农村公共服务质量的关键和核心，烟台市不断加强农村公共服务人才队伍建设。例如，在乡村教师队伍建设方面，烟台市采取多项措施。一是重视农村领军人才建设与培养。2023 年以来，烟台市乡村学校有 3 人入选新一批齐鲁名师、名校长、名班主任建设工程，有 118 人被遴选为第二批烟台市教坛新秀，有 49 人被遴选为第二批烟台市学科带头人。二是加强乡村教师教育与培训。2024 年上半年，组织 248 名乡村学校校长参加省级培训，进一步提升乡村学校校长领导力和教育管理水平；组织开展全市农村中小学骨干教师培训，全市 100 名校长、教师参训（含省级、市级教育强镇筑基试点乡镇驻地学校校长、教师 52 人）。三是做好教师补充与配备。推动"县管校聘"改革优化升级，组织 2451 名教师校长交流轮岗；新聘任 121 名体育、美育和劳动教育教师到乡村学校任教；通过调配、岗位选聘等方式，遴选 295 名优秀教师（含公费师范生 80 人）帮扶乡村学校建设，安排 835 名高校师范生到中小学实习支教。

（四）创新服务供给模式，加强优质服务资源共享

在农村优质公共服务资源较为匮乏的背景下，创新供给模式，加强城乡优质服务资源共享，成为提高农村公共服务质量的重要路径。烟台市积极创新农村公共服务供给模式，取得了显著成效。

在农村教育发展方面，积极探索推进镇域一体的学区制改革，配置乡镇学区主任，统筹学区内初中、小学和公办学前教育机构的教育教学等工作，实行一体化管理，通过合理划分学区范围、规划生源布局、配置教育资源等，实现优质资源的共建共享，缩小校际差距，促进教育公平。印发《烟台市教育局关于推进义务教育阶段学校集团化办学的意见（试行）》，将新建学校全部纳入集团化办学，与优质学校组建"紧密型"教育集团，同时推动乡村学校与城区优质学校——结对，基本建立城乡一体教育资源配置机制。截至 2024 年 9 月，烟台市义务教育阶段学校共建有 125 个教育集团（共同体），涵盖全市 503 所学校，集团化办学覆盖率、乡村学校覆盖率均为 100%。

在农村医疗卫生服务方面，2018 年起，山东省在全国率先采取行动，从全省二级以上医院选派骨干到扶贫重点乡镇和薄弱乡镇卫生院任业务院长，截至 2023 年 8 月，烟台市已先后选派 100 名"业务院长"到乡镇卫生院，通过组织上级医院专家下乡义诊、在当地直接开展手术、向基层医卫人员传授特色诊疗技术等方式，显著提升了基层医疗卫生服务机构的诊疗能力和医疗服务质量。

在养老服务发展方面，烟台市设立了社区养老设施连锁化运营奖补政策，对连锁化运营农村幸福院的社会组织给予资金奖补，鼓励专业养老服务向农村地区延伸。

（五）提高服务保障水平，增强农村居民获得感

烟台市通过提供助学及医疗、养老、最低收入保障等补贴，不同程度地

提升了农村居民的获得感。

在助学方面，烟台市将乡村孤困儿童和残疾儿童等特殊困难群体全部纳入资助范围，按时为其发放各项助学资金。其中，学前教育阶段，发放政府助学金 687.19 万元、惠及学生 11555 人，免保教费 204 万元、惠及学生 673 人；义务教育阶段，发放寄宿生生活补助 495.2 万元、惠及学生 7995 人，发放非寄宿生生活补助 625.26 万元、惠及学生 22872 人。

在医疗保障方面，烟台市加大了对特殊困难群体和基层医疗卫生服务机构的支持力度。例如，对全市的农村低收入人口和返贫致贫人口提供全额资助，以确保其参加居民医保。个人不需要缴纳任何费用和办理任何手续就能享受到医疗保障，2024 年共计资助 15.89 万人参加居民医保，资助金额达 8000 余万元，做到参保缴费全覆盖。提高基层"两病"预算倾斜占比。在全市居民医保基金收支压力较大的情况下，对乡村医疗卫生机构医保基金使用给予政策倾斜，将基层医疗机构高血压、糖尿病门诊用药保障的总额预算调增 20%，保障乡村医疗卫生机构的医保服务能力。应纳尽纳符合条件的村卫生室。对全市村卫生室的开业、停业、注销等情况开展摸排工作，及时将符合条件的村卫生室纳入医保协议定点管理并开通医保联网结算，做到应纳尽纳，除已注销、停业等卫生室外，已纳入医保定点管理的村卫生室共计 2200 家。

在养老保障方面，全面落实特困老年人补贴制度。制定出台《烟台市民政局 烟台市财政局关于进一步完善经济困难老年人补贴制度的通知》，合并优化补贴制度，将补助范围扩大至 60 周岁及以上低保老年人，每年为 3.5 万余名困难老人发放补贴 3000 余万元。

在最低收入保障方面，烟台市按照救助保障标准动态调整机制，并结合城乡统筹规划，对最低生活保障标准进行适度调整。2024 年，农村低保标准达到每人每月 872 元，同比增长 9%，超过省内东部地区平均增幅。同时，城乡低保标准差异进一步缩小，从 2020 年的 1.34∶1 缩小至 2024 年的 1.23∶1。

二 烟台市农村公共服务发展面临的突出问题①

当前，农村公共服务面临发展资金保障压力大、优质服务人才短缺、服务内容单一等突出问题，直接影响了农村公共服务发展质量和可持续性，不能有效满足农村居民不断增长的公共服务需求。

（一）财政增收难，农村公共服务发展资金保障压力大

一方面，财政对农村公共服务发展投入相对不足。近年来，受公共卫生事件、地缘冲突等因素影响，经济增长放缓，财政增收难度加大，部分市（区）财政收入甚至出现了较为明显的下滑趋势，在一定程度上影响了民生事业支出水平。例如，随着公路建设规模增大和建设标准提高，投资也逐步增加。但由于各市（区）政府财力有限，新改建配套资金难以落实，导致农村公路养护任务繁重。加上镇、村基本无资金收入，用于乡村道路管养的资金不足，失养现象突出，养护压力日趋增大。在农村教育发展方面，由于各市（区）经济社会发展水平存在差异，以及实施义务阶段学校"以县为主"的管理体制，各市（区）教育资源和教育发展水平存在一定差距，乡镇学校不同程度地面临优秀师资流失、生源流失等问题。同时，对农村学前教育的财政投入不足，公立学校较少，相当比例的农村居民还需要负担较为沉重的学前教育费用。在养老服务方面，2023年烟台市级养老服务财政投入为3205万元，但用于农村地区的投入主要体现在敬老院建设（28万元）和农村幸福院建设（329万元）方面，占总资金投入比例只有11%，导致城乡养老服务设施存在较大差距。以莱山区为例，农村街道院格庄街道60周岁及以上老年人占比是城市街道滨海路街道的3倍，但滨海路街道每千人拥有养老服务设施床位数是院格庄街道的1.73倍，城乡养老服务供给失衡。

另一方面，农村地区公共服务购买能力弱，财政保障压力大。例如，农

---

① 该部分养老、收入相关数据来自烟台市民政局，教育相关数据来自烟台市教育局，医疗保障相关数据来自烟台市医疗保障局。

村地区老年人收入偏低。以莱州市为例，对 20% 的农村老年人口抽样调查显示：月收入水平在 500 元以下的占 40%，在 500~1000 元（不含）的占 36%，1000~2000 元（不含）的占 20%，2000 元及以上的占 4%。月收入 1000 元以下的老年人占 76%，表明农村老年人收入水平普遍偏低，直接影响农村老年人对养老、医疗等服务的购买能力，增加了财政保障压力。

（二）培养激励机制不完善，农村优秀服务人才仍然不足

由于农村地区工资福利待遇、生活条件、发展机遇等激励机制和相关培养机制不完善，农村优秀公共服务人才仍然不足。

在农村教育方面，较为突出的是教师老龄化问题。由于历史原因，年轻教师在乡村合校并校过程中流向城区，部分年龄较大教师因定居乡镇等而选择在乡村学校继续任教，导致乡村教师年龄普遍较大，老龄化问题比较严重。以蓬莱区为例，乡村学校 30 周岁以下教师占比不足 4%。

在养老方面，农村地区养老机构普遍缺乏专业护理人员。农村地区养老机构护理人员多为本地妇女，年龄较大，缺乏专业的护理技术，农忙时还频繁回家务农。一个护理人员需要照顾 8~10 位老人甚至更多，这些老人大多数是失能或半失能老人，护理难度较大，但护理人员工资普遍较低。以栖霞市观里镇主要向农村老年人提供护理服务的爱高老年公寓为例，运营 4 年以来入住老人始终维持在 20~30 人，收入仅能满足公寓基本运营，没有财力用于高额聘请专业护理人员。

（三）农村公共服务内容单一，不能适应时代发展需求

由于农村公共服务体系不够完善、服务能力有限，现有农村公共服务内容不够丰富，不能有效满足农村居民多样化、多层次的服务需求。例如，服务类救助发展不充分。近年来，困难群众在生活照料、康复护理、社会融入、心理辅导等方面的服务需求日益增长，但烟台市服务类救助仍处于发展初期，尚未出台相关政策文件。当前烟台服务类救助的覆盖面窄且内容单

一，针对低保对象群体的服务类救助数量少，服务方式和内容还需进一步丰富和完善。再如，农村幸福院等农村居家养老服务机构只能提供简单的日间食宿和棋牌娱乐服务，缺乏护理保健、医疗康复和老年教育等较高层次服务。

三　烟台市优化农村公共服务配置路径

烟台市未来农村公共服务配置应以补齐农村公共服务设施短板和提升农村公共服务质量为重点，从完善资金保障机制、优化人才队伍结构、创新发展模式等方面着手。

（一）完善资金保障机制，提高农村公共服务发展稳定性

提高市级财政统筹保障能力，必要时加大对农村公共服务发展资金较为短缺市（区）的支持力度，促进社会和谐稳定发展。例如，对于部分因财政收入明显下降严重影响教育、医疗等基本公共服务支出的市（区），应加大市级财政支持力度，确保该类地区按时发放教师、医生等人员工资及学校、医院等重要服务设施的正常运营支出，保障医疗、教育等重要民生事业的持续健康发展。

（二）完善人才培养激励机制，壮大农村公共服务人才队伍

在乡村教师队伍建设方面，按照省市相关文件要求，落实基层中小学教师高级职称评审政策和直评直聘政策，增强基层教师职业吸引力，有效解决农村优质师资短缺的问题。

在农村养老护理人才队伍建设方面，需要重点做好几个方面的工作。一是加大宣传力度，提升养老护理人才的社会认可度，提升社会各界人员参与养老服务事业的积极性。二是根据社会需求逐步建立和完善养老护理人才培养体系，为养老服务市场提供大量经过系统化、标准化培训的养老护理人才。三是完善养老服务设施、加强养老产品研发和使用，减轻养老

服务工作强度。四是统筹相关资金，为愿意参与农村养老服务的人员提供必要的培训补贴、工作补贴等，吸引更多社会人员参与养老护理工作，壮大农村养老护理人才队伍。

（三）创新发展模式，提升农村公共服务效率

一是优化配置模式，提高农村公共服务设施利用率。重点是补齐农村公共服务设施短板和整合利用公共服务设施。一方面，根据社会实际需求，加大投入，通过多种方式增加农村公立幼儿园、公立养老院等服务设施，在有效降低农村居民学前教育费用和养老费用的同时，向农村居民提供更高质量的学前教育服务和养老服务，并根据人口流动变化情况，通过合并、搬迁等方式不断优化调整农村服务设施布局。另一方面，全面摸底调查农村托幼、养老、医疗等服务设施建设、使用和闲置情况，整理利用相关资源，统筹提供托幼、养老、医疗等服务，提高相关服务设施利用率。例如，近年来北京、深圳等探索"老幼共托"服务模式，在提高服务设施利用率及解决居民家庭养老、托幼难方面发挥了积极作用，值得探索借鉴。

二是完善信息化基础设施，加强信息共享，及时根据情况动态调整相关公共服务待遇和服务内容。例如，做好部门间数据共享工作，及时将困难群众纳入保障范围，落实好基本医疗保险、大病保险、医疗救助等各项医保帮扶政策，确保困难群众及时享受医保待遇；充分发挥相关服务信息平台的桥梁作用，根据市场发展需要，不断丰富服务内容、扩大服务范围，支持引导平台服务延伸至农村区域。

三是创新服务供给模式，提高服务效率。例如，在农村养老服务供给方面，要重点完善以农村空巢、留守老年人为重点的定期探访制度；提供奖补资金，支持在农村地区以村居为单位，依托网格化管理机制，充分发挥农村公益岗作用，并借助城乡社区养老服务设施，构建以"探访问安、陪伴聊天、随手家务、应急帮扶"为主要帮扶内容的烟台城乡邻里互助养老模式。

B.11
烟台市加强农村精神文明建设的
重点领域及路径选择

林　珊*

摘　要：　近年来，烟台市广泛关注与投入农村精神文明建设，将农村精神文明建设作为乡村建设与治理不可或缺的一环。通过加强基层党组织建设、传承发展新时代文明实践以及优秀农耕文化，烟台市的农村精神风貌已经发生实质性改善，农村精神文明建设取得了显著成效。然而，在肯定成绩的同时仍需要关注几个重点领域：净化农村乡风民俗、接轨农民生活诉求、筑牢农村网络阵地、夯实农村基层党建。未来可通过以下路径进一步加强烟台市农村精神文明建设：一是深化移风易俗整治行动，引领乡村文明新风；二是丰富农村文化娱乐生活，焕发乡村文化活力；三是筑牢网络文化阵地，净化乡村网络环境；四是强化农村法纪威严，打击违纪违法行为。

关键词：　农村精神文明建设　乡村文化建设　烟台市

　　习近平总书记指出："农村精神文明建设是滋润人心、德化人心、凝聚人心的工作，要绵绵用力，下足功夫。"①　近年来，烟台市广泛关注与投入农村精神文明建设，将农村精神文明建设作为乡村建设与治理不可或缺的一

＊　林珊，管理学博士，青岛市社会科学院助理研究员，中国海洋大学管理学院博士后，主要研究方向为生态经济学、农业绿色发展、农业经济管理等。
①　中共中央党史和文献研究院编《习近平关于社会主义精神文明建设论述摘编》，中央文献出版社，2022，第32页。

环。2024 年烟台市政府工作报告提出，加强新时代文明实践中心建设，涵养文明乡风、淳朴民风。烟台市深入宣传习近平新时代中国特色社会主义思想，以农村精神文明建设为主线，聚焦思想引领，着力打造新时代文明实践中心。通过加强基层党组织建设、传承发展新时代文明实践以及优秀农耕文化，烟台市农村精神风貌焕然一新，社会主义核心价值观逐步深入人心。然而，随着城乡社会的快速交融、互联网虚拟生态的崛起以及新生文化的涌入，农村的文化生态正以一种更为隐蔽的方式发生转变。因此，面对农村精神文明建设方面的新挑战，必须正视问题，加强重点领域建设，探索营造健康、文明、和谐的农村文化新环境。

一　烟台市农村精神文明建设取得的成效

新时代烟台市农村精神文明建设工作得到了全面加强，乡村文明实践与文化建设持续有力推进。通过移风易俗、普及文明实践场所等专项行动，烟台市农村精神文明建设的良好氛围初步形成，文明进步的正能量在农村社会中得到了广泛传播。

（一）农村"天价彩礼"不复存在

过去，山东彩礼高昂的传闻甚嚣尘上，让不少人对这片土地上的婚恋观产生了误解。在烟台，结婚并不是金钱的交易，而是情感的交融。在这样的文化背景下，人们看到了一个更加健康、更加理性的彩礼文化。烟台栖霞市北榆疃村彻底摒弃了重男轻女的陈规陋习和天价彩礼的形式主义，主动削减彩礼，助力新家庭起航。究其根源，这得益于烟台市农村精神文明建设工作的开展。烟台市的彩礼文化，从侧面反映出这座城市的风貌和气质，离不开烟台人民对于传统文化的传承和创新。既保留了传统文化的精髓，又融入了现代社会的理念和价值观，这种文化传承与进步不仅让烟台的彩礼文化更加丰富多彩，也让这座城市更加具有吸引力和竞争力。

（二）新时代文明实践基地再扩容

近年来，烟台市新时代文明实践中心建设试点工作取得积极成效。自新时代文明实践中心建设试点工作开展以来，烟台深入学习贯彻习近平新时代中国特色社会主义思想和党的二十大精神，将新时代文明实践中心建设作为宣传思想工作的重中之重，作为推进乡村文化振兴的有力抓手，打造国家级试点县2个，省级试点县3个，市级试点县7个、试点镇街68个。烟台市深化拓展新时代文明实践中心建设，推动新时代文明实践基地再扩容，建设新时代文明实践中心15个、实践所160个、实践站6200多个，县乡村三级实现全覆盖，文明实践基础不断夯实，文明实践活动广泛开展。围绕"五有""五为""五聚"制定出台一系列制度性文件，不断夯实文明实践志愿服务基础，打造了"习语润心""德润莱州""平声致远"等一批在全国、全省叫得响的文明实践品牌。志愿服务蓬勃发展，全市共有6300多支志愿服务队117万名志愿者，"创建全国文明典范城市·志愿者在行动""'五为'志愿服务·与你壹路同行"等系列志愿服务活动深入开展，掀起全民参与文明实践志愿服务热潮。

（三）数智赋能乡村网络文化振兴

自乡村振兴战略实施以来，烟台便按下了"缩小城乡数字鸿沟"的加速键。目前，烟台全市行政村4G覆盖率达100%，5G覆盖率达98.8%，行政村宽带覆盖率达99.95%，宽带已覆盖区域100%具备千兆接入能力。烟台市以"平安乡村"和"5G网络示范村"建设为契机，将"移动看家"安防、移动高速宽带业务、云视讯业务服务送进村委。例如，"果都党建融媒体工作室工程"基于5G、大数据、物联网等技术，可实现设备远程操作、数据云存储，实现了市、镇、村三级对村委办公室"7×24"小时随时随地查岗、监控、召开视频会议等，有效解决了基层党建工作中"三难问题"（人员难集中、时间难保证、落实难监管），同时实现了党建工作与生产经营的深度融合与无缝对接。烟台以数智化赋能乡村振兴，为进一步加强农村基层党组织管理、落实村干部坐班制度、强化党员教育管理贡献智慧。目前，"果都党建融媒体工作室工程"已覆盖烟台栖霞市14个乡镇街道，累计建设844个村委融媒体工作室，实现了查岗、监控、召开视频会议等多业务融合。

（四）严厉打击农村家族黑恶势力

2023年9月，烟台市政府新闻办召开"全市依法打击治理农村家族宗族黑恶势力专项行动"新闻发布会。发布会指出自扫黑除恶常态化以来，烟台全市各级各有关部门扎实履行职责使命，严厉打击各类违法犯罪，着力推进平安法治烟台建设，增强了群众的获得感、幸福感、安全感。但部分地区农村仍存在家族宗族黑恶势力干扰破坏换届选举、侵占集体财产、垄断集体资源、拉帮结派、非法占地、非法采矿等问题。对此，烟台市扫黑除恶斗争领导小组将依法打击治理农村家族宗族黑恶势力专项行动作为常态化开展扫黑除恶斗争的重要组成部分，重点部署六项工作，掀起打击整治凌厉攻势。通过开展"查否"线索"回头看"专项行动，建立农村家族宗族黑恶势力重点人员信息库，实现动态管控；依法严厉打击基层"村霸""巾霸"等涉黑涉恶违法犯罪，依法严肃惩治农村家族宗族黑恶势力；同步"打伞破网"，落实线索双向移送和"双专班"办案模式，铲除"保护伞"，破除"腐败网"；深化"打财断血"，建立涉案财产查控"绿色通道"，开展黑恶财产专项执行行动，确保财产处置到位率达到100%。

二 烟台农村精神文明建设亟待解决的问题

在肯定成绩的同时，也要注意到随着城市化、老龄化、网络化等对农村社会影响的不断增大，烟台市农村精神文明建设依然存在一些亟待解决的问题。

（一）"人情债"问题依然突出

农村历来是"熟人社会"的缩影。过去，烟台市农村家庭人员流动较少，各类事项的人情往来能够维持一种世代性的平衡状态。然而，随着城镇化进程的推进，越来越多的农民离开故土进入城市生活，这种变化导致人情往来的平衡被打破。部分感到"吃亏"的农民开始寻求通过提前"办事"来收回"人情债"，尤其是农民返乡高峰期如国庆、春节等成为各类"办事"活动的集中期。部分农民通过"大操大办"收回"人情债"，甚至有的农民吃着低保、借债也要"撑面子"。这无疑加剧了盲目攀比之风，使得原本纯粹的传统礼仪和表达亲情、友情的方式变了味道，"人情宴"变成"人情债"。[①]

农村年轻一代的人情往来现象也需要予以特别关注。由于年轻人在外务工流动，游离于农村移风易俗的宣传范围之外，他们在人情支出盲目攀比、跟风随份子等方面存在一定的问题，如在外组成新的熟人圈子，结婚、生育、乔迁等人情支出可能是父辈的数倍。随着年轻人年龄的增长，他们人情往来的观念和行为将对烟台市农村人情往来格局产生新的影响。因此，烟台市必须高度重视农村"人情债"问题，从降低办事成本、合理补偿等多角度出发，努力减轻农民的人情负担，弥合"人情债"失衡导致的矛盾，维护农村社会和谐稳定。

（二）"老年文化"存在自发单调低质的问题

与二三十年前相比，我国农村老年人的精神生活已有显著提升，但与城镇老年人相比，差距仍然显著。调研发现，烟台市部分农村老年人的文化生活单调乏味：有人聚在一起，闲谈家常；有人沉溺于牌桌之上，搓麻将、打牌消磨时光；还有人通过上网、看电视打发时间。与城镇老年人相比，农村

---

① 赵紫燕、许汉泽：《数字化积分何以再造乡风文明——对 H 县"道德积分制"的案例考察》，《湖南社会科学》2024 年第 3 期。

老年人的精神生活状态显得较为黯淡。更令人担忧的是，部分农村老年人甚至不自觉地参与封建迷信活动，寻求心灵慰藉。烟台市农村老年文化仍存在自发单调低质的问题。

如今，随着越来越多的农村年轻人进城务工，"空巢老人"群体幸福感受到较大冲击，如果缺乏丰富多彩的精神文化生活，这类老年群体可能会通过极端方式排解内心苦闷。中国老龄科学研究中心的学者进一步研究指出，精神文化生活的匮乏可能会给农村老年人带来种种问题。其一，农村老人孤独感比城镇老人更为突出。农村老年人表示"经常感到孤独"[1]，"老了没事干，日子难打发"[2]；其二，长期的孤独、焦虑、抑郁等不良情绪可能导致农村老年人出现各种身体疾病；其三，由于缺乏积极向上的精神文化生活，农村老年人极易陷入赌博、迷信的漩涡，甚至被误导加入邪教组织，做出不理智行为，如拒绝就医治疗、与家人产生矛盾等。因此，针对烟台市农村老年文化仍存在的自发单调低质问题，政府相关部门应予以高度重视，政府、社会和家庭应共同努力，为农村老年人创造一个丰富多彩、健康向上的精神文化生活环境。

（三）"手机依赖"问题需引起重视

智能手机在烟台市农村已得到全面普及，已然成为农村居民生活的得力助手。其中，许多农村居民利用手机拍摄短视频、展示才艺、直播带货，将手机变成了创业的新工具。然而，手机的普及也带来了一系列新问题，尤其是部分留守妇女、儿童和老人等逐渐形成"手机依赖"，导致其精神风貌和价值观深受网络传播内容的影响。特别是留守群体中的青少年，由于集体活动匮乏、父母陪伴缺失，他们的启蒙知识部分来源于网络渠道，容易沉迷于手机游戏，并可能接触到网络低俗内容，亟须

---

[1] 陈志伦、李想：《社会支持网络推动农村养老高质量发展的对策研究》，《长春大学学报》2024年第3期。

[2] 周绍斌、李建平：《浙江农村老年人精神需求与精神文化生活状况的调查研究》，《中国老年学杂志》2008年第21期。

引起高度重视。

目前，烟台市农村低俗表演形式或活动已基本消失，但部分短视频、直播、搜索平台等却躲避监管，成为低俗内容的"温床"。网贷、假药、虚假广告等主要瞄准缺乏判断力的农村老人，网络低俗文化会对烟台市农村精神文明建设造成极大困扰。因此，烟台市必须高度重视农村存在的"手机依赖"问题，加强网络监管，净化网络环境，为农村精神文明建设扫除网络障碍。

（四）"流动性赌博"形式更为隐蔽、危害更大

赌博是源自错误致富观的冲动行为，更是违法人员肆意掠夺他人财富的恶劣手段。近年来，在烟台市公安机关的持续高压打击整治下，赌博违法犯罪行为得到有效遏制。但仍有赌博团伙选择在农村偏远地带的山林野地、废弃厂房、养殖场等流动设赌，"打一枪换一个地方"，有的向地理位置更偏僻、管控力量更薄弱的省际、市际、县际地带转移。这类"流动性赌博"较为隐蔽，不仅诱惑性、欺骗性较强，而且对社会危害性极大。人一旦沾染赌博陋习，便极易形成投机取巧、不劳而获的错误观念，影响乡风文明建设和乡村振兴发展。地下赌场多伴有争抢客源、赌资纠纷、讨要赌债等问题，且易与黑恶势力相勾结，给农村社会治安带来安全隐患。

更令人担忧的是，农村"流动性赌博"的形式也在不断翻新。一些新型赌博形式针对少数人不劳而获的心理，制造赚快钱的假象，但仍具有"十赌十骗""十赌十输"的本质。农村赌博形式多达百余种，而且网络赌博也开始在农村地区蔓延流行，其辐射面更大、诱惑性更强。与以往赌博活动常伴随的黑恶势力、高利贷、暴力讨债等问题相比，网络赌博还涉及更为复杂的套路贷、人身控制、胁迫犯罪等新问题。因此，烟台市必须高度重视并坚决遏制农村"流动性赌博"蔓延态势，切实维护农村地区和谐稳定。

三　烟台市农村精神文明建设的重点领域

（一）净化农村乡风民俗

在烟台市农村精神文明建设实践中，乡风文明是保障。为净化农村社会风气，有效遏制陈规陋习蔓延势头，培育良好家风、淳朴民风、文明乡风，需重视农村移风易俗重点领域治理。首先，运用激励机制引导群众广泛参与。利用爱心超市、文明实践基金等方式，对文明行为给予积分兑换、物质奖励和荣誉评选等激励。其次，推出文明新民俗供群众选择。移风易俗重在"移"和"易"，不仅要移除陈规陋习，还要易之以文明习俗。一味地禁和堵容易引起群众反感，毕竟乡亲们的情感表达需要载体，乡亲们的日常生活需要仪式感。最后，强化宣传营造良好社会氛围。推广"移风易俗主题宣传月"活动，营造良好氛围，推动更多人关心支持农村移风易俗。因此，烟台市需强化问题导向，增强农村移风易俗专项治理的针对性，让农村精神文明建设真正触及灵魂、焕发生机，共绘乡村振兴的斑斓画卷。

（二）接轨农民生活诉求

在深耕农村精神文明建设的过程中，只有同农民生活实际需求紧密接轨，才能激发农民参与精神文明建设的热情与活力。首先，烟台市深入探索新时代文明实践中心建设，推进新时代文明实践场所在部分村落落地生根。这些新时代文明实践场所设备先进、设施齐全，要精准对接农民日益增长的精神文化需求，应重视资源充分利用，契合服务农民的初心使命。其次，在推进移风易俗、整治大操大办等问题时，杜绝"一刀切"的粗暴手段，为农民提供低成本、简约的红白事替代方案和普惠性服务，接轨农民的精神生活诉求。因此，烟台市在农村精神文明建设的实践中，需精耕细作，紧密贴合农民的心声和需求，加快建设新时代文明实践场所，开展丰富多彩、形式多样的精神文明实践活动。

（三）筑牢农村网络阵地

随着信息技术的快速发展，网络在农村精神文明建设中的作用日益凸显。烟台各地普遍成立了融媒体中心，加强网络宣传阵地的建设，但要筑牢农村网络阵地基础还需要重点关注以下几方面内容。首先，内容创作要与需求匹配。在内容创作、传播范围和舆情影响力上，需要满足农村居民的多元化需求。其次，抵制低俗文化与不良信息。提高网络正能量内容的传播力，避免农村居民在网络上接触到大量低俗文化、虚假信息，受到不良引导。最后，加强监管。互联网管理、内容创作和传播监管在农村地区存在短板，部分领域网络阵地建设存在空白，农村居民难以区分低俗与正能量内容，易受不良文化影响甚至做出违法行为，要高度重视并加强监管。因此，烟台市必须加强网络阵地建设，拓宽传播渠道，加大监管力度，防止低俗文化、虚假信息等在网络上传播，为农村居民营造一个健康、积极的网络文化环境。

（四）夯实农村基层党建

烟台市农村基层党组织是精神文明建设的舵手，肩扛领导与组织的重责，农村基层党组织的领导力与组织力仍是需要予以高度关注的重点领域。首先，重视农村基层党员队伍老龄化问题。烟台市农村基层党组织要以资深党员为柱石，加强年轻党员干部的储备，激发精神文明建设的创新活力，培养农村党员队伍，广开才路，吸纳青春力量，培养政治过硬、组织有力的新一代党员，为精神文明建设注入鲜活血液。其次，重视行政村合并后的党支部力量。部分行政村合并后，党支部力量并未随之壮大，需重视提升新行政村党支部的组织力与执行力，优化合并后行政村党支部结构，确保新集体拥有坚实的组织基石与强大的执行力，引领农村精神文明建设破浪前行，共绘乡村振兴新篇章。

四 烟台市加强农村精神文明建设的实践路径

烟台市加强农村精神文明建设需深挖根源、聚焦短板，探索切实有效的实践路径。融正能量于农事生活，以乡村振兴筑基，培育新风尚，抵御陋习侵扰，为农村和谐稳定与持续发展注入不竭动力。

（一）深化移风易俗整治行动，引领乡村文明新风

建设文明乡风，移风易俗是关键。在深化移风易俗整治行动中，烟台市要将优秀农耕文化的精髓与农民共同的价值理念相融合，坚持疏堵结合、标本兼治的原则，创新移风易俗的抓手载体，以实际行动引领乡村文明新风。

一是充分发挥村民自治作用。支持红白事理事会耐心劝导村民接受文明风尚，共同营造文明、节俭、和谐的乡村氛围。推广村民自治实行清单制、积分制等有效办法，应对大操大办、散埋乱葬等突出问题。

二是推动各村根据实际情况制定移风易俗规范。创新性地利用村规民约弘扬敦亲睦邻、守望相助、诚信重礼的乡风民风，细化实化约束性措施，使之更具可操作性和针对性，营造农村和谐、文明风尚。

三是积极发挥村集体经济组织的作用。村集体经济组织要为主动配合移风易俗行动的村民提供创业就业扶持，让他们在文明新风中感受到实实在在的好处。

（二）丰富农村文化娱乐生活，焕发乡村文化活力

为丰富农民的精神文化生活，烟台市应积极推动城市优质文化资源下沉，丰富农村文化娱乐活动。坚持让村民成为文化特色活动的主角，彰显乡村文化的独特魅力，焕发乡村文化的新活力。

一是大力支持乡村自办歌颂农民劳动的盛大节日活动。通过举办农民丰收节、果蔬节等盛大活动，充分展现农民的勤劳与智慧，歌颂农民劳动，让农民的劳动成果得以充分展现，为乡村振兴注入强大活力。

二是鼓励乡村根据自身特色，自主自愿、因地制宜举办乡村文体活动。如村超、村BA、村食争霸赛、村广场舞、舞龙舞狮、大秧歌等，这些乡村文体活动不仅有助于丰富农民的精神文化生活，还能进一步弘扬乡村文化，推动乡村文化的传承与创新。通过这些举措，让农民在享受文化生活的同时

感受乡村的温暖与魅力。

三是进一步发挥基层新时代文明实践中心作用，将其打造成促进农民全面发展的服务中心。为留守儿童、老年人等群体提供丰富多彩的日常娱乐学习活动，让他们能够在欢乐的氛围中感受到农村精神文明实践的温暖与力量。通过这一平台，不断推动烟台市农村精神文明建设向更高水平迈进，为农民群众的幸福生活提供坚实的文化支撑。

（三）筑牢网络文化阵地，净化乡村网络环境

网络已成为农民群众获取信息、交流思想、丰富生活的重要平台。为进一步加强乡村网络文化阵地建设，烟台市需致力于引导乡村网络文化健康发展，筑牢乡村网络文化阵地，鼓励和支持接地气、聚人气、扬正气的网络文化优质内容创作，净化乡村网络文化环境。

一是积极创作和推广喜闻乐见的短视频、情景剧等网络文化产品。这些网络文化产品内容应贴近农民生活，反映乡村风貌，弘扬社会主义核心价值观。利用农民群众广泛使用的网络平台对正能量文化产品进行大力传播，让乡村网络文明实践的成果惠及更多农民群众，为农民群众提供丰富多彩的精神食粮。

二是开展国家宗教政策的网络宣传普及工作。通过网络平台的宣传，提高农民群众对宗教政策的认知和理解，依法打击农村非法宗教活动及其有组织的渗透活动，维护乡村社会的和谐稳定。

三是加大网络巡查监督力度。及时发现并遏制封建迷信、攀比低俗等消极文化的网络传播，防止不良网络信息对农民群众特别是少年儿童的侵蚀，预防农村少年儿童沉迷网络，确保其健康成长。

（四）强化农村法纪威严，打击违纪违法行为

农村精神文明建设与农村社会稳定相互联系、相互作用。为维护农村社会的和谐稳定，烟台市必须强化法纪威严，坚决加大对农村违纪违法行为的打击力度。

一是建立健全针对农村赌博、诈骗、网贷等重点领域违法行为的监督机制。构建覆盖全面、运行高效的监督体系，包括党内监督、行政监督、群众监督、舆论监督等，形成监督合力，强化源头防控，确保及时发现违法行为，从源头上减少农村重点领域违纪违法行为。

二是常态化开展农村专项整治行动。深入农村重点领域和关键环节进行清查检查、暗访侦查，提升打击整治的主动性和实效性。深入开展农村扫黑除恶专项行动，持续纠治乡村振兴领域的腐败问题和不正之风。这些行动旨在清除农村的害群之马，净化社会风气，让农民群众在安定的环境中生产生活。

三是加强法治宣传教育，提高农民群众的法律意识和法治观念。通过举办法律知识讲座、发放宣传资料、利用新媒体平台等多种形式，营造尊法学法守法用法的良好氛围。广泛宣传法律法规和典型案例，发挥典型案例的警示教育作用，让农民群众更加清晰地认识到违纪违法行为的危害性和严重性，从而自觉抵制陈规陋习和违法违纪行为。

参考文献

赵紫燕、许汉泽：《数字化积分何以再造乡风文明——对 H 县"道德积分制"的案例考察》，《湖南社会科学》2024 年第 3 期。

陈志伦、李想：《社会支持网络推动农村养老高质量发展的对策研究》，《长春大学学报》2024 年第 3 期。

周绍斌、李建平：《浙江农村老年人精神需求与精神文化生活状况的调查研究》，《中国老年学杂志》2008 年第 21 期。

李小健：《赓续共产党人的精神血脉　鼓足奋进新时代的精气神——杨振武秘书长为全国人大机关党员干部讲专题党课》，《中国人大》2021 年第 13 期。

B.12
烟台市促进农民工就业的路径和对策

代明慧*

摘　要： 农民工就业问题一直是社会各界重点关注的热点话题，也是实现共同富裕目标、跨越"中等收入陷阱"、推进中国式现代化的重要内容之一。近年来，烟台市农民工就业显现出新的趋势特征：在人口学特征上呈现老龄化、人力资本结构逐步优化的趋势，流动方式上呈现本地化特征，就业结构上呈现多元化趋势。然而，宏观经济形势带来的总体就业压力、县域就业创业环境相对较差、农民工权益保障不到位、农民工自身人力资本水平偏低等多重因素，均在一定程度上制约了农民工高质量就业。烟台市从就业环境、个人禀赋、权益保障等多个维度，充分调动政府、市场、社会、家庭等多元力量，聚焦超龄、青年和就业困难人员等重点农民工群体，推动实现农民工高质量就业创业新局面。基于此，本报告提出烟台市应将完善城乡一体化劳动力市场体系、以新质生产力引领县域产业体系升级、健全教育和技能培训体系、指导企业依法合规用工等作为政策着力点，保障农民工高质量就业、创业。

关键词： 农民工　高质量就业　返乡创业

　　习近平总书记强调，"发展新质生产力是推动高质量发展的内在要求和

＊ 代明慧，管理学博士，中国社会科学院农村发展研究所访问学者，菏泽学院讲师，主要研究方向为生态经济。

重要着力点"①，而高素质的劳动者是新质生产力的第一要素。2023 年全国农民工总量为 2.9 亿人，在全国就业人员中占比超四成，在非农从业人员中占据半壁江山，是劳动力市场的主力军。农民工群体在城乡之间流动成为链接城乡、工农关系的桥梁，更是推进乡村全面振兴战略的重要角色。农民工群体一方面为城镇发展提供了大量劳动力，另一方面又将先进的生产技术和管理方法带回农村，成为美丽乡村建设的中坚力量。因此，农民工为我国工业化和城镇化做出了不可磨灭的重大贡献，成为造就中国经济奇迹的长期密钥。党的二十大报告提出："完善重点群体就业支持体系，加强困难群体就业兜底帮扶。"烟台市聚焦农民工急难愁盼问题，采取切实措施，全面做好农民工就业服务保障工作，推动形成农民工共建共享城镇发展成果、更好融入城镇的良好格局，确保农民工外出务工有门路、返乡就业有奔头，为保障农民工就业大局稳定、促进农民增收、巩固拓展脱贫攻坚成果、谱写乡村振兴齐鲁样板烟台篇章保驾护航。

一　当前烟台市农民工就业现状及趋势特征

当前我国经济发展与城镇化建设进入新阶段，农民工就业也呈现新的趋势特征。从人口学特征来看，农民工群体呈现年龄结构逐渐老化、人力资本结构逐步优化的趋势；从流动方式来看，农民工群体流动半径缩小，呈现出就地就近就业的特征；从就业结构特征来看，农民工加速从制造业流向低端服务业。

（一）人口学特征：年龄结构逐渐老化、人力资本结构逐步优化

1. 农民工平均年龄持续提高

党的二十大报告明确指出，就业是最基本的民生。随着我国人口老龄化

---

① 《习近平在中共中央政治局第十一次集体学习时强调　加快发展新质生产力　扎实推进高质量发展》，《人民日报》2024 年 2 月 2 日，第 1 版。

形势日趋严峻，有学者认为我国"刘易斯拐点"已出现，老年劳动力的就业形势面临空前压力。为全面了解烟台市农民工就业情况，烟台调查队对农民工群体的工作生活展开调研，调研结果显示，51~60岁的农民工占比为25.4%。虽未统计60岁以上农民工规模，但从农民工就业实际情况来看，其占比同样较高。

一方面，受计划生育政策影响，新生代农民工的基数偏小，全社会人口老龄化程度逐步加深，农民工群体亦呈现出老龄化趋势。另一方面，随着工业化、城镇化进程的不断推进、农村居民对教育的重视程度逐渐提高，对子女的教育投入不断增加，农民工子女的就业期望发生转变。未来一个时期，人口老龄化与新出生人口锐减叠加影响，农民工老龄化程度也将进一步加深。

2. 教育水平不断提高

新生代农民工是我国新时代产业工人，其规模已超越第一代农民工，成为当今我国农民工群体的生力军。[①] 烟台市调研数据显示，青年农民工文化程度普遍较高，174名受访青年农民工中，大专以上学历占62.1%。随着家庭可支配收入的增长、子女数量的减少以及对教育重视程度的增强，家庭对子女教育的投入逐年提升，特别是新生代农民工获得的教育关注度和资源有了大幅提升。教育不仅是知识和技能的传递过程，更是促进社会公平和增强包容性的重要手段。通过教育，农民工打破出身、地域等限制，获得更广阔的职业发展机会。因此，教育的普及和教学质量的提升对于减少贫困、促进社会流动具有重要意义。在这个过程中，职业教育和培训体系作为连接教育与产业重要桥梁的作用尤为关键。针对劳动力结构性短缺和人才培养与产业需求不匹配的问题，完善职业教育和培训体系成为当务之急。烟台市通过深化产教融合、开展大规模的职业技能培训，有效提升劳动力的技能水平和就业能力，为新生代农民工提供了更多的就业创业机会和渠道。

---

① 李侠、张同利：《新生代农民工人力资本投资现状及提升路径》，《对外经贸》2019年第8期。

（二）流动方式特征：流动半径减小、倾向于就地就近就业

在宏观经济增速下滑、产业结构转型升级、乡村振兴战略实施等多重因素的影响下，许多中老年农民工选择返乡。随着烟台市"清退令"及实名上岗制度发布，60 岁以上农民工开始从跨省、市流动就业转变为就地就近就业。烟台市政府对返乡农民工提供创业服务和政策扶持等有效引导措施，"反流回巢""家门口创业"成为新潮流。一方面，超龄农民工体力和精力逐渐衰退，难以适应城市制造业、建筑业等劳动密集型行业的高强度、快节奏工作。伴随人工智能技术的快速发展，超龄农民工由于受教育程度相对较低，且缺乏持续的职业技能培训，难以掌握新技术和新知识，导致在就业市场上竞争力减弱。且大城市生活成本高，超龄农民工选择返回家乡养老。另一方面，烟台市积极推进乡村振兴战略，农村基础设施不断完善，城乡产融结合促进了农村经济的多元化发展，为农民工提供了在家门口就业的机会，城乡差距逐步缩小。同时，一大批有创业意愿和能力的农民工利用当地的资源和政策优势返乡创业。农民工就地就近就业方便照顾家庭、赡养老人，即使收入较城市就业有所降低，但生活质量明显提高。

目前，烟台市聚焦重大工程、重点项目，完善重点企业用工调度保障机制，发挥人社服务专员作用，充分利用线上线下渠道，定期发布企业急需紧缺职业（工种），健全"招、育、留"全链条用工保障体系，人力资源部门协同人才服务机构提供共享用工服务，既解决了部分企业的用工短缺问题，又帮助农民工保持就业状态，减少失业风险，实现"稳就业"目标，努力将农民工稳在当地。

（三）就业结构特征：从事行业趋于服务化

调研结果显示，近年来烟台市农民工就业更加灵活多样。农民工就业结构发生变化，由制造业向非生产性服务业流转。一方面，第三产业在疫情防控期间出现了新的增长点，数字经济和平台经济下大批农民工进入现代服务业，互联网技术的广泛应用创造了新经济新业态，特别是电子商务、共享经

济等新业态的崛起，为农民工提供了大量服务业就业机会。就业偏好从传统的制造业、建筑业等劳动密集型行业，转向电商、网约车、外卖配送等现代服务业，这种转变不仅拓宽了农民工就业渠道，也增强了劳动力市场的灵活性和包容性。另一方面，新生代农民工较高的受教育水平和较强的自我提升意识，使他们能够更好地适应新业态。他们愿意并有能力投资自身技能的提升，从而在职业选择上拥有更多的话语权和机会。这种趋势强调了人力资本在现代经济中的重要性，也启发了更多人重视教育和职业培训。同时，弹性人员派遣、错峰人员派遣、即插即用式人员培训等新型人力资源配置模式，为农民工提供了更加灵活多样的就业方式。这些模式不仅满足了企业根据市场波动灵活调整用工需求，也满足了农民工对工作时间、工作地点等方面的个性化要求，农民工就业更加灵活多样。当前农民工就业已经由解决温饱转向关注个体发展，在就业选择上既考虑薪资待遇，也考虑工作环境、社会地位等多重因素。

二　现阶段烟台市农民工就业面临的主要问题

受整体经济下行压力、新技术革命加速等多重因素叠加影响，烟台市农民工就业面临一些困境，包括宏观经济形势复杂严峻带来的总体就业创业压力、县域就业创业环境较差、农民工权益保障不到位、农民工自身人力资本水平偏低等问题，在一定程度上制约了农民工群体实现高质量充分就业。

（一）宏观形势依然复杂严峻，农民工就业仍然面临严峻挑战

全球经济复苏乏力，地缘冲突、贸易保护主义抬头等因素加剧了宏观经济的不确定性，对烟台市出口贸易造成了一定影响，进而对就业形势造成冲击。同时，由于经济增速放缓、市场不确定性增加，企业和消费者对未来预期转弱，部分行业和企业的用工需求减少，稳岗压力增大。

目前，烟台市农民工就业状况逐步恢复至疫情防控前水平，但由于宏观经济形势依然复杂严峻，短期与长期矛盾交织，农民工就业仍面临严峻挑

战。一方面，国内经济下行压力较大，城镇新增就业岗位减少，农民工求职难度加大，影响其就业意愿。另一方面，后疫情时代经济活动的恢复需要一个过程，农民工的显性失业与隐性失业现象并存。从统计数据来看，虽然农民工的显性失业率不高，但隐性失业不同程度存在。尽管烟台市政府出台了一系列扶持政策，推动企业"复工复产"，但面对消费萎缩、企业订单减少以及房地产市场调整，大量企业采取弹性就业、调岗调薪、轮岗轮休、缩短工时、停工待岗等措施，应对用工需求的减少。相当一部分农民工只能领取基本工资，事实上处于隐性失业或半失业状态。特别是房地产市场调整及其关联产业的负面传导，进一步对宏观经济增长和农民工就业产生了不利影响。

（二）县域经济存在短板，农民工就业吸纳能力欠缺

县域经济作为城市经济与农村经济的结合点，在吸纳就业方面具有优势，未来将迎来更多政策支持，就业创业前景广阔。然而，县域发展过程中，经济基础薄弱、营商环境不佳和公共服务不足等问题对就业吸纳能力构成了严峻挑战。长期以来，依赖资源和要素粗放投入的经济发展模式限制了烟台市县域经济的产业规模，工农之间衔接不畅，吸纳农民工就业的能力明显不足。

一是县域经济发展动能存在明显差距。2023年，烟台市地区生产总值达到10162.46亿元，其中龙口市贡献了1511.40亿元，占全市地区生产总值的14.87%，龙口成为烟台市经济最发达的县区，其综合实力已跻身全国百强县前十，并成为全省重要强县之一。龙口市不仅成功跻身全国首批创新型县（市）行列，还被列入国家乡村振兴示范县创建名单，连续三年被评为山东省高质量发展先进县，彰显了其在创新与可持续发展方面的突出成就。新能源新材料、海上风电、数字及信息技术和医药等产业的快速发展，为龙口经济增长奠定了坚实基础。相比之下，2023年栖霞市地区生产总值仅为309.30亿元，其经济总量与其他县区相比存在较大差距。各县区之间的经济发展不平衡，缺乏吸纳劳动力的支柱产业和特色产业，技术水平落后、竞

争力不足、附加值低，经济效益不佳。尤其是在一些经济欠发达的县域，产业层次较低，发展态势不容乐观，各行业劳动者的收入普遍偏低。当地财政支出主要用于保基本民生、保工资和保运转（"三保"），导致对其他领域的投入不足。这些地区面临人口和资源净流出的困境，就业和创业的吸纳能力较为薄弱，进一步制约了经济的持续发展。

二是县域产业结构层次偏低，就业承载空间有限。烟台市各县区发展不均衡，大多数县域经济基础相对薄弱，产业体系尚不完善，企业规模普遍较小。此外，新业态和新模式的发展较为滞后，灵活就业渠道也未能得到充分发展，工作岗位数量有限，难以同时满足不断扩大的农民工就业需求。

三是就业服务体系不完善，人才外流严重。经济发展不充分的县域基层公共就业服务体系建设不完善，人员和经费不足，专业化和信息化水平有待提高，对返乡农民工的政策宣传、信息推介、就业指导和技能培训等服务不到位，就业服务"最后一公里"问题亟待解决。在基本公共服务县域统筹的背景下，多数县域面临财力有限的挑战，难以在医疗条件、社保水平、就业服务、教育质量、文化供给和基础设施等方面实现全面提升。近年来，烟台市政府大力推动城乡基本公共服务均等化，持续出台相关政策并落实具体举措，但短板依然存在，需要长期统筹推进。在县域内部，公共服务水平从县城到乡镇再到农村的阶梯式递减，与人口和资源的梯度流动形成鲜明对比。

四是超龄农民工就业难度加大。老一代农民工受教育程度低、劳动技能单一，大多集中在建筑业、制造业等传统行业，从事重体力劳动，不少农民工因身体受到损伤无法继续工作。加之房地产市场下滑、部分行业超龄农民工被辞退，他们返乡后的就业和养老保障均面临巨大压力。

（三）权益保障不到位，农民工就业质量有待提升

2023年中央一号文件提出稳定农民工就业、提升农民工职业技能、维护超龄农民工就业权益、推进县域农民工市民化等要求。烟台市政府积极响应国家和山东省委、省政府的号召，出台了一系列扶持农民工就业创业的政

策措施。但调查研究发现，由于农民工就业稳定性较差，其基本公共服务和社会发展权益难以得到有效保障。

一是农民工的工资水平依旧处于低位，且其增长速度显著滞后。实现农民工市民化的重要前提之一是确保其获得较高的工资收入。尽管烟台市发布了《烟台市工程建设领域农民工工资保证金管理实施细则》，确保农民工工资按时足额发放，但与城镇单位就业人员的工资水平相比仍存在差距。此外，农民工的工资增长速度远低于物价的上涨幅度，导致他们的实际购买力逐渐下降。农民工与金融、IT、科技、医疗等高薪行业从业者的工资差距不断拉大，增加了农民工成为城市新兴贫困群体的风险。[①]

二是农民工的社会保障覆盖率亟须提高。社会保障作为农民工在城市化进程中的安全网，其重要性不言而喻。社会保障为农民工提供了经济上的安全保障，包括工伤保险、失业保险、医疗保险等，能够在农民工遭遇工伤、失业或重大疾病时，提供必要的经济支持，防止其迅速陷入贫困。近年来，烟台市统筹推进县域城乡基本公共服务均等化，逐步实现"五个基本统一"。但实际调研发现，农民工市民化进程缓慢。一方面，农民工完全享受与城市居民机会均等的社会保障权益存在困难；另一方面，农民工对保有土地比较执着，多希望保留农民身份，继续享有"土地保障"。这些因素致使农民工群体出现"半城市化"现象，使他们处于城市和农村社会保障的边缘地带。户籍所在地和务工地政府均未能提供有效的保障，签订的劳动合同在实际操作中往往流于形式，导致农民工维权困难，公共服务的供给与需求严重不匹配。

三是"零工经济"蕴含就业脆弱性风险。"零工经济"作为新经济、新业态和新模式的重要组成部分，其发展对于促进就业、降低社会交易成本等具有积极作用。但"零工经济"下的劳动关系往往具有短期性和不确定性，导致现有劳动关系规定难以有效保护灵活就业人员的权益。灵活就业的农民

---

① 孙中伟、张旭创：《新时期农民工就业质量提升的主要挑战与政策应对》，《浙江工商大学学报》2023 年第 1 期。

工没有参加当地社会保险，一旦遭遇工伤、失业或重大疾病等风险时缺乏必要的经济保障。而且"零工经济"下的农民工在工作时间、休息休假、劳动安全卫生等方面的权益容易受到侵害，且由于缺乏稳定的劳动关系，维权难度较大。尽管烟台市政府出台了一系列政策，旨在提高灵活就业人员的社会保障覆盖率，但由于企业和个人承担的职工社会保险缴费负担较重，许多农民工选择避开完全劳动关系的就业方式，参与社会保险的积极性不高。

（四）双重就业结构性失衡，农民工就业压力增大

当前，农民工双重就业结构性失衡已成为就业的主要矛盾，招工难与就业难并存，具体体现在以下两个方面。

一是数量和技能的结构性失衡。数量上，由于经济下行压力和疫情冲击的影响，企业的用工需求下降，而农民工的总量却基本未变，导致市场上农民工的供给大大超过了需求。这种供需失衡使得许多农民工就业困难，难以找到合适的工作机会。技能上，随着我国经济结构和产业结构的调整和转型，数字经济、人工智能等新业态快速发展，但农民工群体低学历、低技能的就业特征难以匹配新业态市场需求，导致技能型岗位招聘难与农民工就业难并存。

二是地域和行业的结构性失衡。地域分配上，由于经济发展水平和产业布局的差异，农民工在地域上的流动和分布不均衡。行业结构上，由于知识和技术的限制，农民工多集中在制造业、建筑业等劳动密集型行业，而在高新技术、人工智能等领域的就业比例较低，导致农民工在行业间的流动和分布不均衡。通过抽样调查，烟台调查队发现，疫情复工复产后，农民工的工作时长缩短、收入下降，尤其是外贸企业的农民工受冲击较大。随着老龄化趋势加剧，"农民工红利"日渐减退。由于知识储备和技能水平较低，农民工往往被限制在次级劳动力市场，从事低薪、低保障的工作，难以进入主流就业市场，不仅影响农民工的直接收入，也阻碍了其市民化进程。农民工自身也因追求短期利益而缺乏提升技能的积极性，容易频繁离职和跳槽，形成恶性循环。

三 烟台市促进农民工就业的主要路径和对策建议

农民工群体是谱写乡村振兴齐鲁样板烟台篇章不可或缺的力量,其就业问题不仅直接关系民生福祉,也会对烟台市经济发展产生重要影响。针对农民工就业面临的现实困境,烟台市政府从农民工就业环境、个人禀赋和权益保障等多个维度,充分联动政府、市场、社会和家庭等多方力量,聚焦超龄、青年和就业困难人员等重点农民工群体就业。

(一)烟台市促进农民工就业的主要路径

多维政策协同完善农民工就业支持体系。烟台市通过完善就业创业环境、就业技能培训和就业服务均等化等措施,持续努力为农民工创造平等的就业条件和环境。烟台市对农民工就业的关注点已经从生存转向发展,以实现高质量和充分就业的目标。为全面推进乡村振兴,烟台市委、市政府鼓励农民工返乡创业和就地就近就业,实现了农民工的就业兜底安置。通过产业结构升级,烟台市同步促进了就业结构的优化,为农民工拓展就业空间、提升就业质量提供了良好契机。烟台市逐步形成了"重点支撑、多策联动"的农民工就业多元耦合机制,构建了立足全局、合作共赢的开放格局,突破了不同主体"各自为政"的隐形壁垒,农民工就业创造效应远超就业替代效应。

烟台市通过深化城乡融合发展体制机制改革,打破城乡二元结构壁垒,促进城乡要素自由流动和公共资源均衡配置。通过推动城乡产业协同发展、基础设施互联互通和公共服务共建共享等措施,实现城乡经济社会的协调发展。进一步拓展县域经济的就业空间和市场容量,为农民工提供更加广阔的发展舞台。烟台市各区县利用其独特的自然资源、产业基础和人文环境,精准定位,发展特色产业,进一步提升县域的就业吸纳能力。

(二)烟台市促进农民工就业的对策建议

针对当前及未来一段时间农民工就业面临的障碍性因素,烟台市需通过完善城乡一体化劳动力市场体系、以新质生产力引领县域产业体系升级、健全教育和技能培训体系、指导企业依法合规用工等措施，为农民工创造更多高质量就业机会，拓展农民工就业空间。

1.完善城乡一体化劳动力市场体系，为农民工就业营造政策环境

一是统筹区域间、城乡间以及部门间不同类型劳动力资源配置，进一步降低劳动力搜寻成本，聚焦提升就业匹配效率。针对烟台市各县区人口流动不均衡的特点，烟台市委、市政府应落实乡村振兴、城乡融合发展战略，更加注重区域协调发展，考虑不同区县、城乡经济发展水平差异和产业结构特点，合理引导劳动力流动，确保供需平衡，为农民工就地就近就业和返乡就业创造有利条件，合理调整公共基础建设规划，使其与常住地人口规模相匹配。

二是搭建及时、准确、真实的平台化农民工就业供需数据库，实现企业招聘与农民工应聘的有效衔接。以政府为主导，联合行业协会、人力资源服务机构等共同建设劳动力供需数据库，统筹就业领域的供给端和需求端，促使双方共同发力。利用互联网技术构建统一的劳动力供需信息平台，便于求职者和企业快速获取所需信息。推广使用移动应用、社交媒体等新媒体渠道，扩大信息传播范围。定期对数据库进行更新和维护，确保信息的时效性和准确性。通过智能化匹配算法，实现求职者与岗位的精准对接，提高招聘效率和质量。

三是在劳动力市场制度建设中增加引导农民工调整就业预期、优化就业能力与转变就业方式的内容。加强政策宣传和教育引导，提高农民工对就业市场的认识和了解，帮助农民工树立正确的就业观念，合理设定就业目标，避免盲目求职。特别是对数字失能的超龄农民工强化就业指导，提供职业技能培训、继续教育等服务，加大职业技能培训投入，建立覆盖城乡的职业技能培训体系，提升农民工的就业竞争力和适应能力。鼓励有条件的新生代农民工灵活就业、自主创业，拓宽就业渠道。

2.发展数字经济引领县域产业体系升级，创造更多高质量就业岗位

在"数字中国"宏伟蓝图下，农民工群体的高质量就业不仅关乎其个人福祉，更是推动新型城镇化建设和乡村振兴的关键一环。数字经济的地理穿透性强，为缩小城乡"信息鸿沟"、促进城乡信息资源均衡分配提供了有力支撑。烟台市应进一步加快数字化转型，通过强化数字赋能、培育新动能、优化就业服务等措施，进一步推动农民工群体的就业转型和升级，为新型城镇化建设和乡村振兴贡献力量。

一是巩固拓展特色产业，加快产业转型升级，通过人工智能应用创造新就业岗位。鼓励各县区依托其独特的自然资源、地理位置或历史文化等，发展特色产业，并通过技术创新、品牌打造等方式提升县域经济竞争力。推进以县城为重要载体的城镇化建设，鼓励发展县域数字经济，为农民工提供更多就近就业机会。加快现代农业产业数字化转型，发展乡村特色产业、设施农业、农产品加工、乡村休闲旅游、农村电商等新产业新业态，推进农村一二三产业融合发展，支持农民工在家门口就业。例如，智慧型海洋牧场实现了网络化、数字化、智能化、可视化，建立了现代化海洋牧场综合管理系统，实现了海洋牧场运营管理的智能化，为新生代农民工提供了更多高质量就业岗位。

二是发展多种类型的县域产业融合方式，促进数字技术与休闲、旅游、康养、生态、文化、养老等产业深度融合。通过跨界融合实现商业模式、服务模式、管理模式的创新，打破传统产业的界限，形成新产业形态和增长点，开发具有烟台地方特色的新产品和服务，为农民工群体提供更多就业机会。

三是优化县域就业创业环境，加强县域交通、通信等基础设施建设，实现县域内城乡硬件设施均等化。烟台市实施重点群体创业推进行动，积极引导包括农民工在内的各类人才到农村创新创业，加大创业担保贷款政策实施力度，对符合条件的返乡入乡创业农民工，按规定给予税费减免、创业补贴、创业担保贷款及贴息等创业扶持政策。高质量建设返乡入乡创业园、创业孵化基地，推动创业担保贷款、税费减免、场地安排、一次性创业补贴等政策"打包办""提速办"，推荐带动就业明显、发展前景好的返乡入乡创业项目入驻，为农民工返乡创业提供培育、孵化、加速等创业扶持，通过"引、育、留、用"为农民工返乡创业创造条件。

3. 健全教育和技能培训体系，应对结构性失业矛盾

为及时应对农民工就业形势变化、满足劳动力市场多元化需求，烟台市近年来通过创新人才培养模式，不断挖掘和释放第二次人口红利，持续推动农民工供给侧与劳动力市场需求侧的有效匹配。积极构建并完善技术技能型人才培养体系，完善终身学习体系，积极构建学习型社会，并通过"学徒制"带教，培养新生代农民工高素质劳动者，打破"职业教育劣于普通教育"的偏见。通过精准设定培训内容和灵活采用多样化的培训方式，培养适应新质生产力发展需求的实用型技能人才，为当地产业发展和市场需求提供有力的人才支撑。

在培训内容上，以适应新质生产力发展需求为目标，围绕当地产业发展和市场需求，因地制宜培养实用型技能人才。通过问卷调查、企业访谈等方式，深入了解烟台市企业对农民工技能人才的具体需求，包括技能类型、数量及标准等。根据调研结果，为不同行业、不同岗位量身定制培训内容，确保培训的针对性和实效性。加强与当地企业、行业协会的合作，建立人才供需对接机制，为农民工提供就业渠道。

在培训方式上，鼓励集中培训和专业培训相结合。通过集中授课的方式，为农民工系统讲解理论知识、行业规范及教授基本操作技能，提高农民工整体就业质量。通过提供政策执行期内定额职业培训补贴等形式，激励企业开展职工培训，"以工代训"，在实训基地或企业车间进行实地操作训练，由经验丰富的技师或工程师现场指导，帮助农民工提升实操技能。

4. 指导企业依法合规用工，维护农民工合法权益

根据《烟台市工程建设领域农民工工资保证金管理实施细则》的相关要求，指导企业依法合规用工，保障农民工合法劳动权益。

一是健全为欠薪农民工提供法律援助的保障工作和便民服务机制。加强劳动保障监察执法，督促企业依法落实劳动合同、最低工资、标准工时等制度，保障劳动者休息休假权益。持续深化推进根治欠薪工作，畅通线上线下维权渠道，完善根治欠薪工作日常监督机制，压实属地政府和部门监管责任。推动涉嫌非法欠薪犯罪案件快速进入司法程序，依法打击拒不支付劳动

报酬犯罪行为。设立法律援助热线或微信公众号，提供 24 小时咨询服务，方便农民工随时咨询法律问题。在农民工就业集中的场所设立维权信息告示牌，明示劳动维权相关信息，方便农民工就地就近维权。

二是创新拓展公共法律服务，引导民营企业依法经营、依法治企。针对民营企业举办法治讲座、培训班，普及《公司法》《劳动法》等与企业经营密切相关的法律知识。利用新媒体平台发布典型案例、法律知识短视频等，提高民营企业的法治素养和风险防范意识。引导民营企业形成"诚信守法、合规经营"的企业文化，将法治理念融入企业管理的各个环节。

参考文献

韩娟、乐传永：《农民工创业教育与培训政策：执行过程、样态特征与优化方略》，《教育发展研究》2024 年第 7 期。

姜春云：《中国青年农民工的就业状况及其变化趋势研究》，《青年探索》2023 年第 4 期。

吕达奇、周力：《数字经济与包容性就业——基于农民工群体的微观视角》，《江西财经大学学报》2024 年第 1 期。

李国梁、苏桐湘：《农民工就业促进政策协同计量研究》，《华南农业大学学报》（社会科学版）2023 年第 4 期。

李迎生、陈春芳：《何以"没用"：农民工职业培训供需失衡的生成机制》，《江海学刊》2024 年第 3 期。

马草原、李宇森、孙思洋：《农民工"跨地区"流动性变化及产出效应分析》，《中国工业经济》2023 年第 9 期。

孟颖颖：《劳动权益保障、政府信任与高龄农民工的城市融合》，《华中科技大学学报》（社会科学版）2024 年第 3 期。

孟凡强、彭志勇、陈亮均：《中国县域农民工市民化质量的测度与差异分解》，《经济地理》2024 年第 2 期。

B.13
烟台市促进释放农村消费潜力的
思路和对策

摘 要： 农村消费已成为区域经济增长的重要因素，探讨释放农村消费潜力的路径，对实现烟台市全面乡村振兴具有重要的战略意义。进入新时代，烟台市农村居民的消费水平有了较大提升，但生活消费、基础农产品消费和耐用农产品消费依旧是烟台市农村居民消费支出的主要组成部分，仍面临农村居民收入偏低、消费环境有待改善、消费品供需适配度不高、金融体系不健全等问题。本报告认为烟台可聚焦调整供需结构、完善金融服务、增加农民收入、完善基础设施，通过推进农村地区供给侧结构性改革、整顿市场乱象、发展数字金融、推进农业高效化、构建高效物流、完善社会保障体系等具体措施，全方位释放烟台市农村消费潜力，为更好地书写乡村振兴齐鲁样板烟台篇章提供有益参考。

关键词： 农村消费 乡村振兴 消费潜力

当前中国经济已由高速增长转向高质量发展阶段，消费主导型经济成为促进经济增长的关键。① 中国农村消费潜力巨大，2019年农村居民人均消费支出较2014年增长59%（城镇增长40.5%），超过了全国平均水平

---

* 刘洋，管理学博士，中国社会科学院农村发展研究所访问学者，湖南农业大学经济学院讲师，主要研究方向为农业资源与环境经济；孙泽华，湖南农业大学经济学院硕士研究生，主要研究方向为农村与区域发展。
① 刘潘、张子尧：《地方公共债务与资源配置效率：企业间全要素生产率分布差异的视角》，《经济研究》2023年第10期；殷杰兰：《改革开放40年居民消费对经济结构转型的影响》，《财经科学》2018年第10期。

（48.77%），成为经济增长的重要推力。① 释放农村消费潜力事关扩内需、稳增长战略的实施。国家历来重视农村地区消费，2005 年以来，出台了一系列政策刺激农村消费市场，形成新的经济增长点，如"万村千乡市场工程""家电下乡""汽车下乡"等。近几年陆续制定了《关于积极发挥新消费引领作用加快培育形成新供给新动力的指导意见》《"十四五"推进农业农村现代化规划》《关于恢复和扩大消费的措施》等相关文件鼓励支持农村消费。

农村消费是国内消费的重要组成部分，广袤的农村地区蕴含着巨大的消费潜能。近年来，城乡融合发展和乡村全面振兴加速推进，城市各种生产要素涌入乡村，城乡居民消费互动逐步深化，农村呈现出与城市趋同的消费升级态势。在此时代背景下，农村居民收入持续上涨，2018~2022 年，烟台市农村居民人均可支配收入从 19425 元增至 26286 元，人均消费支出从 13899元增至 18042 元，且从生存型消费向发展享受型消费转变趋势明显，消费能力不断提高，消费结构逐步优化。但由于农村居民收入偏低、消费环境有待改善、消费品供需适配度不高、农村金融体系不健全等，烟台市农村地区的消费潜力没有得到完全释放。本报告基于《烟台统计年鉴》数据，分析烟台市农村地区消费特征与消费潜力，剖析释放农村消费潜力所面临的问题，提出解决思路与对策建议。

一 烟台市农村消费概况

学术界对农村消费概念的界定，目前有两种不同的解释。一种是消费主体的消费，即烟台市农村居民个体的消费，一般是指用于维持生活而支出的各种费用；另一种是消费区域的消费，即烟台市农村区域内产生的各种消费。考虑到释放农村消费潜力的政策目标不仅在于释放农村

---

① 许兰壮、张乐柱、伍茜蓉：《数字金融释放了农村家庭消费潜力吗——基于边际消费倾向视角的机制分析》，《农业技术经济》2023 年第 3 期。

居民的消费潜力,还在于通过发展农村产业,增加以消费为导向的有效供给,吸引城镇居民到农村消费,进而提高农村居民消费水平、促进农村地区繁荣发展。本报告的农村消费是地域概念,包含在农村地域内发生消费活动的农村居民和城镇居民两类消费主体。从消费内容来看,既包括食品烟酒、衣着等生存型消费,也包括医疗保健、交通通信、教育文化娱乐等发展享受型消费。

农村消费潜力是指农村地区受到某些因素影响而尚未转化为实际购买行为的潜在消费需求和能力。这些因素包括外在因素和内在因素,具体分为农村居民的收入水平、消费观念,以及市场供给、基础设施、金融服务、政策环境等。近年来,烟台市政府为挖掘消费潜力制定了优化农村商业网点布局、培育农村消费新业态、拓展农村居民增收渠道、提振农村居民消费信心、营造良性消费氛围等一系列政策,改善农村居民消费环境,提高农村居民消费能力。挖掘农村消费潜力对于促进农村经济增长、居民生活水平提高有着至关重要的作用,故本部分从农村居民消费现状和消费特征两个方面进行探讨。

(一)烟台市农村居民消费现状

烟台市农村居民消费呈多元化趋势,本部分从消费水平、消费结构、消费能力、消费习惯和消费环境五个方面对烟台市农村居民消费现状进行分析。

从消费水平来看,烟台市农村经济呈现快速发展的趋势,烟台市农村居民人均消费支出持续增长。2018~2022年,烟台市农村居民人均可支配收入从19425元增至26286元,人均消费支出从13899元增至18042元。[①] 农业现代化和农村产业多元化的发展拓宽了农村居民收入渠道,进一步增强了农村居民的消费能力。

从消费结构来看,烟台市农村居民从生存型消费向发展享受型消费转

---

① 本报告数据根据历年《烟台统计年鉴》整理和测算,余同,此后不赘。

变，医疗保健、交通通信、教育文化娱乐等发展享受型消费支出占比越来越高。烟台市农村居民交通通信消费支出占比从 2018 年的 14.0% 提升至 2022 年的 16.2%，教育文化娱乐消费支出占比由 8.3% 提升至 9.3%。同时，随着农村物流网络的不断完善，线上购物已成为农村居民消费的新热潮。

从消费能力来看，农村居民消费能力的提升一方面得益于农村居民收入的提高和农村信贷系统的完善。另一方面归因于政府帮扶政策的实施，这些政策拓宽了农村居民消费信贷渠道，降低了信贷门槛，使得农村居民消费能力得到了较大提升。

从消费习惯来看，随着信息技术的发展，年轻人的消费观逐渐影响了农村居民的消费习惯。相较于以前，现在烟台市农村居民消费更倾向于个性化产品服务，且产品质量和档次逐渐成为农村居民消费的重要筛选条件。

从消费环境来看，政府不断加强农村基础设施建设，农村交通、通信、商业等一系列基础设施不断完善，为农村居民提供了便捷的消费环境。此外，政府推出的一系列税收减免、消费补贴政策也为农村居民消费提供了支持。2018~2022 年，烟台市一般公共预算支出由 755.99 万元提升至 923.47 万元。

（二）烟台市农村居民消费特征

现阶段，烟台市农村居民消费支出主要由生活消费、基础农产品消费和耐用农产品消费三部分组成。本报告从烟台市农村居民的生活消费支出、消费支出结构以及基础农产品消费量、耐用消费品拥有量等方面进行剖析，以期为政府相关部门制定政策提供参考。

1. 生活消费支出变动特征

（1）总体消费支出变动

自乡村振兴战略实施以来，烟台市农村居民个人可支配收入呈稳定上升趋势，发展享受型消费支出占比不断提升。从总体消费水平来看，烟台市农村居民人均消费支出从 2018 年的 13899 元增长到 2020 年的 15407 元，实际增长率为 5.0%，2020~2022 年实际增长率为 13.9%，可以发现新冠疫情影响了消费支出的增长速度。2018~2020 年农村居民人均消费支出增速相对较低，一方面是因为人均可支配收入提升幅度相对较小，降低了居民的消费意愿；另一方面是因为受新冠疫情等不确定性因素影响，居民预防性储蓄增加，现实消费支出减少，平均消费倾向从2018年的0.72下降至2020年的0.69。

各类商品或服务的消费支出变动显示，2020~2022年农村居民各类消费支出均呈现显著增长趋势，实际增长率为6.5%~25.5%。消费支出增速前五位依次是教育文化娱乐、交通通信、食品烟酒、其他用品和服务、医疗保健（见表1）。可以看出疫情防控时期农村居民消费行为发生变化，教育文化娱乐成为农村居民消费的首要选择，医疗保健消费也受到农村居民的重视，二者具有较大的消费潜力。同时，人均可支配收入的增长使得农村居民的消费选择从生存型消费向发展享受型消费转变。

表1　2018~2022年烟台市农村居民收支及城乡比情况

单位：元，%

指标	2018年	2020年	2022年	2018~2020年实际增长率	2020~2022年实际增长率	城乡比(农村=1)		
						2018年	2020年	2022年
人均消费支出	13899	15407	18042	5.0	13.9	2.12	2.07	1.86
食品烟酒	4754	5080	5934	1.2	13.6	1.86	1.87	1.68
衣着	1087	1124	1231	−2.1	6.5	2.84	2.71	2.53
居住	2648	2980	3353	6.6	9.4	2.43	2.35	2.10
生活用品及服务	790	921	1025	10.4	8.2	2.49	2.34	2.12
医疗保健	1149	1297	1488	6.9	11.6	1.59	1.63	1.48
交通通信	1946	2351	2919	14.4	20.8	2.02	1.85	1.70
教育文化娱乐	1156	1301	1679	6.6	25.5	2.18	2.13	1.88
其他用品和服务	370	354	413	−9.4	13.5	2.40	2.51	2.23
人均可支配收入	19425	22305	26286	8.8	14.6	2.31	2.22	2.12
平均消费倾向	0.72	0.69	0.69	—	—	—	—	—

注：农村居民人均消费支出为名义值；增长率为基于消费价格指数平减后的实际增长率；城乡比为城镇居民人均消费支出（或收入）与农村居民人均消费支出（或收入）的比值；单独列出2020年的数据是因为考虑到了新冠疫情对农村居民消费的影响，余同，此后不赘。

资料来源：根据历年《烟台统计年鉴》整理和测算。

从烟台市各市（区）的消费特征看，区域间农村居民消费水平发展不均衡，部分区域发展较为领先。在烟台市下辖15个市（区）中，2018年超过烟台市农村居民人均消费支出的市（区）有6个，2022年仍是6个。有些市（区）如长岛则呈现出较为明显的上升趋势，农村居民人均消费支出持续上涨（见表2）。可见，烟台市各地农村居民消费步入快车道，但是发展格局呈现不平衡性，重点地区的领头羊效应显现，未来需要重视区域消费差距，促进烟台全体农村居民共同富裕。

表2 2018~2022年烟台各市（区）农村居民人均消费支出变动情况

单位：元，%

地区	2018年	2020年	2022年	2018~2020年实际增长率	2020~2022年实际增长率
烟台市	13899	15407	18042	5.0	13.9
芝罘区	—	—	—	—	—
福山区	14062	15345	17598	3.4	11.5
牟平区	14754	16179	17993	3.9	8.2
莱山区	14440	15841	19657	3.9	20.7
蓬莱区*	13893	15188	17553	3.5	12.4
开发区	—	—	—	—	—
高新区	16160	17495	20390	2.5	13.4
长岛综合试验区*	12639	13911	18141	4.3	26.8
昆嵛山保护区	7568	8328	12926	4.2	51.0
龙口市	15018	16280	20485	2.7	22.4
莱阳市	10218	11163	14794	3.5	28.9
莱州市	14392	15484	18688	1.9	17.4
招远市	13472	14600	18420	2.7	22.7
栖霞市	9327	10195	14155	3.5	35.0
海阳市	11056	12063	16514	3.3	33.1

*2020年6月，国务院批复撤销蓬莱市、长岛县，设立蓬莱区，以原蓬莱市、长岛县的行政区域为蓬莱区行政区域；2020年9月1日，蓬莱区正式挂牌，长岛按照省级海洋生态文明建设功能区体制独立运转。本报告均以新行政区划名称表述，此后不赘。

注：农村居民人均消费支出为名义值；增长率为基于消费价格指数平减后的实际增长率；"—"表示无农村居民人均消费支出数据。

资料来源：根据历年《烟台统计年鉴》整理和测算。

（2）消费支出结构变动特征

烟台市农村居民的消费支出结构具有明显的消费升级特征，具体表现为恩格尔系数和生存型消费支出份额下降，发展享受型消费支出份额上升。2018~2022年，烟台市农村居民的恩格尔系数从34.2%下降到32.9%，生存型消费支出占比从61.0%下降到58.3%，发展享受型消费支出占比从36.3%上升到39.4%（见表3）。从数量级上看，生存型消费依旧是最大的支出项，发展享受型消费支出还处于较低水平，未来发展享受型消费支出增长潜力较大。2023年，随着新冠疫情对日常生活影响日益减小，社会生活秩序逐渐恢复正常，烟台市农村居民消费需求集中释放，发展享受型消费支出持续增长，遵循从生存型消费到发展享受型消费升级的演变路径。

表3 2018~2022年烟台市农村居民消费支出结构

单位：%，个

指标	2018年	2020年	2022年	2018~2020年变动的百分点	2020~2022年变动的百分点
消费结构特征					
食品烟酒	34.2	33.0	32.9	-1.2	-0.1
衣着	7.8	7.3	6.8	-0.5	-0.5
居住	19.0	19.3	18.6	0.3	-0.7
生活用品及服务	5.7	6.0	5.7	0.3	-0.3
医疗保健	8.3	8.4	8.2	0.1	-0.2
交通通信	14.0	15.3	16.2	1.3	0.9
教育文化娱乐	8.3	8.4	9.3	0.1	0.9
其他用品和服务	2.7	2.3	2.3	-0.4	0
消费升级特征					
恩格尔系数	34.2	33.0	32.9	-1.2	-0.1
生存型消费支出	61.0	59.6	58.3	-1.4	-1.3
发展享受型消费支出	36.3	38.1	39.4	1.8	1.3

注：生存型消费是人类生存所需的基本底线需求，包括用于食品烟酒、衣着和居住的支出；发展享受型消费是指人们为了满足可持续发展需求以及舒适快乐需求而产生的用于生活用品及服务、交通通信、教育文化娱乐、医疗保健的消费。

资料来源：根据历年《烟台统计年鉴》整理和测算。

2.重点消费品消费量变动特征

（1）基础农产品消费量变动特征

烟台市农村居民的食物消费结构实现了从数量到质量的转型升级。2018~2020 年，除干鲜瓜果、酒、饮料、奶和奶制品类、油脂类、肉类，其他食物人均消费量均呈现明显的上升趋势。这几类食物人均消费量在 2021 年出现不同程度的回暖（见表 4）。因此，基础农品消费结构升级的长期趋势是稳中向好，烟台市农村居民的饮食质量逐步提升，但在地方性基础食物安全方面仍需持续加强。

表 4　2018~2022 年烟台市农村居民人均食物消费量情况

单位：公斤

食物类别	2018 年	2020 年	2021 年	2022 年*
粮食	133.2	136.5	172.1	151.3
谷物	123.2	126.6	158.5	140.3
薯物	2.2	2.4	3.2	2.1
豆类	7.9	7.5	10.5	8.8
油脂类	8.6	6.9	9.7	8.1
蔬菜及菜制品	74.5	79.7	106.5	85.0
肉类	28.5	19.9	37.0	27.6
猪肉	20.4	13.9	29.0	21.6
禽类	3.4	5.0	6.0	8.6
水产品	19.5	19.6	22.6	8.1
蛋类及蛋制品	14.7	20.8	22.7	23.1
奶和奶制品	14.1	12.1	14.7	11.3
干鲜瓜果类	109.8	58.3	70.3	65.3
糖果糕点类	7.5	8.0	8.8	0.8
饮料	0.3	0.2	0.3	—
烟叶	33.6	35.0	39.3	—
酒	17.3	14.5	16.0	—

　　*《烟台统计年鉴 2023》未统计 2022 年农村居民人均食物消费量情况，故 2022 年农村居民人均食物消费量用山东省整体情况替代。

　　资料来源：根据历年《烟台统计年鉴》和《山东统计年鉴 2023》整理。

（2）耐用消费品拥有量变动特征

烟台市农村居民对于耐用消费品的需求朝生活便利、功能齐全和个性化发展方向迭代升级。首先，对中高档交通工具和家用电器的需求快速增加，这反映农村居民在生活便利方面消费观念的改变。2018~2022年，烟台市农村居民的家用汽车、助力车、洗衣机、空调和排油烟机拥有量分别增长了15.61%、28.60%、9.94%、34.93%和19.53%。其次，智能手机成为现在农村居民通信工具首选，部分替代了固定电话和计算机的消费，这体现了农村居民对产品功能齐全的重视。2018~2022年，烟台市农村居民移动电话拥有量增长了8.43%，固定电话、计算机拥有量分别下降了60.53%和34.04%。最后，个性化发展的新趋势体现在农村居民日益增长的文体娱乐用品需求方面。2018~2022年，烟台市农村居民健身器材拥有量减少了10.00%，这表明农村健身器材供给可能趋于饱和，也有可能是越来越多的农村居民选择免费的公共文体活动（如广场舞、登山、徒步等）来代替健身器材方面的付费。

从城乡比变动看，近年来城乡耐用消费品拥有量差距逐渐缩小，但是照相机拥有量差距明显拉大（见表5）。电冰箱、彩色电视机等耐用消费品在烟台农村地区的使用时间较长、更新换代慢，但也具有较大的需求发展潜力，是未来烟台市政府在促进乡村振兴和共同富裕方面的重点发力方向。

表5 2018年和2022年烟台市农村居民耐用消费品拥有量情况

指标	每百户农村居民耐用消费品拥有量			城乡比（农村=1）		
	2018年	2022年	增幅（%）	2018年	2022年	变动
家用汽车（辆）	30.1	34.8	15.61	1.8	1.7	-0.1
摩托车（辆）	58.1	41.9	-27.88	0.4	0.3	-0.1
助力车（辆）	55.6	71.5	28.60	1.0	1.0	0.0
洗衣机（台）	83.5	91.8	9.94	1.2	1.1	-0.1
电冰箱（台）	105.9	107.9	1.89	1.0	1.0	0.0

指标	每百户农村居民耐用消费品拥有量			城乡比（农村＝1）		
	2018年	2022年	增幅(%)	2018年	2022年	变动
微波炉（台）	12.0	13.3	10.83	3.6	3.2	-0.4
彩色电视机（台）	108.0	104.5	-3.24	1.0	1.0	0.0
空调（台）	43.8	59.1	34.93	2.2	1.8	-0.4
热水器（台）	91.5	72.6	-20.66	1.1	1.3	0.2
洗碗机（台）	0.1	0.9	800.00	11.5	4.2	-7.3
排油烟机（台）	55.3	66.1	19.53	1.6	1.4	-0.2
固定电话（线）	22.8	9	-60.53	1.1	0.7	-0.4
移动电话（部）	191.0	207.1	8.43	1.1	1.1	0.0
接入互联网（部）	111.3	—	—	1.5	—	—
计算机（台）	28.5	18.8	-34.04	2.3	2.6	0.3
接入互联网（台）	25.2	—	—	2.4	—	—
照相机（台）	3.0	0.5	-83.33	8.0	19.8	11.8
中高档乐器（架）	1.9	—	—	3.3	—	—
健身器材（台）	1.0	0.9	-10.00	6.4	5.0	-1.4

注：城乡比为城镇居民每百户耐用消费品拥有量与农村居民每百户耐用消费品拥有量的比值。

资料来源：根据历年《烟台统计年鉴》整理和测算。

二 烟台市农村消费面临的问题

推进农村居民消费升级是推动县域经济提质增效、增强城乡经济循环互动的重要途径，扩大农村消费需求是全面推进乡村振兴、建设农业强国的重要举措，因此需要采取措施释放农村消费潜力。本报告经过研究分析，得出影响烟台市农村消费潜力释放的因素如下。

（一）农村居民收入偏低，社会保障体系不健全

农村居民收入较低依旧是影响农村消费水平的重要因素。2022年烟台市城镇居民人均消费支出为33577元，农村居民人均消费支出为18042元。尽管农村居民整体消费水平在山东省农村中处于领先地位，但与城镇居民相

比仍有较大差距，农村居民人均消费支出仅约相当于城镇居民的一半。农村居民收入偏低，直接影响其消费能力与消费意愿。

农村社会保障体系不健全也是制约农村居民消费的重要因素。从供给端来看，现有农村社会保障政策体系还不够健全，在实施过程中存在人力资源不足、重视程度不高等问题。从需求端看，农村居民对社会保障的认识和参与度也不够高。同时，受传统储蓄观念的影响，农村居民往往更趋向于将所得收入储存起来，而非消费与投资，以便应对未来可能发生的诸如疾病等风险，这在一定程度上抑制了农村居民的消费潜力。

（二）农村消费环境有待改善

消费环境是影响农村消费潜力释放的重要因素。首先，烟台市农村消费市场商品种类不多、档次偏低、定价差异大，消费环境与城市相比有所不足。同时，许多农村消费者因为地理空间距离的限制，不能即时享受到已购商品的售后服务和售后保障。其次，商业主体"偏小偏弱"。烟台市农村商业主体仍多为家庭作坊，比如小卖部、流动摊点，布局分散，数字化、连锁化程度较低，物流配送成本较高，县域拉动作用有限，难以形成规模化商业体系。从市场需要看，大部分农村人口选择外出打工，留守在家的多为老人和小孩，购买能力偏弱，连锁商业企业下沉农村的动力不足。最后，农村地区基础设施相对落后、消费体验相对不佳、售后服务网络不够完善等问题也影响了农村居民的消费信心，导致部分消费者不敢消费。此外，完善的基础设施是提高农村消费水平的重要因素，如农村交通基础设施直接影响农村物流体系的构建，信息基础设施则直接影响农村数字电商的发展水平。

（三）农村市场的产品与服务供需适配度不高

中国特色社会主义已进入新时代，人民对美好生活的需要日益增长，农村居民对生活品质的要求也不断提高。代表城镇高水平制造的中高端工业品与高科技产品因物流或市场忽视等多种原因，难以在农村市场占有一席之地，导致农村市场往往被较低端工业品和加工农产品所占据。拥有一定消费能力的农村居民因信息闭塞等原因无法购买到这些产品，阻碍了其生活品质与消费水平的提高，影响农村消费潜力的释放。加之以往每一轮扩大农村消费的政策大都蕴含着消化过剩产能的政策目标，并非完全以农村消费需求为导向，导致市场主体提供的有效产品和服务不足。

（四）农村金融体系不健全

农业金融机构贷款门槛高、担保难、时间短、额度低，较容易产生"金融排斥"现象，从而直接影响烟台市农村居民消费水平。有学者通过实证分析得出，短期内数字普惠金融发展与农村居民消费之间存在明显的线性关系，尤其是普惠金融发展水平越高的地区，对农村居民消费的正向作用越大。[1] 农村金融特别是数字金融发展的滞后，使农村电商的规模很难扩大，农村居民由于地理因素所造成的"金融排斥"也较难化解。切实扩大对农业经营主体和农民的信贷规模，仍是亟待解决的关键问题。

三 烟台市农村居民消费展望

本报告从两个角度对烟台市农村居民消费进行展望：一是在同一时间维度下将不同地区居民进行横向比较，展望烟台市农村居民对标国内其他地区或群体的消费潜力；二是在不同时间维度下开展烟台市农村居民的纵向比较，展望 2035 年烟台市农村居民的消费支出水平和结构特征。

（一）对标国内其他地区的农村居民消费潜力

展望烟台市农村居民的消费潜力，不仅要了解烟台市农村居民消费水平与山东省城乡居民人均消费水平的差距，也要了解烟台市农村居民消费水平与全国平均水平的差距。本部分将烟台市农村居民人均消费支出与本市城镇

---

[1] 孔维汉、李爱喜：《普惠金融发展对农村居民消费的影响研究》，《东北财经大学学报》2019 年第 4 期。

居民相对比，然后同省内经济发展水平最高的青岛市及全省城乡居民人均消费支出比较，最后同全国城乡居民人均消费支出进行比较。

烟台市农村居民人均消费支出相对于青岛市、山东省和全国农村居民人均消费支出都处于较为领先的地位，但相对于城镇还有相当大的差距，这意味着对标城镇，未来烟台市农村居民消费还有巨大的发展潜力。2022年，烟台市农村居民人均消费支出仅相当于城镇居民的53.7%，其中发展潜力较大的是衣着、其他用品和服务、生活用品及服务，这三项消费支出仅相当于城镇居民的39.5%、44.8%和47.1%。从城乡居民消费特征对比看，2022年烟台市农村居民人均消费支出高于青岛市、山东省及全国平均水平，但仅相当于青岛市、山东省和全国城镇居民人均消费支出的48.0%、63.2%和59.4%。值得注意的是，烟台市农村居民恩格尔系数和生存型消费支出占比相对于青岛市、山东省是最高的（见表6），这表明食品在其消费结构中占有更为重要的地位，保障烟台农村地区粮食和重要副食品的供给安全更加关键。

表6　2022年烟台市城乡居民消费支出结构横向比较

单位：元，%

指标	烟台市		青岛市		山东省		全国	
	农村	城镇	农村	城镇	农村	城镇	农村	城镇
人均消费支出	18042	33577	17508	37592	14687	28555	16632	30391
食品烟酒	5934	9989	5103	10512	4337	7703	5485	8958
衣着	1231	3118	1258	3290	811	1988	864	1735
居住	3353	7046	3700	8812	2736	6355	3503	7644
生活用品及服务	1025	2176	1178	2336	925	2221	934	1801
医疗保健	1488	2209	1025	2175	1578	2340	1633	2481
交通通信	2919	4960	3059	5568	2535	3967	2230	3909
教育文化娱乐	1679	3158	1801	4051	1536	3332	1683	3050
其他用品和服务	413	921	386	847	228	650	301	814
恩格尔系数	32.9	29.7	29.1	28.0	29.5	27.0	33.0	29.5
生存型消费支出占比	58.3	60.0	57.5	60.2	53.7	56.2	59.2	60.3
发展享受型消费支出占比	39.4	37.2	40.3	37.6	44.8	41.5	39.0	37.0

资料来源：根据《烟台统计年鉴2023》《青岛统计年鉴2023》《山东统计年鉴2023》《中国统计年鉴2023》计算和整理。

（二）2035年农村居民消费展望

本报告基于《烟台统计年鉴2023》的农村居民消费支出数据，通过趋势外推法，对2035年消费支出水平和结构特征进行预测展望。考虑到消费支出变动的不确定性，设定三种增长率不同的情景方案，分别为中位方案、低位方案和高位方案。假定中位方案2023～2025年的消费支出增长率为2020～2022年的年均增长率，2026～2030年的年均增速放慢2个百分点，2031～2035年的年均增速再放慢2个百分点。低位方案和高位方案的消费支出年均增长率分别在中位方案的基础上调减1个百分点和调增1个百分点。

从总体消费展望结果来看，2035年烟台市农村居民人均消费支出将达到28865～37004元，其中中位方案预测值为32702元，是2022年农村居民人均消费支出水平的1.8倍（见表7）。如果对比上一部分消费潜力的展望结果，中位方案预测的2035年烟台农村居民人均消费支出（32702元）与2022年烟台市城镇居民的人均消费支出（33577元）较为接近，但已经超过了2022年山东省城镇居民（28555元）和全国城镇居民的人均消费支出（30391元）。可见，按照当前消费增长模式发展下去，烟台市农村居民将在2035年实现消费潜力的有效释放，但是也仅追赶上了当期的城镇消费水平，与共同富裕目标还有一定差距，仍需通过有效政策手段进一步刺激消费潜力的释放。未来，烟台市农村居民的消费结构将会继续转型升级。表征为恩格尔系数和生存型消费支出占比下降，发展享受型消费支出占比上升。

表7 烟台市农村居民2022年消费支出和2035年消费展望

单位：元，%

| 指标 | 2022年 | | 2035年 | | | | | |
| | 基期 | | 中位方案 | | 低位方案 | | 高位方案 | |
	支出	占比	支出	占比	支出	占比	支出	占比
人均消费支出	18042	—	32702	—	28865	—	37004	—
食品烟酒	5934	32.81	10491	32.08	9258	32.07	11875	32.09
恩格尔系数	—	32.89	—	32.08	—	32.07	—	32.09

资料来源：基期情景的数据来源于《烟台统计年鉴2023》，其他情景的数据为测算所得。

四　烟台市促进农村消费潜力释放的政策建议

（一）持续推进农村地区供给侧结构性改革，统筹扩大内需

供需两端发力是释放农村消费潜力的重要基石。从供给侧出发，随着经济的不断发展，烟台市居民收入不断增加，生活水平持续提高，其消费需求也随之发生变化，农村居民消费已经从以"吃穿"为主的生存型消费向以"吃住行""住行娱"为主的发展享受型消费转变，而农村地区的供给端却无法适应需求端的变化，导致供需不匹配，影响农村地区消费潜力的释放。烟台市需积极进行供给侧结构性改革，有效提高供给质量，扩大有效供给，完善农村消费市场，促进农村消费升级。一方面，畅通双循环体系。在国内大循环中，以市场需求为导向选择发展产业，各地结合本地的资源情况与实际需求，以产业结构优化、科学技术创新为支点，发展适合本地情况的产业，生产市场所需要的高品质产品，不断满足人民群众对美好生活的需要；在国际大循环中，烟台市用好山东自贸试验区烟台片区改革试点经验，实行准入前国民待遇和市场准入负面清单制度，促进贸易自由化和投资便利化，积极参与国际互联互通大通道建设。另一方面，认真学习贯彻习近平文化思想，以烟台市民文化节为引领，坚持线上线下相结合，推出针对农村的文旅活动，不断繁荣公共文化服务；实施文化产业园区、企业、项目"三大载体"带动战略，重点扶持发展具有领军作用的文化产业项目，推动农村文化产业走高质量发展之路。从需求侧出发，坚持扩大内需，加快构建完整的内需体系。烟台市在扩大农村居民消费方面需要稳定和扩大传统消费，既要满足村民吃穿住行方面的基本需求，也要满足农村居民网络购物、"互联网+服务"等新型消费需求。要扩大农村地区的有效投资，实施企业倍增计划，重点支持涉农龙头骨干企业，维持2022年烟台市为46万户次市场主体办理退减缓税、降费近200亿元的势头，持续推广公共资源交易协同联动监督机制和就近化评标模式，简化企业用地流程。

（二）整顿市场乱象，改善消费环境

充分发挥政府与企业的作用，改善农村消费环境，是释放农村消费潜力的战略核心。发挥好政府在法律与规章制度方面的引领作用，制定与农村实际情况相符合的消费者权益保护法具体实施条例，健全消费者公益诉讼制度，探索建立消费者集体诉讼制度，在诉讼程序、庭审过程、举证责任等方面加强对消费者的司法保护，支持消费者协会等组织行使公益性诉讼权利；简化消费争议处理流程，明确小额消费纠纷的具体数额，完善小额消费纠纷司法程序；充分利用互联网等途径，完善消费纠纷在线解决机制，畅通投诉举报渠道，降低投诉门槛，建立维权处理结果消费者反馈评价机制；健全商品监测与预防干预体系，完善缺陷产品召回制度。进一步完善企业质量激励政策，建立政府质量奖获奖企业和个人先进质量管理经验宣传推广制度，完善企业产品和服务标准自我声明公开和监督制度，增强企业的社会责任感。

（三）发展数字金融，助力农村消费

发展数字金融是释放农村消费潜力的引擎。相较于传统金融，数字金融具有较强的便利性，不仅可以更好地满足农村居民和企业的农业保险、信贷服务等多样化金融需求，还可以满足农村居民的生活消费需求，提高农村地区的消费水平。基于此，烟台市要将《"十四五"数字经济发展规划》作为总指导，根据烟台市实际情况，发展数字金融，提高农村地区的数字金融普及率，释放农村地区的消费潜力，助力农村消费。一是加强数字基础设施建设。加大对数字基础设施建设的投入，加强财政补贴和税收优惠等政策支持，吸引更多企业和社会资本参与。同时，制定农村数字化发展的总体规划，并配套出台激励政策，引导企业加大投入力度，可以通过与电信运营商和互联网企业合作，提高农村地区互联网和移动通信网络的覆盖。此外，加强数字金融知识普及与推广，提高农村居民的金融素养，让他们更好地享受数字金融服务。二是建立农村金融科技平台。整合各种金融产品与金融信息，使农村居民可以在该平台在线申请贷款、购买理财产品等，提高农村居

民的金融服务体验。三是促进农村移动支付的普及。随着微信、支付宝等移动支付平台的普及，农村居民通过智能手机可以轻松完成转账、支付等操作。同时，农村居民还可以通过移动支付进行生活缴费、网购、预约服务等，摆脱了以往的传统消费模式，拓宽了消费渠道。

（四）推进农业高效发展，提高农村居民收入

推进农业高效发展、提高农村居民收入是释放农村地区消费潜力的中心任务。烟台市发展高效农业，应当加大科技与品牌的投入，加快科技兴农的步伐，以种植业、畜牧业、海洋渔业三大领域为重点，培育一批高产、优质、专用品种，打造中国北方"种业硅谷"，实现全方位"种业振兴"，以高质量种苗推动种植业、畜牧业、海洋渔业经济效益提升，拓宽农村居民收入渠道。以农业科技园区为策源地，提升农业装备科技化水平，发展新质生产力，提高农业生产效率。实施农业品牌提升行动，积极发展品牌农业，建立完善的绿色食品和地理标志农产品认证体系。打造烟台苹果、莱阳茌梨、葡萄及葡萄酒、大樱桃等一批有影响力的"烟"字号农产品品牌，塑造烟台农产品国内国际品牌形象。实施烟台苹果高质量发展工程，升级改造老旧果园，规模化经营苹果产业。扩大莱阳梨特色品牌优势，加强老梨园保护，大力发展以"莱阳茌梨"为代表的多种梨产业，依靠互联网等渠道增加销量。巩固和扩大烟台葡萄酒产业的品牌效应和竞争优势，进行全产业链升级，全面提升烟台葡萄酒的可持续发展能力和国际竞争力，将烟台市打造成"国际葡萄酒名城"和"世界葡萄酒之都"。

（五）完善基础设施，构建高效物流体系

完善的基础设施、高效的物流体系是释放农村地区消费潜力的物质基础。高效的物流体系需从硬件与软件两个方面进行建设。从硬件角度来看，加快完善基础设施，持续推进"四好农村路"建设。加快推进通村道路、入户路建设，打造内外畅联的交通网，大力发展农村物流点。烟台市作为东北亚和环渤海经济区重要的海陆交通枢纽，海运发达、港口众多，应当注重

海陆交通的有机结合，为高效的物流体系构建奠定基础。持续推进农村电网改造升级，扩大农村地区的电网覆盖面，满足农村消费升级、物流发展的用电需求。从软件角度来看，提高烟台市政府部门总体统筹规划能力，确立项目推进与村庄规划相结合、财政投入与社会投入相结合、供给与需求相结合的原则与指导方针。根据农村实际情况，大力推动农村传统基础设施信息化转型，提升农村地区物流、农业生产等基础设施数字化与智能化水平，夯实数字乡村发展根基。加快烟台市农村网络基础设施提档升级进度，提高5G、物联网、人工智能等新技术的普及率，为数字物流提供技术支撑。

（六）完善社会保障体系，提高农村居民消费意愿

完善的社会保障体系能为释放农村地区消费潜力提供助力。一是完善社会保障体系，兼顾不同群体的保障需求。烟台市要持续完善基础性、普惠性、兜底性社会保障制度，如失业保险、城乡社会救助、养老保险等，重点关注烟台市农村低保人群，加大对低收入群体的保障力度，提高社保体系收入再分配功能的精准性，缩小城乡、区域和不同群体之间的收入差距。二是增强社会保障体系的统筹协调性，注重城乡衔接。随着烟台市农村地区进城务工人数的逐年增加，加强社保制度的城乡统筹协调、加大社保制度的城乡整合力度、加快完善社保体系成为当务之急。三是提高社会保障体系的灵活程度，以适应如今就业形式的变化。当前，新业态从业人员的规模日益壮大，就业形式多样化加快发展，烟台市政府应当鼓励新业态企业参与技能提升培训试点项目。允许以个人身份或平台集体身份申领新业态灵活就业意外伤害保险补贴。加快公益性零工市场标准化建设，为新业态灵活就业人员免费提供政策咨询、岗位对接、技能培训和"即时快招"服务。强化服务供给，支持家政机构、人力资源服务机构、培训机构等进驻零工市场，提供特色化工作岗位。提高社会保障的精细程度和服务水平，不断满足新业态衍生出的社保新需求，适配创新型经济发展的时代特征。四是调动农民参保积极性。线上线下加大对村民参保益处的宣传，稳步提高参保率，并通过政策优惠吸引村民积累社保资金，调动村民参与社会保障的积极性；鼓励发展农村

集体经济，增强农村所需资金的"造血"功能，为社保资金"输血"。五是培养农业农村部门的管理人才。结合城镇居民养老保险、新农保工作一体化管理服务需求和烟台市实际情况，烟台各市（区）要加强机构队伍建设和优化管理人员配备，提供工作经费，确保各项经办工作的开展；要加强对管理人员的政策和业务培训，提高其政策理论水平，以适应业务工作开展需要。

参考文献

刘潘、张子尧：《地方公共债务与资源配置效率：企业间全要素生产率分布差异的视角》，《经济研究》2023 年第 10 期。

殷杰兰：《改革开放 40 年居民消费对经济结构转型的影响》，《财经科学》2018 年第 10 期。

许兰壮、张乐柱、伍茜蓉：《数字金融释放了农村家庭消费潜力吗——基于边际消费倾向视角的机制分析》，《农业技术经济》2023 年第 3 期。

孔维汉、李爱喜：《普惠金融发展对农村居民消费的影响研究》，《东北财经大学学报》2019 年第 4 期。

Abstract

It is imperative to investigate the achievements, experiences, and existing issues of rural revitalization, and propose corresponding implementation pathways and strategies. This book employs various research methodologies to conduct a systematic study on rural revitalization in Yantai. It initially analyzes the effectiveness of Yantai's implementation of the rural revitalization strategy at a holistic level, summarizes and refines its primary experiential practices, while concurrently examining prevalent issues. Through the utilization of indicators encompassing the five pillars of rural revitalization, the recent developmental status is evaluated, and future prospects are outlined. Upon this foundation, it comprehensively showcases Yantai's novel explorations in rural development across three dimensions: industries development, rural construction, and farmers' life. Furthermore, it delves into the challenges encountered during Yantai's pursuit of the rural revitalization strategy, coupled with practical proposals for enhancement pathways and strategies.

The research findings reveal that Yantai's efforts to create a Qilu Model exemplar for rural revitalization, embodied in the Yantai chapter, have achieved overall successes marked by enhanced agricultural production capabilities, rational optimization of industrial structures, increased income levels for farmers, improved living environments, and heightened organizational identity, fostering steady development in urban-rural integration. An indicator analysis indicates that the five pillars of rural revitalization have essentially achieved or surpassed the set targets for 2022, with balanced progress across objectives and distinct strengths within each area. Yantai's rural industries have made notable breakthroughs in brand building, holistic industrial chain development, and have cultivated various development models. It is progressively advancing towards modernized agriculture, refining rural distribution systems, and enhancing the quality of rural tourism. Partial achievements have also been made in rural construction realms, such as coordinating county-level urbanization with comprehensive rural revitalization, digital villages, and new-type rural energy systems. Additionally, it has improved the allocation of rural public services, promoted cultural and ideological progress, facilitated rural migrant worker employment, raised rural consumption levels, and optimized consumption patterns.

Overall, deficiencies persist in strategic master planning and infrastructure modernization, while significant challenges emerge in addressing aging populations, rural depopulation, as well as industrial scalability and intellectualization. Therefore, priority should be given to stabilizing and ensuring the supply of grain and vital agricultural products, reinforcing agricultural technological and equipment support, fostering advantageous and distinctive agricultural industries, enhancing agricultural brand building, constructing livable and industry-conducive villages, advancing the cultivation of civilized rural ethos, modernizing rural governance systems and capabilities, fortifying the safeguards for rural revitalization factors, and developing high-caliber rural talent pools. These endeavors collectively propel comprehensive rural revitalization efforts, with the "15th Five-Year Plan" formulated based on developmental forecasts.

In various aspects of rural revitalization, issues such as financial shortages, human resource deficiencies, lack of policies and regulations, inadequate industrial integration, and inadequate ecological and environmental protection persist. Regarding industrial development, a comprehensive uplift of industrial standards necessitates emphasis on environmental conservation, facilitation of land circulation, fostering emerging industries, encouraging social participation, and reinforcing human capital. The implementation of strategies like "strategic new products" "Yantai's new six industries" "production trusteeship" must be advanced to develop modern, large-scale agriculture. The rural circulation system should be optimized through strategic planning, industrial and fiscal support policies, talent training, and regulatory frameworks. Emphasis should be placed on high-quality rural tourism development, continuous innovation, fostering agglomeration effects, promoting digital and green transformations, enhancing operational efficiency, and comprehensively driving capabilities. In terms of rural construction, coordinating county-level urbanization with comprehensive rural revitalization should highlight farmers' principal status, deepen industrial integration, allocate public resources equitably, and steadily advance homestead reforms. Digital rural construction should prioritize inclusivity, address shortcomings, advance in a phased manner, refine standards and supporting measures, achieve multi-stakeholder coordination, and strengthen talent development. The construction of a new rural energy system necessitates strategic emphasis on maintaining energy security thresholds and reinforcing green and low-carbon principles, engaging in comprehensive planning, strengthening resource support, and establishing and improving relevant institutional mechanisms. Concerning farmers' life, the allocation of rural public services should prioritize addressing shortcomings in rural public service facilities and enhancing their quality. It is essential to transform social conventions, promote employment and entrepreneurship, organize cultural and recreational activities, and strengthen organizational services and law enforcement to further advance rural spiritual civilization. Improving the labor market system, upgrading county-level industrial systems, perfecting education and skills training systems, and guiding enterprises to employ workers legally and compliantly can boost rural migrant workers' employment prospects. It is also necessary to advance supply-side reforms in rural areas, rectify market order, develop digital finance, promote agricultural efficiency, establish efficient logistics, and improve the social security system in order to further unleash the potential of rural consumption.

Keywords: Rural Revitalization; Industries Development; Public Services; Rural Construction

Contents

I　General Report

Abstract: Since the implementation of the rural revitalization strategy, the agricultural production capacity of Yantai City has continued to improve, and the income level, living environment, and organizational identity of farmers have been continuously improved. The integration of urban and rural areas has steadily developed, the industrial structure has been reasonably adjusted, and the phased results of rural revitalization have been significant, laying a solid foundation for building a strong agricultural province and realizing modernization of agriculture and rural areas. However, there are challenges in the new chapter of building a high-quality model for rural revitalization in Yantai. It is necessary to further promote rural revitalization work in all aspects, including stable production and supply of grain and important agricultural products, strengthening support for agricultural science and technology equipment, cultivating advantageous and characteristic agricultural industries, strengthening agricultural brand construction, building livable, business friendly and beautiful countryside, promoting the construction of civilized rural culture, advancing the modernization of rural governance system and governance capacity, strengthening the guarantee of rural

246

revitalization elements, and building a high-level talent team in rural areas, to achieve high-quality development of agricultural and rural modernization.

Keywords: Comprehensive Rural Revitalization; Qilu Model; Yantai Chapter

Ⅱ Indices Report

B.2 Evaluation of the Development Indices of Rural Revitalization in Yantai (2021-2022) *Cui Kai* / 034

Abstract: According to the evaluation of the process of Yantai's rural revitalization strategic planning, after focusing on the completion of 24 accessibility indicators, it is believed that Yantai has made important progress since the implementation of the rural revitalization strategy, and the rural revitalization in 2022 has generally achieved the set goals, and some indicators have reached the target value of China's basic realization of agricultural and rural modernization. And it can achieve the overall consideration of all subsystems of rural revitalization. From the perspective of the five sub-systems of rural revitalization, the realization degree of the three sub-systems of "prosperous industry", "rural culture" and "rich life" is generally high, the realization degree of the sub-system of "effective governance" remains stable, and the completion degree of some indicators of "ecological livable" lags behind, so it is necessary to accelerate the improvement and adjust the design ideas of indicators. Each sub-system has a number of advantage indicators, of which 11 indicators can reflect the progress of rural revitalization. Focusing on the development goals of high-quality and efficient agriculture, livable and viable rural areas and rich farmers during the "14th Five-Year Plan" period, 13 key indicators were selected to make target prediction in 2025, and the trend of rural revitalization at the end of the "14th Five-Year Plan" was prospected, providing research reference for the structure and target design of Yantai's rural revitalization index system during the "15th Five-Year Plan" period.

Keywords: Rural Revitalization; Evaluation of the Indices; The "15th Five-Year Plan" Period; Yantai

III Industries Development Reports

B.3 The Path to Comprehensively Improve the Development Level of Rural Industries in Yantai City

Wang Gui, Li Dongmei, Li Haitao and Li Xiao / 052

Abstract: Improving the development level of rural industries is a necessary path to comprehensively promote rural revitalization and achieve modernization of agriculture and rural areas. Yantai attaches great importance to the development of rural industries, promoting coordinated promotion and chain building, continuously amplifying the advantages of characteristic industries, promoting the increasingly rational optimization of rural industrial structure, and continuously developing and strengthening characteristic industrial clusters. The construction of high-quality brands is gradually emerging, and the cultivation of the entire industrial chain has achieved breakthrough development. Five development models have emerged, including the driving force of advantageous industries, the driving force of leading enterprises, the driving force of village collectives, the driving force of capable people demonstration, and the coordinated linkage of land and sea. This is due to Yantai consistent adherence to strengthening organizational leadership, strengthening technological empowerment, building high-end brands, deep integration of the entire chain, promoting coordinated development of industry and city, and promoting key elements to rural areas. These six solid paths have contributed to the development of rural industries in the new era. Quality development provides a reference. At the same time, due to the influence of regional characteristics, cultural characteristics, unique thinking, concepts and other personalized methods, there are still problems of imbalanced and insufficient development of rural industries in Yantai. Yantai's rural agriculture needs to further develop in depth, elevate at a higher level, and advance in a wider range of fields. It is necessary to further adjust its thinking, anchor the "Eight Modernizations" development strategy, and make efforts and achievements in protecting green mountains and waters, promoting land transfer and cultivating emerging business forms, promoting social participation, strengthening brand agriculture cultivation, and consolidating human capital, in order to comprehensively improve the level of rural industrial development.

Keywords: Technology Empowerment; High-end Brands; Full Chain Integration; Industry City Coordination; Elements to the Rural

Abstract: The development of modern large-scale agriculture in Yantai is to use advanced technology and management models to promote the scale, mechanization, and intelligence of agricultural production, improve agricultural production efficiency, reduce costs, and promote the modernization and sustainable development of the agricultural industry. The basic content and main goals of modern large-scale agriculture in Yantai can be summarized as large-scale, large-scale industry, large-scale group, large-scale benefits, and large-scale contributions. Through the scale of production and operation, the integration of the primary, secondary, and tertiary industries is achieved, and an international modern agricultural enterprise group is established to create new productivity, create ecological, economic, and social comprehensive benefits, promote the high-quality development of agricultural economy, and contribute to rural revitalization. This section takes Yantai's rural revitalization as the ultimate goal, and focuses on promoting the implementation of the "strategic new products", "Yantai new six industries", and "production trusteeship" strategies. It focuses on improving Yantai's agricultural productivity, comprehensively optimizing agricultural production relations, and proposes six main construction tasks and four aspects of countermeasures and suggestions, in order to help Yantai build modern large-scale agriculture in a good and fast way, and provide basic research conclusions for scientific decision-making.

Keywords: Modern Large-scale Agriculture; High-quality Development; Yantai City

B.5 Countermeasures and Suggestions for Strengthening Rural Circulation System Construction in Yantai City

Yu Fawen, Chen Yuhan / 092

Abstract: Rural areas are not only vast consumer markets, but also extensive factor markets, and the rural circulation system occupies a crucial position in the modern economic system. This paper analyzes the challenges faced by the rural circulation system in Yantai, Shandong Province. The key issues identified include a sluggish circulation efficiency, inadequate infrastructure, limited market entity development, flawed quality and safety traceability mechanisms for agricultural products, and the urgent need to bolster policy support and service systems. To address these issues, this paper proposes the following improvement directions: firstly, efforts should be made to strengthen the construction of rural circulation infrastructure to improve circulation efficiency and service quality; secondly, it is necessary to actively foster and strengthen rural market entities to stimulate market vitality; thirdly, to construct a sound agricultural product quality assurance system to ensure the safety of agricultural products; fourthly, the government should introduce corresponding policies to provide strong support for the development of rural circulation systems. Through the implementation of these measures, rural economic prosperity and comprehensive social progress can be effectively promoted.

Keywords: Rural Circulation System; Consumer Market; Factor Market; Economic Development

B . 6   Research on the Paths and Countermeasures for the

High-quality Development of Rural Tourism in Yantai City

Li Yuxin , Dong Renhao , Qu Liang and Chen Rui / 112

Abstract: Rural tourism is a vital means to promote comprehensive rural revitalization, and exploring its high-quality development path and countermeasures is of great significance for improving the development of rural industries, rural construction, and governance levels. This article summarizes the experience and practices of Yantai City in promoting the high-quality development of rural tourism, analyzes the intrinsic requirements of high-quality development of rural tourism, and, combined with the current shortcomings, proposes five pathways to achieve this: continuous innovation in rural tourism products and services; meticulously building rural tourism industry chains and cluster areas; accelerating green and digital transformation in rural tourism; continuously enhancing the management level of rural tourism; and comprehensively strengthening the overall driving capacity of rural tourism. Additionally, tailored to the actual situation of Yantai City, four countermeasures are recommended: reinforcing top-level design; improving mechanisms and systems; increasing factor inputs; and strengthening development assurances. This article assists in promoting the high-quality development of rural tourism in Yantai at a practical level and plays a significant role in advancing comprehensive rural revitalization and creating a model for Shandong's countryside.

Keywords: Rural Tourism; High-quality Development; Yantai City

Ⅳ Rural Construction Reports

B.7 Mechanism and Countermeasures for the Coordinated
County Level Urbanization and Comprehensive
Rural Revitalization in Yantai City   *Yang Wenjuan* / 131

Abstract: County is an important lever for promoting new urbanization and a key node connecting urban and rural areas. The solid and steady promotion of county-level urbanization plays a crucial role in radiating and driving rural development. Yantai City has achieved remarkable results in optimizing the development pattern of county-level urbanization, promoting the orderly and effective integration of agricultural transfer population into the city, and coordinating the integrated development of urban and rural areas. This report analyzes the mechanism construction of Yantai City's coordinated county-level urbanization and comprehensive rural revitalization, which mainly includes policy guidance mechanism, industrial coordination mechanism, infrastructure interconnection mechanism, talent flow mechanism, ecological environment protection mechanism, and organizational guarantee mechanism. At the same time, by adhering to the concept of sharing and highlighting the status of farmers as the main body, adhering to the concept of integration and promote the deep integration development of the three industries, adhering to the concept of equality and allocate urban and rural public resources in a balanced manner, adhering to the concept of stability and prudence, steadily promote the reform of county-level homesteads, and propose implementation strategies to promote the coordinated urbanization and comprehensive rural revitalization of Yantai City.

Keywords: County Level Urbanization; Comprehensive Rural Revitalization; Industries Integration

Abstract: Digital rural construction has provided new impetus for the rural revitalization strategy in Yantai. The inclusive growth brought by it has profoundly changed the development path of rural agriculture and rural modernization in Yantai, helped the comprehensive upgrading of agriculture, the overall progress of rural cultural life, and the comprehensive improvement of farmers' cultural level. According to the *Digital Rural Development Action Plan in Yantai City (2022-2025)* to promote the construction of smart countryside, accelerate the integration of new information science and technology with modern agricultural production, operation, management and service technology, and actively build a digital, intelligent and systematic modern agricultural model; improve the agricultural production efficiency in Yantai; to activate rural factor resources; broaden the income channels of farmers; to build the model in Yantai, make the digital industrialization of agricultural and rural areas in Yantai from "picture" to "scenery". Promote the development of urban and rural integration planning layout, pilot construction, typical cultivation of Yantai achieved certain results, but also should be noted that the rural area, need through the platform integration of digital technology and forms, play the diffusion effect of information technology, information and knowledge spillover effect, so as to better realize Yantai scale economy effect and social effect.

Keywords: Digital Rural Construction; Modern Agricultural Model; Agricultural Production Efficiency

Abstract: Accelerating the construction of a new rural energy system is to provide a safe, reliable, green and low-carbon energy guarantee for the modernization of Chinese-style agriculture and rural areas. This report finds through combing that Yantai City has paid high attention to the construction of a new rural energy system, and has solidly and steadily pushed forward the construction of the production end, consumption end and service end of the new rural energy system. However, at the same time, Yantai City still needs to adhere to the bottom line of energy security and strengthen the concept of green and low-carbon as a strategic focus, from the overall planning, strengthen the support of resource elements, and establish a sound institutional mechanism and other aspects of the construction of a new rural energy system.

Keywords: A New Rural Energy System; Energy Security; Green and Low Carbon

V Farmers' Life Reports

B.10 The Path of Optimizing Rural Public Service Allocation
in Yantai City   *Luo Wanchun* / 188

Abstract: The development level of rural public service is directly related to the happiness, security and satisfaction of rural residents. In recent years, Yantai City has continuously improved the development level of rural public services by improving the system design, improving the construction of service facilities, strengthening the construction of talent teams, innovating the service supply mode, and improving the guarantee level. At the same time, the development of rural public services in Yantai City is facing problems such as high pressure on development funding guarantee, lack of high-quality service talents, and relatively single service content, which cannot effectively meet the increasing service needs of rural residents, and there is also a large gap compared with the development level of the city. The optimization of rural public service allocation in Yantai City should focus on improving the shortcomings of rural public service facilities and improving the quality of rural public service, and start from the aspects of improving the development fund guarantee mechanism, optimizing the structure of talent team, and innovating the development model.

Keywords: Rural Public Service; High-quality Development; Yantai City

Abstract: As an indispensable part of rural construction and management, the construction of rural spiritual civilization has been widely concerned and invested by Yantai municipal government in recent years. Through the combination of the construction of grass ⁻ roots party organizations and the inheritance of civilized practice in the new era, the spiritual outlook of rural areas in Yantai has been substantially improved and remarkable results have been achieved. However, while affirming the achievements, it is still necessary to pay attention to several key areas: purifying rural folk customs, integrating with farmers' demands for life, building a strong rural network position, and consolidating rural grass⁻roots party building. At the same time, it is necessary to further strengthen the practice path of Yantai's rural spiritual civilization construction: firstly, deepening the rectification action to change customs and customs to lead the new style of rural civilization; secondly, enriching the rural cultural entertainment life to revitalize the rural cultural vitality; thirdly, building a solid network culture position to purify the rural network environment; fourthly, strengthening the authority of rural law and discipline to crack down on violations of discipline and law.

　　Keywords: Rural Spiritual Civilization Construction; Rural Culture Construction; Yantai City

B.12 Paths and Countermeasures to Promote the Employment of Migrant Workers in Yantai City *Dai Minghui* / 210

Abstract: The employment of migrant workers has always been a hot topic of concern from all walks of life, and it is also one of the important contents to achieve the goal of common prosperity, overcome the middle-income trap, and promote Chinese-style modernization. In recent years, the employment of migrant workers in Yantai has shown a new trend characteristic, showing a trend of aging and gradual optimization of human capital structure in terms of demographic characteristics. The flow mode presents localization characteristics; there is a trend of diversification in the employment structure. However, under the influence of multiple factors, the employment of migrant workers in Yantai City faces some difficulties, including the overall employment pressure brought about by the macroeconomic situation, the relatively poor employment and entrepreneurship environment in county areas, the lack of protection of the rights and interests of migrant workers, and the low level of human capital of migrant workers, all of which restrict the high-quality employment of migrant workers to a certain extent. In order to deal with the dilemma, the Yantai municipal government can follow the principle of "systematically paying attention to multiple dimensions such as employment environment, personal endowment, and rights and interests protection; fully mobilize the multiple forces of the government, the market, the society, and the family; focus on key migrant worker groups such as overage, youth and people with employment difficulties" as the overall idea to promote migrant workers to achieve a new situation of high-quality employment and entrepreneurship. Based on this, it is proposed that the policy focus should be to improve the urban-rural integrated labor market system, lead the upgrading of the county-level industrial system with new quality productivity, improve the education and skills training system, and guide enterprises to employ workers in accordance with laws and regulations, so as to ensure the high-quality employment and entrepreneurship of migrant workers.

Keywords: Migrant Workers; High-quality Employment; Returning Entrepreneurship

B . 13 Ideas and Countermeasures for Yantai City to Promote

Release the Potential of Rural Consumption

Liu Yang , Sun Zehua / 224

Abstract: Rural consumption has become a significant factor in regional economic growth. Exploring the pathways to unleash the potential of rural consumption is of strategic importance for the comprehensive rural revitalization of Yantai City. In the new era, the consumption level of rural residents in Yantai City has improved to a certain extent, but expenditure on living consumption, basic agricultural product consumption, and durable agricultural products still constitute the main part of the consumption expenditure of rural residents in Yantai City. The consumption structure of rural residents in Yantai City also shows a continuous trend of transformation and upgrading, but it still faces constraints such as low farmers income, the need for improved consumption environment, insufficient demand adaptation, and an underdeveloped financial system. In the future, the approach could involve adjusting the supply and demand structures, improving financial services, increasing farmer income, and improving infrastructure. Specific measures could include promoting supply-side reforms in rural areas, rectifying market chaos, developing digital finance, promoting highefficiency in agriculture, constructing efficient logistics, and improveing the social security system. These measures can comprehensively unleash the potential of rural consumption in Yantai City, providing valuable insights for better creating a model chapter of rural revitalization in the Shandong region, known as the Yantai chapter.

Keywords: Rural Consumption; Rural Revitalization; Consumption Potential

社会科学文献出版社

皮 书

智库成果出版与传播平台

✤ 皮书定义 ✤

皮书是对中国与世界发展状况和热点问题进行年度监测，以专业的角度、专家的视野和实证研究方法，针对某一领域或区域现状与发展态势展开分析和预测，具备前沿性、原创性、实证性、连续性、时效性等特点的公开出版物，由一系列权威研究报告组成。

✤ 皮书作者 ✤

皮书系列报告作者以国内外一流研究机构、知名高校等重点智库的研究人员为主，多为相关领域一流专家学者，他们的观点代表了当下学界对中国与世界的现实和未来最高水平的解读与分析。

✤ 皮书荣誉 ✤

皮书作为中国社会科学院基础理论研究与应用对策研究融合发展的代表性成果，不仅是哲学社会科学工作者服务中国特色社会主义现代化建设的重要成果，更是助力中国特色新型智库建设、构建中国特色哲学社会科学"三大体系"的重要平台。皮书系列先后被列入"十二五""十三五""十四五"时期国家重点出版物出版专项规划项目；自2013年起，重点皮书被列入中国社会科学院国家哲学社会科学创新工程项目。

皮书网

（网址：www.pishu.cn）

发布皮书研创资讯，传播皮书精彩内容
引领皮书出版潮流，打造皮书服务平台

栏目设置

◆关于皮书

何谓皮书、皮书分类、皮书大事记、
皮书荣誉、皮书出版第一人、皮书编辑部

◆最新资讯

通知公告、新闻动态、媒体聚焦、
网站专题、视频直播、下载专区

◆皮书研创

皮书规范、皮书出版、
皮书研究、研创团队

◆皮书评奖评价

指标体系、皮书评价、皮书评奖

所获荣誉

◆2008年、2011年、2014年，皮书网均
在全国新闻出版业网站荣誉评选中获得
"最具商业价值网站"称号；
◆2012年，获得"出版业网站百强"称号。

网库合一

2014年，皮书网与皮书数据库端口合
一，实现资源共享，搭建智库成果融合创
新平台。

皮书网

"皮书说"
微信公众号

权威报告·连续出版·独家资源

皮书数据库
ANNUAL REPORT(YEARBOOK)
DATABASE

分析解读当下中国发展变迁的高端智库平台

所获荣誉

● 2022年，入选技术赋能"新闻+"推荐案例
● 2020年，入选全国新闻出版深度融合发展创新案例
● 2019年，入选国家新闻出版署数字出版精品遴选推荐计划
● 2016年，入选"十三五"国家重点电子出版物出版规划骨干工程
● 2013年，荣获"中国出版政府奖·网络出版物奖"提名奖

皮书数据库　　"社科数托邦"
微信公众号

成为用户

　　登录网址www.pishu.com.cn访问皮书数据库网站或下载皮书数据库APP，通过手机号码验证或邮箱验证即可成为皮书数据库用户。

用户福利

● 已注册用户购书后可免费获赠100元皮书数据库充值卡。刮开充值卡涂层获取充值密码，登录并进入"会员中心"—"在线充值"—"充值卡充值"，充值成功即可购买和查看数据库内容。
● 用户福利最终解释权归社会科学文献出版社所有。

社会科学文献出版社 皮书系列
SOCIAL SCIENCES ACADEMIC PRESS (CHINA)

卡号：311618694182
密码：

数据库服务热线：010-59367265
数据库服务QQ：2475522410
数据库服务邮箱：database@ssap.cn
图书销售热线：010-59367070/7028
图书服务QQ：1265056568
图书服务邮箱：duzhe@ssap.cn

S 基本子库
SUB DATABASE

中国社会发展数据库（下设 12 个专题子库）

　　紧扣人口、政治、外交、法律、教育、医疗卫生、资源环境等 12 个社会发展领域的前沿和热点，全面整合专业著作、智库报告、学术资讯、调研数据等类型资源，帮助用户追踪中国社会发展动态、研究社会发展战略与政策、了解社会热点问题、分析社会发展趋势。

中国经济发展数据库（下设 12 专题子库）

　　内容涵盖宏观经济、产业经济、工业经济、农业经济、财政金融、房地产经济、城市经济、商业贸易等 12 个重点经济领域，为把握经济运行态势、洞察经济发展规律、研判经济发展趋势、进行经济调控决策提供参考和依据。

中国行业发展数据库（下设 17 个专题子库）

　　以中国国民经济行业分类为依据，覆盖金融业、旅游业、交通运输业、能源矿产业、制造业等 100 多个行业，跟踪分析国民经济相关行业市场运行状况和政策导向，汇集行业发展前沿资讯，为投资、从业及各种经济决策提供理论支撑和实践指导。

中国区域发展数据库（下设 4 个专题子库）

　　对中国特定区域内的经济、社会、文化等领域现状与发展情况进行深度分析和预测，涉及省级行政区、城市群、城市、农村等不同维度，研究层级至县及县以下行政区，为学者研究地方经济社会宏观态势、经验模式、发展案例提供支撑，为地方政府决策提供参考。

中国文化传媒数据库（下设 18 个专题子库）

　　内容覆盖文化产业、新闻传播、电影娱乐、文学艺术、群众文化、图书情报等 18 个重点研究领域，聚焦文化传媒领域发展前沿、热点话题、行业实践，服务用户的教学科研、文化投资、企业规划等需要。

世界经济与国际关系数据库（下设 6 个专题子库）

　　整合世界经济、国际政治、世界文化与科技、全球性问题、国际组织与国际法、区域研究 6 大领域研究成果，对世界经济形势、国际形势进行连续性深度分析，对年度热点问题进行专题解读，为研判全球发展趋势提供事实和数据支持。

法律声明